Rita Haub

Die Geschichte
der Jesuiten

Rita Haub

Die Geschichte der Jesuiten

© 2007 by WBG (Wissenschaftliche Buchgesellschaft), Darmstadt
Die Herausgabe dieses Werkes wurde durch die Vereinsmitglieder der
WBG ermöglicht.
Layout und Prepress: schreiberVIS, Seeheim
in Zusammenarbeit mit Elke Göpfert, Mörlenbach-Weiher
Gedruckt auf säurefreiem und alterungsbeständigem Papier
Printed in Germany

Besuchen Sie uns im Internet: www.wbg-darmstadt.de

ISBN 978-3-534-19019-5

Inhalt

Vorwort

Die Gesellschaft Jesu ist mit derzeit über 19 000 Mitgliedern der größte (Männer)Orden der katholischen Kirche, dessen Ziel die Ausbreitung und Befestigung des katholischen Glaubens mit den jeweils zeitgemäßen Mitteln ist, besonders durch Mission, Unterricht und Erziehung, wissenschaftliche und schriftstellerische Arbeit. Sie wurde durch den Basken Ignatius von Loyola gegründet, der für sein 1534 mit sechs Freunden begonnenes Werk am 27. September 1540 die päpstliche Bestätigung erhielt. Der neue Zusammenschluss fügte sich nicht bruchlos in die Reihe der traditionellen Orden ein. Zum ersten Mal entstand eine Form des christlichen Gemeinschaftslebens, die ganz von den Forderungen der Sendung her geprägt war. Der Dienst am Nächsten war das Grundanliegen, dem die ganze Lebensform zu dienen hatte. Die Losung „Gott in allen Dingen finden" zielte auf ein Wirken inmitten der Welt, also nicht wie bislang in mönchischer Klausur. Dank des starken Zulaufes begabter junger Männer in fast allen Ländern gelang es den Jesuiten, eine neue Missionsbewegung einzuleiten und ihre Mitglieder an verschiedenen Orten der Welt einzusetzen. Der große Erfolg ihrer Arbeit, die in Europa zunächst der Durchsetzung der Katholischen Reform galt, sowie die damit verbundene Stärkung des kirchlichen Einflusses im weltlichen Bereich, brachte sie immer wieder in Konflikte gerade mit katholischen Regierungen und führte 1773 schließlich zur Auflösung des Ordens. Erst 1814 wurde die Gesellschaft Jesu feierlich wieder hergestellt. Seitdem hat sie sich erneut eine bedeutsame Stellung errungen, musste aber auch mit neuen Schwierigkeiten kämpfen.

Das vorliegende Buch will nicht Kirchengeschichte schreiben, sondern gibt einen Abriss der Geschichte der Jesuiten anhand wichtiger Stationen und Personen. Die Biographien ausgewählter (deutschsprachiger) Jesuiten stehen für das Ziel und die Vielseitigkeit des Ordens. Der Schwerpunkt liegt dabei auf der Geschichte der ersten Jesuitengenerationen, denn schon die Gründergefährten Ignatius von Loyola, Franz Xaver und Peter Faber verkörperten in ihrem Leben und Apostolat jene drei Charismen, die auch heute noch für die Jesuiten gelten: Gott finden und sich durch die Arbeit mit ihm verbinden, um alles zur Vollkommenheit zu führen (Ignatius von Loyola), leidenschaftlich das Evangelium verkünden (Franz Xaver), das geistliche Leben vertiefen (Peter Faber).

Die Jesuiten haben sich von Anbeginn für alle menschlichen Zweige des Wissens interessiert. Sie stehen auch heute für die Ansicht „Tradition ist bewahren und bewegen", das heißt der Blick in die Geschichte eröffnet Perspektiven für die Zukunft.

München, im Februar 2007
Rita Haub

I.

Ignatius von Loyola und die Gründung der Gesellschaft Jesu

„Freunde im Herrn"

Ignatius von Loyola – Franz Xaver – Peter Faber: Aus der zufälligen Wohngemeinschaft dieser drei Studenten im Pariser Collège Sainte-Barbe ist die 1540 von Papst Paul III. als Orden der katholischen Kirche anerkannte Gesellschaft Jesu entstanden.

In der äußeren Erscheinung hatte **Ignatius von Loyola** (Inigo López y Loyola) nichts, was besonders aufgefallen wäre, außer dass er ein wenig hinkte, da das rechte Bein nach einer unglücklichen Operation auf Schloss Loyola infolge einer schweren Verwundung etwas kürzer geblieben war. Aber da er langsam zu gehen pflegte, merkte man es kaum. Da dieses kranke Bein ihn bei jeder, auch der geringsten Berührung schmerzte, trug er an ihm zwei Socken. Infolge seiner vielen Wanderungen waren seine Sohlen voller Schwielen, und es ist bewundernswert, wie er mit seinem leidenden Fuß so weite Reisen machen konnte. Im Gegensatz zu seinen leiblichen Brüdern war Inigo von kleiner Statur, aber kräftig gebaut. Er maß nur 1,50 Meter. Sein Gesicht war kurz und rundlich, ein spitzes Baskenkinn, eine stark gebogene Adlernase, eine hohe, gewölbte, glatte Stirn mit im Alter zunehmendem Haarschwund, mittelgroße Ohren, etwas hervorstehende Backenknochen, tief liegende, lebhafte Augen, die aber gewöhnlich niedergeschlagen waren, mit runzeligen, von den vielen während des Gebets vergossenen Tränen eingeschrumpften Augenlidern, dunkelblondes Haar, zum Teil bereits mit Grau durchsetzt, der Bart kurz geschoren, wie dies in Paris für die Magistri vorgeschrieben war, das Antlitz von frischer, gesunder Farbe, sonnengebräunt und glänzend.

Das Geburtsdatum des Ignatius steht nicht eindeutig fest, denn das Taufbuch der Pfarrkirche von Azpeitia, wo er getauft wurde, ist im Jahr 1515 durch einen Brand vernichtet worden. Doch andere Zeugnisse legen den Schluss nahe, dass er 1491 geboren wurde, ein Jahr vor der Entdeckung Amerikas durch Christoph Columbus. Der Tag der Geburt dürfte der 31. Mai oder 1. Juni sein, denn er erhielt in der Taufe den Namen Inigo, nach dem im Baskenland hoch verehrten Abt Eneco (gest. 1068) des Benediktinerklosters von Oña in der Provinz Burgos. Damals wurden die Kinder sehr bald nach der Geburt getauft und erhielten oftmals, außer die Familientradition legte einen anderen Namen nahe, den Namen des Tagesheiligen. Da der Name Inigo in der Ahnenreihe der Loyola nicht vorkommt, ist anzunehmen, dass Ignatius bei der Taufe den Namen des Tagesheiligen erhalten hat. Das Fest des heiligen Eneco wurde am 1. Juni gefeiert, weswegen der Geburtstag der 1. Juni oder der Vortag gewesen sein dürfte.

Mit etwa 15 Jahren, kurz vor dem Tod des Vaters 1507, musste Inigo Abschied nehmen vom Elternhaus, denn der königliche Großschatzmeister Juan Velásquez de Cuéllar, Gouverneur von Arévalo und Madrigal, hatte Inigos Vater, seinem alten Freund, angeboten, einen seiner Söhne wie seinen eigenen aufzunehmen und ihm den Zugang zur großen Welt des Hofes zu öffnen. Inigo machte sich voll Freude über die Zukunft, die ihn erwartete, zuerst Leben und Dienst an den Höfen des Hochadels und später eine Stellung in Verwaltung, Politik oder Heer, auf nach Arévalo in Altkastilien, wo er zehn Jahre als Page und eleganter Höfling verbrachte.

Ein Kamerad aus dieser Zeit sagte später, Inigos ganzes Verlangen habe während seines Lebens in Arévalo nur dem Soldatentum gegolten. Diego Laínez machte in seinem großen biographischen Brief vom 16. Juni 1547, in dem er

Zeugnis über Ignatius ablegt, die Bemerkung: *Begeistert liebte er die Waffen und war für alle möglichen weltlichen Händel zu haben.* Und Pedro de Ribadeneira, der Lieblingsschüler des Ignatius und sein erster Biograph berichtet, er sei *ein kraftvoller und weltgewandter junger Mann, ein Freund eleganter Kleidung und gepflegter Umgangsformen* gewesen. Ignatius selbst erinnert im „Bericht des Pilgers", seiner 1553 in Rom diktierten Autobiographie, die die Jahre 1521 (Kriegsverwundung von Pamplona) bis 1537 (erste Erfahrungen in Rom) umspannt und in der er von sich selbst stets in der dritten Person spricht und sich stets den „Pilger" nennt, an die leidenschaftliche Lust, mit der er die modischen Ritterromane verschlang, aber auch an den Stolz über das modisch gepflegte blonde Haar und die Sorge um die Eleganz der Fingernägel und der Kleidung: *Er fand Gefallen daran, sich in den Waffen zu üben, und nährte ein starkes, aber eitles Verlangen, sich Ruhm zu erwerben.* Ebenso erinnert er sich, wie er sich damals in schwärmerischer Liebe, im Geist der galanten Liebesabenteuer des Amadis, stundenlangen Träumereien hingab, in denen eine hohe Dame eine Rolle spielte, deren Gunst er begehrte und in deren Dienst er sich auszeichnen wollte: *Sie war nicht von gewöhnlichem Adel oder bloß Gräfin oder Herzogin, sondern ihr Stand war viel höher als all dieses.* Bei dieser Herzensdame dürfte es sich um die Infantin Catarina, die jüngere Schwester Karls V. gehandelt haben.

In Arévalo erhielt seine Liebe zur Musik entscheidende Impulse. Diese Liebe hat ihn sein ganzes Leben lang begleitet, wenngleich er ihr später wegen seiner apostolischen Aufgaben nicht mehr nachgehen konnte. Musik und geistlicher Gesang unterstützten sein Beten in hohem Maße. Sein Mitbruder Luis Gonçalves da Câmara berichtet in seinen Erinnerungen an Ignatius: *Und nicht nur taten ihm Musik und Gesang für die Seele gut, sondern sogar für seine körperliche Gesundheit. Das Höchste, was ich in der ganzen Zeit, die ich in Rom war, gesehen habe, war, dass man Ignatius, wenn er mit Verdruss im Bett lag, Pater des Freux rief, der im Germanischen Kolleg war; er sollte ihm ein Klavichord schlagen, ohne zu singen, denn sogar dies half ihm.*

Am Hof von Arévalo eignete sich Inigo die vornehmen Formen an, die ihm später in Rom den Ruf des *zuvorkommendsten und höflichsten Menschen* eintrugen. In Arévalo lernte er, mit den Großen der Welt zu verkehren. Diese Fähigkeit kam ihm später zustatten, als er mit Fürsten, Kardinälen und Päpsten umgehen musste.

Als Velásquez de Cuéllar 1517 in Ungnade seines Königs fiel, war auch für Inigo die Laufbahn bei Hof zu Ende und er trat als Offizier in die Dienste des Herzogs von Nájéra, der seit 1516 Vizekönig von Navarra war. 1515 war das Königreich für die spanische Krone erobert worden. Die Franzosen wollten Navarra zurückgewinnen und begannen im Frühjahr 1521 ihren Feldzug. Bei dem Versuch, die Festung Pamplona gegen die Franzosen zu verteidigen, wurde Inigo schwer verwundet: eine Kanonenkugel traf sein

Bein und brach es vollständig. Auf Schloss Loyola angekommen, erwies sich sein Zustand als äußerst schlecht. Die aus vielen Orten herbeigerufenen Ärzte vertraten die Meinung, man müsse das Bein noch einmal brechen und neu einrenken. Doch auch dieses Mal leisteten die Chirurgen schlechte Arbeit: unterhalb des Knies blieb ein Knochenstück über dem anderen und stand hässlich hervor. Dieser Schönheitsfehler hinderte Inigo daran, eng anliegende Stiefel zu tragen, auf die er nicht verzichten wollte. Deshalb ließ er sich von den Ärzten den überstehenden Knochen wegsägen. Doch auch dieser sehr schmerzvolle Versuch hatte keinen Erfolg. Inigo blieb für sein Leben *der Mann, der ein wenig hinkt*.

Während der langen Monate auf dem Krankenlager trat eine Verwandlung mit dem ehrgeizigen Adeligen ein. Er las in Ermangelung von Ritterromanen die vier Bände des „Lebens Jesu" des deutschen Kartäusers Ludolf von Sachsen und die Heiligenlegenden des Jacobus de Voragine. Je mehr er sie las, desto mehr zogen sie ihn in ihren Bann. Inigo, der verwundete Ritter, der von heldenhaften Taten träumte, aber im Augenblick niemanden hatte, dem er seine Dienste anbieten konnte, traf gerade in einer Heiligenlegende auf eine ganze Reihe großer Lebensbilder, die in prächtigen Farben geschildert und mit phantastischen Erzählungen ausgeschmückt waren. Vor allem Dominicus und Franciscus erregten sein Interesse. Er begann in den Heiligen ein neues Rittertum zu entdecken, das höheren Zielen diente. Und er fragte sich: *Wie wäre es, wenn ich all das täte, was der heilige Franciscus getan hat, oder das, was der heilige Dominicus tat? Solche Überlegungen stellte er über vielerlei an, was ihm gerade gut erschien. Dabei nahm er sich immer schwierige und mühsame Aufgaben vor; und wenn er sich solche vornahm, meinte er, in sich genug Kraft zu finden, um sie auch wirklich durchzuführen.*

Als Kontrast dazu kehrten die weltlichen Träume wieder. In diesem Wechselspiel der verschiedenen Wachträume machte er eines Tages eine wichtige Entdeckung, die er im „Bericht des Pilgers" beschrieb: *Wenn er sich mit weltlichen Gedanken beschäftigte, hatte er zwar großen Gefallen daran; wenn er aber dann, müde geworden, davon abließ, fand er sich wie ausgetrocknet und missge-*

stimmt. Wenn er jedoch daran dachte, barfuß nach Jerusalem zu gehen und nur noch wilde Kräuter zu essen und alle anderen Kasteiungen auf sich zu nehmen, erfüllte ihn nicht nur Trost, solange er sich in solchen Gedanken erging, sondern er blieb auch zufrieden und froh, nachdem er von ihnen abgelassen hatte. Im Nachdenken über diese Erfahrungen *kam er allmählich dazu, darin die Verschiedenheit der Geister zu erkennen.* Und als er später die Exerzitien verfasste, begann er, von hier aus Klarheit über die Lehre von der Verschiedenheit der Geister zu gewinnen. Die Bilder der Heiligen und das Leben Jesu konfrontierten ihn auch mit sich selbst. *Er fing an, ernster über sein vergangenes Leben nachzudenken, und er erkannte, wie notwendig es für ihn wäre, dafür Buße zu tun.* Damit verband sich ein konkreter Plan: *Was er sofort nach seiner Genesung unternehmen wollte, war eine Wallfahrt nach Jerusalem mit so vielen Bußübungen und Entsagungen, wie nur eine großmütige Seele, die von Gott entflammt ist, auf sich zu nehmen wünschen konnte.*

Kaum genesen, brach Inigo Ende Februar 1522 von zu Hause auf. Im nordspanischen Marienheiligtum auf dem Berg Montserrat nahm sein neues Leben im März 1523 sichtbar Gestalt an: Er verschenkte die schönen Kleider und alle Habe an einen Bettler. Schwert und Dolch ließ er als Weihegaben in der Kapelle Unserer Lieben Frau aufhängen. Er selbst zog ein langes Gewand aus rauhem Sackleinen an. So wollte er zeigen, dass er den alten Menschen aus- und den neuen angezogen habe. Er war ein Ritter Gottes geworden. Er stieg zu Fuß den heiligen Berg hinunter in eine neue Zukunft hinein.

Zunächst verbrachte Inigo etwa zehn Monate als Büßer in Manresa, einem Städtchen in der Nähe des Montserrat. Hatte er früher zuviel auf sein Äußeres geachtet, so vernachlässigte er nun neben seiner Kleidung auch die Körperpflege und ließ Haare, Bart und Fingernägel wachsen.

Durch die mystische Erfahrung von Manresa erkannte Inigo die neue Richtung seines Lebens: Er würde sich fortan um das Wohl der Nächsten bemühen, *den Seelen helfen (iuvare animas)*, das heißt: Predigen, Vorträge über die Heilige Schrift halten, Einzelgespräche führen, Kinderkatechese auf den Straßen und den Marktplätzen halten,

Beten lehren, Sakramente (vor allem die Beichte) spenden, Konfliktparteien miteinander versöhnen, in Hospitälern Kranke pflegen, Sterbende begleiten, Prostituierten von der Straße helfen, sich um Waisen sorgen, und vieles mehr.

Aus der Mystik von Manresa sind auch die Exerzitien entstanden. Inigos Aufzeichnungen dieser Monate in Manresa wurden zur Urform der „Geistlichen Übungen". Er wird über Paris bis Rom weiter daran arbeiten, bis das Werk vollendet ist. Was er seit Loyola suchte, war, Ordnung in sein Leben zu bringen. Jetzt erkannte er, dass er zuerst das Ziel erkennen musste, zu dem hin er geschaffen war. Um die Pläne, die Gott mit ihm hatte, erfüllen zu können, musste er sie erst einmal kennen lernen. Ein Hindernis dabei waren seine *ungeordneten Neigungen*, die das Auge des Geistes verdunkelten und den Willen zur Sünde hinlenkten. Gegen diese ungeordnete Neigungen wollte er kämpfen; er wollte sich selbst überwinden. Dabei sollten die Exerzitien helfen. Ihr vollständiger Titel gibt dieses Ziel präzise an: „Geistliche Übungen, um über sich selbst zu siegen und sein Leben zu ordnen, ohne sich durch irgendeine Anhänglichkeit bestimmen zu lassen, die ungeordnet ist". In den Exerzitien nennt Ignatius als Ziel des Menschen: *Der Mensch ist geschaffen dazu hin Gott unseren Herrn zu loben, Ihm Ehrfurcht zu erweisen und zu dienen und damit seine Seele zu retten. Die anderen Dinge auf der Oberfläche der Erde sind zum Menschen hin geschaffen, und zwar damit sie ihm bei der Verfolgung des Zieles helfen, zu dem hin er geschaffen ist. Hieraus folgt, dass der Mensch dieselben soweit zu gebrauchen hat, als sie ihm auf sein Ziel hin helfen, und soweit lassen muss, als sie ihn daran hindern. Darum ist es notwendig, uns allen geschaffenen Dingen gegenüber gleichmütig zu verhalten in allem, was der Freiheit unseres Willens überlassen und nicht verboten ist. Auf diese Weise sollen wir von unserer Seite Gesundheit nicht mehr verlangen als Krankheit, Reichtum nicht mehr als Armut, Ehre nicht mehr als Schmach, langes Leben nicht mehr als kurzes und folgerichtig so in allen übrigen Dingen. Einzig das sollen wir ersehnen und erwählen, was uns zum Ziele hinführt.* Das Exerzitienbuch wurde nicht als Lesebuch verfasst, sondern als eine Anleitung zum Handeln.

Es wurde nicht für die geschrieben, die lesen, sondern für die, die handeln wollen. Es ist eine Anleitung für ein Leben aus dem Glauben.

Nach Manresa pilgerte Inigo über Rom und Venedig nach Jerusalem. So sehr ihn die persönliche Begegnung mit der Geschichte des Lebens und Leidens seines Herrn Jesus Christus ergriffen hat, das Hauptinteresse galt seinem Lebensplan, den er hier verwirklichen wollte, wie er im „Bericht des Pilgers" darlegt: *Sein fester Ent-*

„Freunde im Herrn"

schluss war, *für immer in Jerusalem zu bleiben und nur noch jene heiligen Stätten zu besuchen. Außerdem hatte er sich vorgenommen, neben dieser Übung der Frömmigkeit sich auch noch der Seelenhilfe zu widmen.* Er war sich bewusst, dass er nur mit Erlaubnis der kirchlichen Behörde, die von den Franziskanern vertreten wurde, in der Heiligen Stadt bleiben konnte. Inigo war entschlossen, *zum Heil seiner Seele* die Heilige Stadt nicht mehr zu verlassen. *Er habe nun einmal diesen ganz festen Entschluss und er sei der Meinung, er dürfe um nichts in der Welt davon ablassen, ihn auszuführen. Und er gab unter Wahrung des Taktes zu verstehen, er werde den Plan wegen keinerlei Rücksichten aufgeben.* Doch der Guardian vom Berg Sion und „Custos des Heiligen Landes", Fra Angelo di Ferrara, gab keine Erlaubnis, erwähnte seine päpstlichen Vollmachten und drohte ihm schließlich mit der Exkommunikation. Darauf gab sich Inigo geschlagen und verzichtete schweren Herzens auf seinen Lebenswunsch.

Auf dem Rückweg fasste Inigo den Plan, Priester zu werden. Obwohl über 30 Jahre alt, unterzog er sich von 1524 an elf Jahre dem Studium.

Zunächst lernte er Latein in Barcelona. Danach zog er an die Universitäten von Alcalá, Salamanca, und schließlich Paris. Da er neben dem Studium immer auch seelsorglichen Arbeiten nachging, war das Lernen vorerst wenig erfolgreich. Aber mit der Zeit verstand er es, die apostolische Arbeit einzuschränken.

Größere und längere Schwierigkeiten verursachte ihm die Inquisition. Die Glaubensrichter, die wegen der unruhigen Zeiten überall Häresien witterten, beargwöhnten die Tätigkeit des alten, halbgebildeten Studenten. Was erzählte er den Leuten, die er in größeren und kleineren Gruppen um sich sammelte? In acht Prozessen musste Ignatius im Lauf der Jahre Rechenschaft ablegen. Aber jedes Mal stellte das Glaubensgericht keinen Irrtum in der Lehre und Lebensweise des Ignatius und seiner Gruppe fest und gestattete ihnen, weiterhin Christenlehre zu halten und über religiöse Themen zu sprechen. Das Schlussurteil von Alcalá hatte Ignatius und seinen Gefährten für die nächsten vier Jahre jede apostolische Tätigkeit verboten, bis sie mehr studiert hätten. So waren sie nach Salamanca gezogen, doch auch hier wurde aus dem Studium nichts, denn die Inquisition hatte sie wieder eingeholt. Deshalb entschloss Ignatius sich, nach Paris zu gehen und zu studieren. Diese Entscheidung sollte sein ganzes Leben in neue Bahnen lenken.

Bereits in Spanien hatte Ignatius einige Studenten um sich geschart, die seine Lebensweise teilten. Zwischen 1529 und 1534 gewann er hier in geduldigen Schritten jene sechs jungen Männer, die er später seine *lieben Freunde im Herrn* nennt und die ihn nie mehr verlassen. Der Kontakt zu den ersten beiden fiel ihm von außen zu.

Peter Faber (Pierre Favre) wurde in dem kleinen Dorf Le Villaret in Savoyen am 13. April 1506 geboren. Seine Eltern hatten ein Bauerngut und Peter erhielt im Alter von sieben Jahren die Aufsicht über die kleine Schafherde, die den ganzen Reichtum der Familie darstellte. Der aufgeweckte Junge wollte gerne die Schule besuchen, doch den Eltern fehlte das Geld. Im Alter von zehn Jahren war jedoch der Wunsch, studieren zu wollen, so groß, dass die Eltern nachgaben. Nach zwei Jahren Lateinunterricht und neun Jahren im Kolleg von La Roche kam er im Herbst 1525 zum weiteren Studium an die Universität Paris, wo er in das Collège Sainte-Barbe zog.

Bei seinem Eintritt in das Collège Sainte-Barbe erhielt Faber als Stubengenossen einen jungen navarresischen Edelmann, der sich bereits seit einem Jahr dort befand: **Franz Xaver** (Francisco de Xavier y Jassu). Die Xavier gehörten zu den treuesten Gefolgsleuten der Könige von Navarra und kämpften ritterlich in den Kriegen gegen den spanischen Eroberer, der Navarra 1515 unterworfen hatte. Franciscos ältere Brüder standen beim Kampf um Pamplona 1521 im französischen Heer gegen die spanischen Verteidiger der Zitadelle, zu denen auch Ignatius von Loyola gehörte. Wegen der unerschütterlichen Treue zum Königshaus von Navarra wurde das herrschaftliche Schloss Xavier

Ignatius im Kerker der Inquisition

Gemälde von Sebastiano Conca, um 1750
Päpstliche
Universität Salamanca
© SJ-Bild

13

Peter Faber – Porträt
(mit dargestellt:
Gelübdefeier auf
dem Montmartre von
Konrad Baumeister)
Gemälde von Auguste
Moede-Jansen, 1985
Peter-Faber-Kolleg Berlin
© SJ-Bild

1516 von den spanischen Eroberern zerstört und durfte erst 1524 wieder aufgebaut werden.

In dieser kriegerischen Zeit war Francisco, der am 7. April 1506 geborene dritte Sohn, herangewachsen. Nach der ersten Schulausbildung in der Heimat war er, zum geistlichen Stand bestimmt, mit ehrgeizigen Plänen, die auch den Bischofsstuhl von Pamplona nicht ausschlossen, nach Paris gekommen. Von Anfang an teilte er die Kammer in Sainte-Barbe mit dem ruhigen Peter Faber. Rasch im Auffassen, eisern im Fleiß, schlagfertig in der Antwort und gewandt im Ausdruck, zeichnete sich Francisco im Hörsaal ebenso aus, wie beim Sport. Er war ein allgemein beliebter Student und ein gefeierter Sportsmann. Wenn es galt, der strengen Hausordnung des Collège Sainte-Barbe zu entkommen oder an Streichen teilzunehmen, ließ er sich nicht lange bitten. Er war eitel, hielt auf seinen alten Adel und strebte nach Ehren und Würden. Er lebte standesgemäß: Er hatte ein Reitpferd und hielt sich einen Diener. Das Studium bewältigte er ohne Schwierigkeiten.

Peter Faber und Franz Xaver verband das gleiche Alter – Franz Xaver war nur sechs Tage älter als Faber. Ansonsten waren sie völlig verschieden: Während Franz Xaver stolz auf seine hohe adelige Herkunft und seine vornehmen Verbindungen als auch auf seine Fähigkeiten vor allem im Reiten und Fechten war und nur an eine Laufbahn dachte, die ihm Ruhm und Ehre einbringen würde, war Faber still, demütig und schüchtern und sich seiner niederen Herkunft aus ärmlichen bäuerlichen Verhältnissen bewusst. Und für ihn bedeutete die Wissenschaft nicht ein Mittel für eine spätere glänzende Karriere, sondern er schätzte sie um ihrer selbst willen. Doch trotz der gravierenden Charakterunterschiede freundeten sich die beiden Studenten rasch miteinander an. Sie beendeten gleichzeitig zusammen die philosophischen Studien mit dem Magistergrad. Faber, noch immer über seinen Beruf unentschlossen, begann nun mit dem Studium der Theologie, während Franz Xaver philosophische Vorlesungen hielt. Im Herbst 1529 erhielten sie in ihrem Zimmer einen neuen Stubengenossen, der für ihr weiteres Leben entscheidend werden sollte: den bereits 38jährigen, hageren, nicht sonderlich großen Basken **Ignatius von Loyola**.

Da er *ziemliche Lücken in den Anfangskenntnissen* entdeckte, weil er die Studien in Barcelona, Alcalá und Salamanca nicht gründlich genug betrieben hatte, wiederholte der Mann von siebenunddreißig Jahren zunächst ein Jahr lang im Kolleg Montaigu, wo auch neunjährige Knaben Latein lernten, seine Sprachkenntnisse. *Dabei befolgte er die Ordnung und die Art und Weise, wie sie zu Paris gebräuchlich sind.* Er hat also an sich selbst den „modus parisiensis" erfahren, den er später als Modell für die Kollegien der Gesellschaft Jesu vorschrieb. Danach begann er am 1. Oktober 1529 im Collège Sainte-Barbe mit dem Studium der Philosophie, das er am 13. März 1533 mit dem Lizentiat abschloss; seine theologischen Studien begann er am 1. Oktober. Auf Grund des philosophischen Examens erhielt er am 5. April 1534 den Grad eines Magisters, der dem Doktor gleichkam, und der ihn zu öffentlichen Vorlesungen in Paris und überall in der Welt berechtigte. In einer feierlichen Zeremonie überreichte ihm der Rektor der Universität in der Kirche der „Mathurins" das Magisterdiplom auf Pergament mit dem Siegel der Universität: *Unser teurer und hochgeachteter Herr Magister Ignatius de Loyola aus der Diözese Pamplona hat nach bestandenen strengen Prüfungen den Grad des Magisteriums an der hochberühmten Fakultät der Künste zu Paris mit Lob und Ehren erworben. Zum Beweis dafür haben wir dieser Urkunde unser großes Siegel beigefügt.* Mit diesem Titel werden ihn fortan die Gefährten anreden: bis zu seinem Tod bleibt er für sie der „Magister Ignatius".

Magister Peña, sein Lehrer in Philosophie, bemerkte die Schwächen, die der ältere Student beim Lernen hatte, und teilte ihm deshalb Peter Faber zu, der mit ihm die Vorlesungen des Tages nochmals durcharbeiten sollte. Und er bestimmte aus diesem Grund auch, dass sie zusammen ein Zimmer bewohnen sollten. Dies war der Beginn einer lebenslangen Freundschaft.

Faber war völlig unschlüssig über seinen künftigen Beruf. Während der ganzen Studienzeit plagte ihn die Frage, was er denn später einmal werden sollte. Und er schrieb in seinem geistlichen Tagebuch, seinem „Memoriale" („Merkbuch") nieder: *Ich wollte bald heiraten, bald Arzt werden, bald Jurist, bald Lehrer, Theologieprofessor, einfacher Kleriker ohne Benefiz und zuzeiten auch Mönch.* Ohne Vermögen, ohne hohe Protektion, ohne alle äußeren Mittel, die ihm eine glänzende Zukunft eröffnen würden, blickte er ratlos und unschlüssig in die Zukunft. In langen Gesprächen enthüllte ihm Ignatius seinen eigenen Lebensplan: in Armut dem armen Christus folgen, sich ganz dem apostolischen Dienst an den Menschen widmen und, wenn möglich, ins Heilige Land pilgern. Nach zwei Jahren war Faber für den Weg des Ignatius bereit. Nach den „Geistlichen Übungen" war der erste Gefährte ganz und für immer gewonnen. Am 30. Mai 1534 wurde Faber zum Priester geweiht.

Franz Xaver hatte für den alten Studenten Ignatius, der 1529 sein Stubengenosse geworden war, nur Spott und Verachtung übrig. Zu verschieden war ihre Denk- und Lebensweise, und in der Tiefe von Xavers Seele lebte noch der

Franz Xaver
Kupferstich von
Charles Devrits, 1845
© SJ-Bild

Groll gegen die spanischen Feinde seiner Familie, zu denen er auch Ignatius zählte. Dieser ließ sich den Spott ruhig gefallen und zahlte als kluger Pädagoge die Witze mit gleicher Münze heim. Bald wurde er dem jungen Studenten sympathischer, da er ihm bei seinen chronischen Geldsorgen mit seinem für sein eigenes Studium erbetteltes Geld aushalf. Nachdem er 1530 den Magistergrad erworben hatte, zollte ihm auch Ignatius seine Verehrung. Das verblüffte Franz Xaver dermaßen, dass er den Landsmann zu schätzen begann. Diesem gelang es, ihn nachdenklich zu stimmen, als er von seinen Zukunftsplänen schwärmte: hohe Ämter, klangvolle Titel, ein sorgloses Auskommen; dazu hatte sich der *hochedle Don Francisco de Yasu y Xavier, Magister Artium, Kleriker des Bistums Pamplona* extra eine notarielle Vollmacht ausstellen lassen, die seinen alten Adel amtlich dokumentierte. Ignatius antwortete ihm mit den Worten des Evangeliums: *Was nützt es dem Menschen, wenn er die ganze Welt gewinnt, aber Schaden leidet an seiner Seele? (Mt 16,20)* Und die „Geistlichen

Ignatius und Franz Xaver als Studenten in Paris

Kupferstich in:
„Le Missioni della Compania di Gesú – S. Francisco Saverio"
© SJ-Bild

Übungen", die ihm Ignatius gab, jenes betende Durchleben der Glaubenswahrheiten, weitete seinen Entschluss zu einer zu jedem Schicksal bereiten Hingabe an Gott: *Herr, hier bin ich. Was willst Du, dass ich tun soll? Sende mich, wohin Du willst, und wenn es gut ist, selbst bis nach Indien!* schreibt Franz Xaver später in einem seiner Briefe. Es wurde 1534, bis Ignatius diese größte Eroberung endgültig gelungen war. Um so treuer stand Franz Xaver nach seiner „Bekehrung" zu den neuen Lebensidealen.

Den vierten Platz nahm ein Portugiese ein, der wegen seiner Unwürdigkeit nicht verdient hat, gemeinsam mit so ausgezeichneten und vollkommenen Dienern Gottes genannt zu werden. Dieser Satz steht im Bericht des Simon Rodrigues „Vom Werden und Wachsen der Gesellschaft Jesu" über die Zeit 1534 bis 1540. Er hat die ausführliche Geschichte des Pariser Freundeskreises zwar erst in seinen alten Tagen um 1577 geschrieben, aber sie ist, von ein paar kleinen Irrtümern abgesehen, ein zuverlässiges Zeugnis. Der Portugiese, der hier erwähnt wird, war der Verfasser des Berichts selbst: **Simon Rodrigues de Azevedo**. Er war 1509 oder 1510 aus einer begü-

terten adeligen Familie in Vouzela in der nordportugiesischen Diözese Viseu geboren. In Lissabon hatte er seine erste Ausbildung erhalten und war 1527 nach Paris zum Studium gekommen. Er suchte von sich aus, wie sein Bericht bezeugt, den Kontakt zu Inigo: *Er hatte vom Ruf seiner hervorragenden Heiligkeit gehört und deshalb beschlossen, ihm das ganze innere Fühlen seines Herzens und alle seine Gedanken zu eröffnen.* Dann fanden zwei Freunde zusammen den Weg zu Inigos Gruppe: Diego Laínez und Alonso Salmerón. **Diego Laínez**, 1512 in Almazán in Altkastilien geboren, entstammte einer Familie von „Neuchristen"; sein Urgroßvater war Jude, der sich zum christlichen Glauben bekehrt hatte. In Soria und Siguenza hatte er glänzende Studien absolviert und war nach Alcalá gegangen, wo er bereits mit zwanzig Jahren den Magister der Philosophie erwarb. Als erster nach Peter Faber machte er die Exerzitien und entschied sich für den „Weg Inigos". **Alonso Salmerón** war am 3. (oder 6.) September 1515 in Toledo geboren. Trotz ihrer Armut ließen die Eltern den hochbegabten Knaben studieren. In Alcalá vertiefte er seine Kenntnisse in Latein und Griechisch und begann mit der Philosophie. Hier lernte er Diego Laínez kennen, und bald verband die beiden Studenten eine innige Freundschaft. Mit Laínez kam er nach Paris, fand rasch Kontakt mit Inigo und schloss sich als Jüngster der Gruppe an. Auch er ging im ersten Halbjahr 1534 durch die geistliche Schule der Exerzitien und teilte von da an die Ziele Inigos. Als sechster fand **Nicolás Bobadilla** den Weg zu Inigos Gruppe. Sein Name war eigentlich Nicolás Alonso y Pérez; den Zunamen erhielt er vom kleinen Dorf Bobadilla del Camino in der Diözese Valencia, wo er 1509 oder 1510 geboren wurde. Er studierte Rhetorik und Logik in Valladolid und Philosophie in Alcalá. Dann kehrte er nach Valladolid zurück, lehrte dort Philosophie und studierte Theologie. Spätestens im Herbst 1533 kam er nach Paris, um die Kenntnisse in Griechisch und Hebräisch zu vertiefen. Inigo verschaffte dem mittellosen Landsmann eine Stelle als Lehrer der Philosophie am Calvi-Kolleg und riet ihm, statt der Sprachen scholastische und biblische Theologie zu studieren. Auch ihn führte er 1534 durch die Exerzitien und gewann ihn zum Jünger seines Weges. Gern hätte Inigo noch einen weiteren Gefährten gewonnen: **Jerónimo Nadal** aus Mallorca, der in diesen Jahren ebenfalls von Alcalá nach Paris gekommen war. Doch alle Versuche, in die er auch die Freunde einschaltete, scheiterten an Nadals hartnäckigem Widerstand. Erst zehn Jahre später stieß er zu ihnen. Durch die Exerzitien Peter Fabers wurden nach der Gelübdeablegung auf dem Montmartre drei weitere Gefährten gewonnen: **Claude Le Jay** stammte wie Faber aus Hochsavoyen und war 1528 in Genf zum Priester geweiht worden. **Paschase Broët** kam aus der Picardie und hatte in Amiens ebenfalls schon die Priesterweihe empfangen. **Jean Codure** war in einem Dorf der Dauphiné geboren. Alle drei waren um 1534/35 zum Abschluss ihrer theologischen Studien nach Paris gekommen und hatten bald den Kontakt mit Inigos Freundeskreis gefunden. Bis Ende 1536 erwarben alle Gefährten den Magistergrad und konnten damit ihre solide wissenschaftliche Bildung nachweisen.

Um ihrem Bund festen Halt zu geben, gelobten die „Freunde im Herrn" am 15. August 1534 in der kleinen Kapelle auf dem Montmartre in Paris Armut und Ehelosigkeit. Peter Faber, der einzige Priester der Gruppe, hielt den Gottesdienst. Da sich ihr Plan, nach Jerusalem zu pilgern, wegen des Türkenkriegs nicht verwirklichen ließ, zogen Ignatius und seine Freunde, inzwischen zu Priestern geweiht, nach Rom und boten im November 1538 Papst Paul III. ihre Dienste für die katholische Erneuerung an.

Die *gemeinsamen Beratungen* waren seit Paris zur festen Methode im Leben der Gefährten geworden. Sie ließen sich dabei von den „Regeln für eine gute Wahl", die ihnen Inigo in den Exerzitien gegeben hatte, leiten. In Gebet und persönlicher Besinnung bereiteten sie sich jeweils auf das Gespräch in der Gruppe vor. Das Thema wurde nicht untereinander besprochen, sondern jeder brachte seine eigene Meinung ein. Um ein unbeeinflusstes Urteil abgeben zu können, verhielten sie sich wie außerhalb der Gruppe stehende Personen. Die Entscheidungen trafen sie stets in voller Einstimmigkeit. Trotz ihrer vielen Arbeiten nahmen sie sich für das jetzt anstehen-

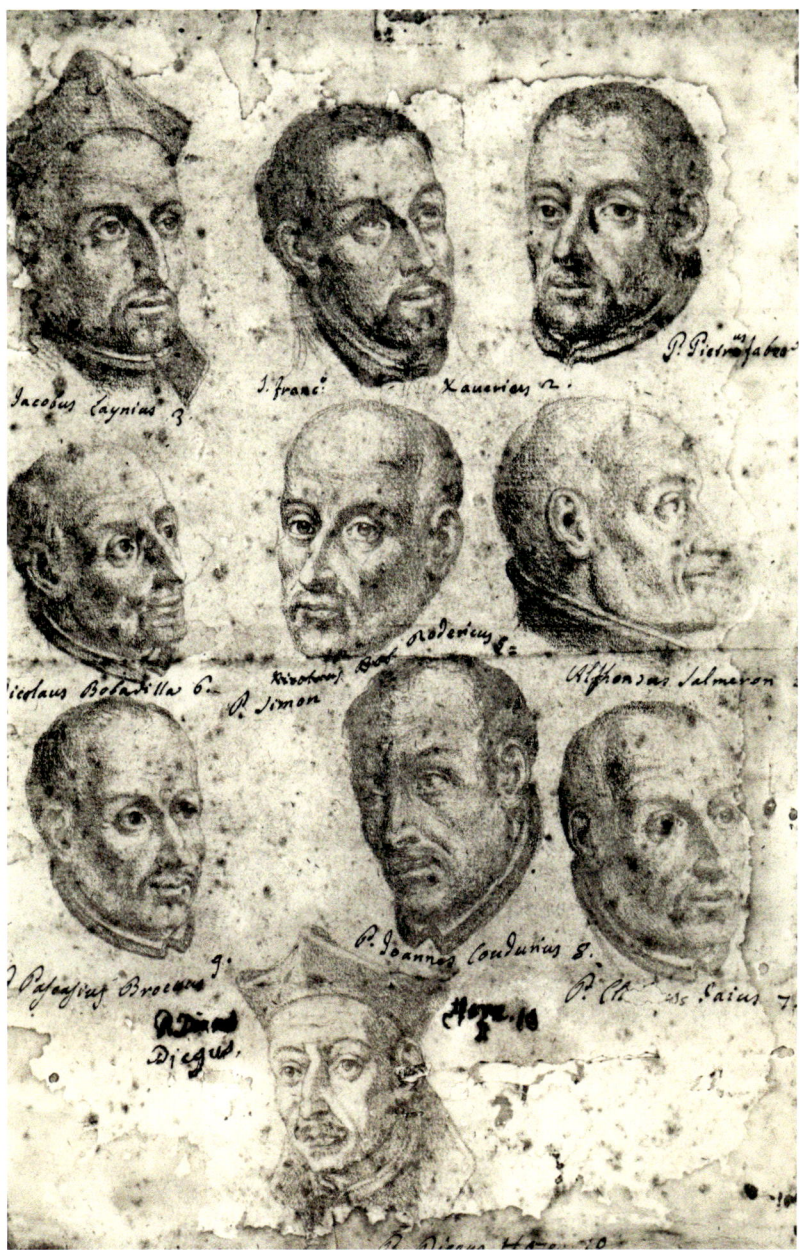

de Gespräch reichlich Zeit. Wegen der Wichtigkeit der Sache verfasste einer der Gefährten ein ausführliches Protokoll, das als „Deliberatio primorum Patrum" („Beratung der ersten Väter") in die Geschichte eingegangen ist. Am Anfang standen zwei grundsätzliche Fragen: ihre künftige Einheit und das Gelübde des *Gehorsams einem von ihnen gegenüber*. Der Beschluss, sich *zu einer festen Körperschaft* umzugestalten, wandelte die bisherige freie Gefährtenschaft zu einem struk-

Die ersten Gefährten des Ignatius: Diego Laínez, Franz Xaver, Peter Faber, Nicolás Bobadilla, Simon Rodrigues, Alonso Salmerón, Paschase Broët, Jean Codure, Claude Le Jay

Generalarchiv der Gesellschaft Jesu Rom
© SJ-Bild

turierten Verband. Die zweite Grundsatzfrage ergab sich aus der ersten: *Sollen wir uns in einem dritten Gelübde einem aus unserem Kreis gegenüber zum Gehorsam verpflichten?* Sie waren sich des Gewichts der Frage voll bewusst. Ein positiver Entscheid würde den eben beschlossenen Verband zu einem Orden der Kirche machen. Nach *einer langen Reihe von Tagen* trafen sie einstimmig den Beschluss: *Es ist von uns von größerem Nutzen und dringlicherer Notwendigkeit, dass wir einem aus unserem Kreis Gehorsam leisten. Denn so können wir unser ursprüngliches Verlangen, in allem den Willen Gottes zu erfüllen, besser und treuer ausführen; ferner haben wir größere Sicherheit für die Erhaltung der Gemeinschaft; schließlich kann so für die einzelnen Aufgaben, die sich auf weltlichem und geistlichem Gebiet ergeben, sinnvoller Sorge getragen werden.*

Der Beschluss hatte kirchengeschichtliches Gewicht, denn er bedeutete nichts weniger als die Gründung des neuen Ordens der „Gesellschaft Jesu". Im Wissen darum besiegelten die Gefährten ihren Entschluss in einer liturgischen Zeremonie: Am Osterdienstag, dem 15. April 1539, feierten sie, wie einst auf dem Montmart-

re, nach einer Generalbeichte gemeinsam die Heilige Messe, die Peter Faber hielt, der als geistlicher Vater aller anerkannt wurde. Vor der Kommunion sprachen sie der Reihe nach diese Erklärung: *Ich, unterzeichneter N.N., erkläre vor Gott dem Allmächtigen, vor der allerseligsten Jungfrau Maria und dem ganzen himmlischen Hof, nachdem ich viel zu Gott gebetet und die Frage reichlich überlegt habe, als meine persönliche Entschließung: Es ist nach meinem Urteil und zur Fortdauer der Gesellschaft förderlich, dass man in ihr ein Gelübde des Gehorsams ablegt. Ferner erkläre ich mich entschlossen und bereit – doch ohne damit schon ein Gelübde oder irgendwelche Verpflichtung auf mich zu nehmen –, in eben diese Gesellschaft einzutreten, wenn sie vom Papst, so Gott will, bestätigt wird. Um die Erinnerung an diesen Entschluss, den ich als ein persönliches Geschenk Gottes betrachte, stets lebendig zu bewahren, trete ich jetzt, obgleich unwürdig, mit eben diesem Entschluss zur heiligen Kommunion hin.* Dann folgten die Unterschriften der Gefährten. Das ist, zusammen mit den vorausgegangenen Beschlüssen, die eigentliche Gründungsakte der **Gesellschaft Jesu**.

Erst ein Jahr nach der mündlichen Genehmigung unterzeichnete und bestätigte Papst Paul III. am 27. September 1540 die Bulle „Regimini militantis ecclesiae". Aus dem noch ungestalteten Bund der Gefährten, den sie auf dem Montmartre besiegelt hatten, war ein Orden der Kirche mit festen Strukturen geworden.

Ein Jahr später, am 19. April 1541, wurde Ignatius einstimmig zum ersten Generaloberen gewählt und blieb fortan in Rom. Drei Tage später besiegelten die Freunde ihren Bund mit der Profess in St. Paul vor den Mauern. Das Protokoll hat auch diesen feierlichen Akt festgehalten: *Am Freitag, dem 22. April, in der Osteroktav, versammelten sich alle sechs in St. Paul und legten sich gegenseitig die Beichte ab. Ihrem Beschluss gemäß* feierte *Inigo die Messe; bei der Kommunion hielt er mit der einen Hand auf der Patene den Leib Christi unseres Herrn, in der anderen hatte er ein Papier, auf dem die Gelübdeformel stand; er wandte sich zu den Gefährten, die vor ihm knieten, und*

sprach mit lauter Stimme die folgenden Worte: *„Ich, Ignatius von Loyola, verspreche dem allmächtigen Gott und dem Papst, seinem Stellvertreter auf Erden, im Angesicht seiner jungfräulichen Mutter und des gesamten himmlischen Hofes und in Gegenwart der Gesellschaft, beständige Armut, Keuschheit und Gehorsam, gemäß der Lebensform, die in der Bulle der Gesellschaft unseres Herrn Jesu und in den erlassenen und noch zu erlassenden Konstitutionen enthalten ist. Darüber hinaus verspreche ich den besonderen Gehorsam gegenüber dem Papst für die Sendungen, wie es in der Bulle festgelegt ist. Ebenso verspreche ich, Sorge zu tragen, dass die Kinder in den Anfangsgründen des Glaubens unterrichtet werden, gemäß der gleichen Bulle und der Konstitutionen.* Nach diesen Worten empfing er die Kommunion. Der Reihe nach sprachen dann die Gefährten die gleiche Professformel. Während Inigo sein Versprechen dem Papst als seinem Oberen leistete, legten sie ihr Gelöbnis *in die Hände des Generaloberen* ab. Mit

Ignatius übergibt den Entwurf der Ordenssatzungen an Papst Paul III., 1540

Gemälde Rom, um 1622
Jesuitenkirche II Gesú
Rom, Vorraum zur Sakristei
© SJ–Bild

der Professfeier von St. Paul war die Gründung
der Gesellschaft Jesu abgeschlossen.

Bereits im April 1539 begann der Papst, die
ihm angebotenen Dienste der Gefährten von Ignatius zu nutzen und sie in verschiedene Gebiete zur Seelsorge auszusenden. **Peter Faber** erhielt
dabei den Auftrag, nach Parma zu reisen und
sich dem dortigen Kardinallegaten zur Verfügung zu stellen. Dies war der Beginn eines
bewegten Lebens: Die Befehle des Papstes
ließen Faber nie länger an einem Ort ver-
weilen, sondern ihn rastlos Deutschland,
Spanien, Belgien und Portugal durchwandern. Zwischen 1540 und seinem Tod 1546
verbrachte er die meiste Zeit in Deutschland
auf zwei pastoralen Missionen: Zunächst war
er im Herbst 1540 beim Religionsgespräch in
Worms, das auf kaiserlichen Befehl zum wieder-
holten, stets erfolglosen, Mal die Einigung zwischen Katholiken und Protestanten versuchte.
Faber machte sich rasch ein Bild von der Situation, die er Ignatius in einem Brief schilderte:
Nicht durch Missbrauch der Heiligen Schrift, nicht
durch Scheingründe in den Disputationen haben

Peter Faber
Kupferstich in:
Nicolaus Orlandini, Vita
Petri Fabri, 2. Auflage
Dillingen 1697
© SJ–Bild

Peter Faber auf
Wanderschaft, von
Engeln beschützt
Kupferstich (Vorlage
für ein Gemälde von
Hermann Anschütz)
© SJ–Bild

die Lutheraner so viele Völker zum Abfall vom ka-
tholischen Glauben und so viele Städte und Provin-
zen zur Auflehnung gegen die römische Kirche ge-
bracht; die Hauptschuld trägt das ärgerniserregende
Leben der Geistlichen. So machte er sich ans Werk
der Reform: Er gab Exerzitien, predigte, führte
Seelengespräche und hörte Beichte. Danach war
er auf dem Regensburger Reichstag von 1541
anwesend, dem letzten Versöhnungsversuch zwischen Katholiken und Protestanten vor dem
Konzil von Trient (1545 – 1563). Faber beherrschte zwar die deutsche Sprache nicht besonders gut, wodurch seine Präsenz bei Verhand-
lungen auf höherer Ebene nicht besonders
hilfreich war. Und doch hat er viel dazu beige-
tragen, dass die Gesellschaft Jesu in Deutschland
bekannt wurde. Außerdem informierte er Rom
über die Lage in Deutschland.

Peter Faber war der erste Jesuit, der deutschen
Boden betreten hat, und er hat auch, zusammen
mit Petrus Canisius, dem ersten deutschsprachigen Jesuiten, die erste deutsche Jesuitennie-
derlassung in Köln 1544 gegründet. In jedem
Ort, den er betrat, erflehte er die Fürbitte der
Schutzengel und der Heiligen, die dort beson-

„Freunde im Herrn"

ders verehrt wurden. Er fühlte sich von ihnen stets begleitet und beschützt. Faber, der rastlos in Europa im Auftrag des Ordens oder des Papstes unterwegs war, entfaltete an allen Orten eine ebenso rastlose Tätigkeit. Für ihn bestand die katholische Reform im Wesentlichen im Wiederaufbau der Seelsorge, in der Erneuerung und Vertiefung des Glaubens. Mit den Exerzitien hatte er ein hervorragendes Instrument der Lebenserneuerung an der Hand.

Die erste Aufgabe eines Reformpriesters ist für Faber die Neubelebung der Glaubenspraxis. Eine *Ausrottung der öffentlich Irrgläubigen* führt seiner Meinung nach nicht zum Erfolg, sondern der Glaube muss ermutigt und bestärkt werden. Dabei muss beim Einzelnen angesetzt werden. Fabers katholische Reformarbeit ist nicht Restauration einer äußeren Werkfrömmigkeit, sondern Rückwendung des Christenlebens zu seiner eigenen Tiefe als Leben aus dem Heiligen Geist. Der Stil der Seelsorge Fabers ist gekennzeichnet durch den Mut, jede einzelne Person ernst zu nehmen in ihrem persönlichen Glauben und ihr authentische Glaubenserfahrung zuzutrauen.

Im Umgang mit Andersgläubigen mied er ganz bewusst kirchliche Politik. Sein Verhältnis zu ihnen ist hauptsächlich von betender, priesterlicher Sorge bestimmt, während ihm kontroverstheologische Streitigkeiten fern lagen. Ihm waren zwei Punkte wichtig, die er auch in seinem „Memoriale" festhielt: *Als Erstes muss, wer den Irrgläubigen unserer Zeit helfen will, zusehen, dass er ihnen viel Liebe entgegenbringt und dass er sie in Wahrheit liebt, indem er seinen Geist von allen Überlegungen freimacht, die der Achtung vor ihnen abträglich sein könnten. Als Zweites müssen wir ihre Gunst zu gewinnen suchen, dass sie uns lieben und uns einen guten Platz in ihrem Geiste geben. Das geschieht, wenn man sich mit ihnen freundschaftlich über Dinge unterhält, die ihnen und uns gemeinsam sind, und sich vor allen Streitgesprächen hütet, wo einer den anderen herabzusetzen sucht. Zuerst nämlich müssen wir mit ihnen in den Dingen Umgang pflegen, die uns einen, und nicht in den anderen, wo eine Verschiedenheit der Auffassungen zutage tritt.* Diese Haltung der Hochschätzung von Fremden und Fremdartigem ist heute noch genauso aktuell wie damals.

Von den vielen Reisen durch halb Europa völlig ausgebrannt, starb Faber im Alter von erst vierzig Jahren nach kurzer Krankheit in Rom am 1. August 1546. Er wurde 1872 von Pius IX. selig gesprochen. Sein kirchlicher Gedenktag ist der 2. August.

1541 schiffte sich **Franz Xaver** auf Bitten König Johanns III. von Portugal und mit päpstlichen Vollmachten versehen an seinem 35. Geburtstag als erster Missionar aus den Reihen der Gesellschaft Jesu nach Indien ein. Seine Auswahl beruhte auf einem Zufall, da der eigentlich vorgesehene Mitbruder schwer erkrankt war. Eine Karriere von der „Ersatzbank" zum Weltmissionar begann. Und es erfüllte sich damit der Traum, den Franz Xaver, schon damals von Indien fasziniert, in Venedig beim Warten auf das Pilgerschiff nach Jerusalem hatte, und den er am nächsten Morgen beim Erwachen seinem Gefährten mitteilte: *Wie bin ich gerädert. Weißt du, was ich träumte? Mir schien, ich trüge einen Inder*

21

Franz Xaver trägt einen Einheimischen
in der Nachfolge Christi
Wandgemälde von Jakob Potma, 1694
Jesuitenkirche Mindelheim, Franz-Xaver-Kapelle
© SJ-Bild

Franz Xaver tauft Einheimische in Indien
Gemälde von Bernhard Göz, 1754
Heilig-Kreuz-Kirche Landsberg am Lech
© SJ-Bild

*auf dem Rücken, und der war so schwer, dass sein
Gewicht mich fast erdrückte.*

Nach einer dreizehnmonatigen, beschwer-
lichen Reise traf Franz Xaver am 6. Mai 1542
in Goa ein, der an der Westküste Indiens gelegenen reichen, glanzvollen Hauptstadt des portu-
giesisch-asiatischen Kolonialreiches. Er war beeindruckt von dem Bild, das sich ihm bot: Die
hohen Türme der Kathedrale, das Franziskaner-
kloster und die anderen Kirchen gaben Zeugnis,
dass das Christentum in der Hauptstadt des portugiesischen Reiches in Indien heimisch war.

Doch schon bald musste er erkennen, dass alles
nur Fassade war. Denn die Europäer, die bisher
nach Indien gefahren waren, waren fast ausnahmslos Abenteurer und Spekulanten gewesen,
die nur an raschen Gelderwerb dachten. Die bis-
herigen „Bekehrungen" der Einheimischen waren ebenfalls sehr zweifelhaft; sie gingen auch
weiterhin ihren überkommenen Religionen nach.
Das Leben der portugiesischen Beamten, Kaufleute und Soldaten machte dem christlichen Namen unter den heidnischen Völkern nur wenig
Ehre. Die missionarische Aufgabe des Jesuiten

musste also zunächst darin bestehen, die in Indien lebenden Christen zum Christentum zu führen. So nutzte Xaver die Regenzeit, die ihn einige Monate in der Stadt festhielt, und zog durch die verschiedenen Stadtviertel, sammelte Kinder und Erwachsene um sich, predigte ihnen und gab ihnen Katechismusunterricht. Er tat alles, um die Bevölkerung wieder an ihre religiösen Pflichten zu erinnern.

Nach einer erfolgreichen Tätigkeit in Goa lebte Franz Xaver zwei Jahre unter den armen Perlenfischern an der sogenannte „Fischerküste" Südindiens, dem Kap Komorin. Danach suchte er Ceylon, Malakka, die Molukken, Amboina und andere Inseln auf. Überall nahm er sich der nicht getauften Einheimischen an und derer, die zwar getauft waren, aber mangels weiterer religiöser Unterstützung ihrem alten Glauben nachgingen. Er rief mit einem Glöckchen vor allem die Kinder zusammen, um sie in der christlichen Lehre zu unterweisen und sie zu taufen. Oft taufte er an einem Tag ein ganzes Dorf. Die wichtigen Gebete ließ er in der Landessprache schriftlich zurück, damit die Menschen sie auswendig

lernen konnten. Um mit Land und Leuten möglichst gut zurecht zu kommen, studierte Franz Xaver stets die Sprache, Sitten und ursprünglichen Religionsformen, bevor er mit seiner Mission begann. Ein weiteres Anliegen war, einheimische Helfer zu gewinnen, die das von ihm Begonnene fortführen konnten. Wo er ein Gebiet verließ, hinterließ er Christengemeinden, Kirchen und Religionsschulen.

Nachdem Franz Xaver sieben Jahre lang die ostasiatischen Kolonialreiche Portugals durchstreift hatte, machte er sich auf den Weg nach Japan und sah sich nach seiner Ankunft in Kagoshima 1549 in eine andere Welt versetzt. In seinem „Großen Brief von Kagoshima" an seine Mitbrüder vom 5. November 1549 schilderte er seine ersten Eindrücke von Japan. Dies sind auch die ersten Berichte über Japan und die Japaner, die Europa erreichten. Nach dem Bericht der gefahrvollen Überfahrt in der *Dschunke des Piraten* und einer Sturmnacht auf hoher See schrieb er: *Von Japan teile ich euch nach der Erfahrung, die wir vom Land haben, mit, was darüber bisher zu unserer Kenntnis gekommen ist. Vor allem, das*

Franz Xaver predigt vor einem Daimyo in Japan
Gemälde von Manuel Henriques, 1640
Diocese de Coimbra
© SJ-Bild

Ankunft von Franz Xaver in Kagoshima
Gemälde von Sawayama Takuji, 1981
Christian Memorial Museum Yamaguchi
© SJ-Bild

men: *Sie sind mäßig im Essen, wenn sie auch im Trinken ein wenig weitherziger sind … Sie spielen nie … Sie schwören wenig.* Besonders lobt er ihre Ehrlichkeit, die das Ergebnis einer strengen Justiz ist. Und er schließt: *Es sind sehr gut gesinnte Leute, sehr umgänglich und wissbegierig.*

Tatsächlich sah sich der Europäer in Japan in eine andere Welt versetzt. Alle Sitten und Gebräuche waren anders, die Sprache schwierig, das Essen ungewohnt. Statt der Achtung, die die Portugiesen einem Priester zollten, fand hier das Gegenteil statt: Verachtung des Fremden in seinem ärmlichen Aufzug. So trat Franz Xaver in Yamaguchi prunkvoll gekleidet mit einer Dienerschar und kostbaren Geschenken im April 1551 vor den dortigen Herrscher, den Daimyo Ouchi Yoshitaka. Diesem mächtigen Fürsten ging es nicht nur um Handelsbeziehungen mit den Portugiesen, sondern die Förderung der Bestrebungen Xavers war ihm ein echtes Anliegen, auch wenn er selbst kein inneres Verhältnis zum Christentum hatte. Yamaguchi wurde so zur größten Missionsstation in Japan zu Xavers Zeiten.

Groß waren die Erfolge, die Xaver während seines kurzen Wirkens in Japan errungen hatte. Aber der wichtigste Teil seiner Aufgabe war nicht gelungen: die japanische Priesterschaft, die so genannten Bonzen für sich zu gewinnen. Diese standen ihm feindselig gegenüber und bekämpften ihn, wo immer es ging.

Pater Manuel Texeira, der ihm in Goa zu Diensten war, beschreibt Franz Xaver so: *Pater Magister Franciscus war von guter, kräftiger Statur, eher groß als klein von Gestalt. Sein Antlitz war wohlgeformt, weiß und von frischer Farbe, heiter und äußerst gewinnend. Die Augen zwischen schwarz und kastanienbraun, die Stirne hoch, die Haare und der Bart schwarz. Seine Kleidung war arm, aber reinlich gehalten. Er trug nur einen Talar, ohne Gürtel und Mantel, wie es Brauch bei den Priestern Indiens war. Beim Gehen hob er den Talar ein wenig mit beiden Händen auf. Seine Augen waren beim Gehen fast immer zum Himmel gerichtet, dessen Anblick ihm, wie man sagte, besonderen Trost und besondere Freude bereitete. Sein Antlitz war so entflammt und heiter, dass es alle froh machte, die ihn betrachteten. Franz Xavers Wesen war von Bescheidenheit geprägt. So lehnte er auf*

Volk, mit dem wir bisher verkehrt haben, ist das beste, das bisher entdeckt worden ist, und mir scheint, unter Ungläubigen wird man kein anderes finden, das die Japaner übertrifft. Es sind Leute von sehr guten Umgangsformen und gewöhnlich gut und nicht böswillig; ein Volk, das ganz erstaunlich auf Ehre hält.* Auch die Kehrseite des stark ausgeprägten Ehrgefühls lobte er: *Es sind Leute, die keine Beleidigungen und keine verächtlichen Worte dulden.* In den wenigen Wochen seines Aufenthaltes hatte er schon viele Tugenden wahrgenom-

seinen Schiffsreisen stets Diener ab, die seine Autorität gegenüber den Schiffsleuten stärken sollten. Seine Devise war: *Das Mittel, wodurch man sich Ansehen und Autorität verschaffen muss, besteht darin, dass man sich selber seine Kleidung wäscht und seinen Kochtopf besorgt, ohne die Dienste anderer in Anspruch zu nehmen, und zugleich sich der Arbeit am Seelenheil des Nächsten widmet.*

Im November 1551 kehrte Franz Xaver nach Indien zurück, wo er erfuhr, dass ihn Ignatius zum ersten Provinzial der neu gegründeten indischen Ordensprovinz bestellt hatte. Doch Franz Xaver hatte schon längst ein neues Ziel vor Augen: Bei seinen Aufenthalten in Japan hatte er erkannt, wie sehr die Japaner in ihrer Kultur von China abhängig waren, hatten sie doch Religion, Schrift und fast die ganze geistige Kultur vom Reich der Mitte übernommen. Und die Xaver feindlich gegenüberstehenden Bonzen brachten oft das Argument, dass die Lehre vom christlichen Gott deshalb nicht die richtige sein könne, da doch die Chinesen nichts von ihr wüssten. Deshalb fasste er, der immer strategisch dachte, den Plan, zuerst den Glauben in China zu verkünden, Japan werde sich dann schnell dem Christentum zuwenden. Keines seiner missionarischen Unternehmen hatte Xaver so gründlich vorbereitet, und keiner seiner Pläne war so radikal gescheitert.

Im April 1552 trat Franz Xaver seine Traumreise nach China an. Ende August erreichte er die Insel Sancian vor Kanton, einen Treffpunkt chinesischer und portugiesischer Kaufleute. Er fand zwar viele Freunde, aber keiner wagte es, ihn in die für Ausländer verbotene Stadt Kanton überzusetzen. Schließlich bot sich ein chinesischer Schmuggler gegen die hohe Entlohnung von 20 Zentnern Pfeffer an, Xaver in der Dunkelheit des 19. Septembers 1552 auf das chinesische Festland überzusetzen. Doch er erschien nicht. Franz Xaver wartete weiter; es war Oktober geworden, die portugiesischen Handelsschiffe hatten ihre Geschäfte auf der Insel erledigt und waren verschwunden. Zuletzt war der Missionar allein auf der Insel, einsam, nur von seinem chinesischen Diener betreut. Er erkältete sich in den frostigen Nordwinden und bekam hohes Fieber. Das lang ersehnte Ziel vor Augen, starb Franz Xaver am Morgen des 3. Dezembers 1552, 46 Jahre alt, einsam in einer armseligen Schilfhütte.

1610 selig gesprochen, wurde er 1622 heilig gesprochen, 1748 zum Patron Indiens und des ganzen Fernen Ostens und 1927 zum Patron aller katholischer Missionen auf dem Erdkreis ernannt. Sein kirchliches Fest ist der 3. Dezember.

Am frühen Morgen des 31. Juli 1556 starb **Ignatius von Loyola** in Rom einen stillen Tod. Er hatte alles erreicht, was er sich erhofft hatte: die Genehmigung und Bestätigung der Gesellschaft Jesu, die Anerkennung der Exerzitien und den Abschluss der Ordenssatzungen. Er starb, als er seine Sendung vollendet hatte.

Ignatius wurde 1609 durch Paul V. selig gesprochen. Die Heiligsprechung, zusammen mit Franz Xaver, seinem bedeutendsten ersten Gefährten und Apostel Indiens, und mit Philipp Neri, dem italienischen „Mystiker im Narrenkleid", Theresia von Avila, der großen Mystikerin, und dem Spanier Isidor von Madrid, erfolgte am 12. März 1622 durch Papst Gregor XV. Ignatius von Loyola wurde 1922 zum Patron der „Geistlichen Übungen" und der Exerzitienhäuser erklärt. Sein kirchliches Fest ist am 31. Juli.

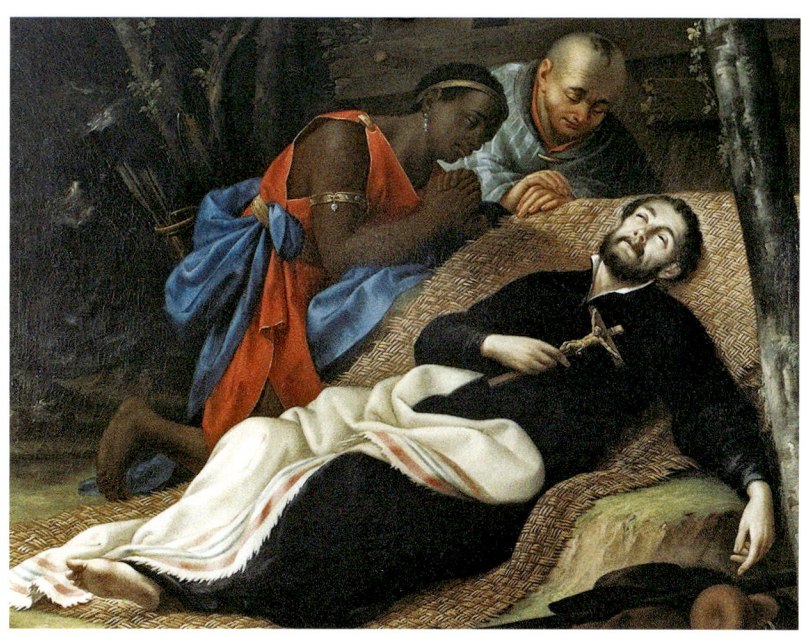

Tod des Franz Xaver auf Sancian

Gemälde, um 1740, aus dem ehemaligen Jesuitenkolleg in Ingolstadt

Stadtmuseum Ingolstadt
© SJ–Bild

Der Name Jesu steht im Zentrum

Der neue Zusammenschluss des Ignatius und seiner ersten Gefährten fügte sich nicht bruchlos in die Reihe der traditionellen Orden ein. Zum ersten Mal entstand eine Form des christlichen Gemeinschaftslebens, die ganz von den Forderungen des Apostolats her geprägt war. Der Dienst am Nächsten war nicht bloß eine Tätigkeit unter anderen, sondern das Grundanliegen, dem die ganze Lebensform zu dienen hatte. Um besser den apostolischen Arbeiten nachgehen zu können, wurden das gemeinsame Chorgebet, ein bestimmtes Ordenskleid und verpflichtende Bußübungen abgelehnt. Dem gleichen Anliegen diente die straffe Organisation und die lange Ausbildung der neuen Mitglieder.

Die Losung *Gott in allen Dingen finden* zielte auf ein Wirken inmitten der Welt, also nicht wie bislang in mönchischer Klausur. Mit ihrer Gelehrsamkeit und Weltläufigkeit wollten die Jesuiten in den stürmischen Zeiten des Umbruchs den Glauben verbreiten. Ein sehr wichtiger Teil ihres Konzepts war die Heranbildung qualifizierter Priester und die Erziehung der Jugend. Der ganze Orden war der Versuch, für ein methodisches Apostolat eine entsprechende Gemeinschaft zu schaffen, in der sich Eigeninitiativen im Rahmen des Ganzen entfalten lassen.

Die enge Bindung an den Papst, die sich bis heute in einem besonderen Gehorsamsgelübde konkretisiert, war von Anfang an ein Kennzeichen des Ordens. Sie ergab sich ebenfalls aus den speziellen Forderungen eines weltweiten Apostolates. Da die Gruppe um Ignatius ihre Tätigkeit nicht auf eine Diözese oder ein Land beschränken wollte, musste sie sich an jemanden wenden, der eine Übersicht über die ganze Christenheit hatte und der ihnen die nötigen geistlichen Vollmachten geben konnte. Dafür kam nur der Papst in Frage. So gewannen sie durch diese enge Bindung am besten freie Bahn für ihre weltweiten Pläne und waren nicht mehr von den Überlegungen der Bischöfe abhängig.

Ignatius von Loyola lebte in einer Zeit, in der die Kirche sich in einer inneren Auflösung befand. Er war davon überzeugt, dass die Reform der Kirche nur von innen her erfolgen kann, aus einer vertieften Frömmigkeit und Christusbegegnung. Die Idee seiner Ordensgründung war neu: Nicht Abkehr, sondern Hinwendung zur Welt, um sie für Gott zu gewinnen; die größere Ehre Gottes, für die er alle Mittel, die gut und geeignet sind, einsetzte. In den Ordensregeln steht ein Satz, dessen Kern die Worte enthält: *diversa loca peragrare*. Der ganze Abschnitt lautet, dass es die Berufung der Jesuiten ist, *in jedweder Gegend der Welt unterwegs zu sein und das Leben zu führen, wo mehr Dienst für Gott und Hilfe für die Seelen erhofft wird*. An anderer Stelle wird darauf hingewiesen, dass *die Mitglieder dieser Gesellschaft zu jeder Stunde bereit sein müssen, in diesen oder jenen Gebieten der Welt unterwegs zu sein, wohin sie vom Papst oder ihrem Oberen geschickt würden*. Dies erscheint wie eine ignatianische Alternative zur benediktinischen „stabilitas loci". Die Ortsgebundenheit des Benediktinermönches hatte Auswirkungen auf die Frömmigkeit und den Lebensstil. Vor allem auf den Rhythmus zwischen Gebets- und Arbeitszeiten. Ähnlich auch die Anweisungen des Ignatius, *diversa loca peragrare*, das heißt, die Menschen auf den Straßen der Welt zu begleiten.

Die Gesellschaft Jesu, die 1534 als ein Bund von sieben Freunden begann, nahm einen raschen Aufstieg. Dank des starken Zulaufes begabter junger Männer in fast allen Ländern gelang es ihr, eine neue Missionsbewegung einzuleiten und ihre Mitglieder in verschiedenen Orten der Welt einzusetzen. Sie traten selbstbewusst auf, beschritten mit erstaunlicher Dynamik neue Wege, verstanden es, sich den verschiedensten Situationen anzupassen und die geeigneten Mittel zu gebrauchen. Als Ignatius starb, zählte der Orden bereits 1000 Mitglieder und besaß über 100 Niederlassungen.

Der erste Grundsatz des Jesuitenordens ist der Leitspruch des Ignatius: **Ad maiorem Dei gloriam** (*zur größeren Ehre Gottes*). Darin ist die Dynamik des *Magis*, des *Je-mehr*, zusammengefasst, die die Quelle der ignatianischen Spiritualität bildet. Die historischen Quellen waren die Regeln des kastilischen Ritterordens „Caballeros de la Banda", die an manche Verhaltensformen und den Handlungsstil des Ignatius erinnern. So sollen die Mitglieder wenig sprechen, und das, was sie sagen, soll wahrheitsgetreu sein. Man soll Rat bei Weisen und Gelehrten suchen und sich von ihnen begleiten lassen. Bei Verwundungen soll man nicht wehklagen und sich wegen Heldentaten nicht Loblieder singen lassen. Außerdem wird das Verlangen nach höheren und besseren Großtaten, das sogar mit einem *más (je-mehr)* ausgedrückt wird, betont.

Der Dienst, den Ignatius und die Mitglieder des Jesuitenordens der Kirche leisten wollen, soll ein Dienst *ad maiorem Dei gloriam, zur größeren Ehre Gottes* sein, der zum größeren Einsatz für Glaube und Gerechtigkeit führt. Von großer mystischer Begabung und Härte stellt der Ordensgründer alle Regelungen der menschlichen Seele unter diesen seinen Wahlspruch. Und auf allen Seiten seines Ordensgesetzes steht geschrieben: *Omnia ad maiorem Dei gloriam.* Dieses Leitmotiv der Jesuiten zielt seit jeher darauf, den besonderen Einsatz im Apostolat stets im Bewusstsein zur größeren Ehre Gottes zu vollbringen.

Geist und Kraft seiner Gemeinschaft lagen verborgen im Buch der **„Geistlichen Übungen"**. Der Text des Exerzitienbuches war seit den Erfahrungen von Manresa und Paris im wesentlichen festgelegt, aber noch in den römischen Jahren feilte Ignatius als unerbittlicher Kritiker seiner selbst weiter daran und ließ es 1546 in ein schönes Latein übertragen. Viele Gedanken sind nicht neu. Schon der Kirchenlehrer Augustinus dachte über das Verhältnis von Gottesstaat und Weltreich nach. Aber im Unterschied zu ihm ging Ignatius diese Frage nicht spekulativ an, sondern pragmatisch: Was ist zu tun, dass sich das Reich Gottes durchsetzt? Ignatius legt Wert auf die Beobachtung der Seelenregungen und auf die Unterscheidung der Geister. Die „Geistlichen Übungen" betonen die Haltung der Indifferenz: Der Exerzitant soll von allen ungeordneten Neigungen frei werden und lernen, alle Lebensbereiche zu ordnen. Er soll sich sammeln und fern von aller Zerstreuung in einer wohldurchdachten Folge von Gebeten und Betrachtungen zu sich selbst kommen und sich klar werden über das Ziel des Daseins und die eigenen Absichten.

Als gegen das Exerzitienbuch vor allem in Spanien Kritik laut wurde, gab Paul III. diesem weltverändernden Buch am 31. Juli 1548 durch das Breve „Pastoralis officii cura" seinen Segen. Es ist dies ein seltener Fall der Kirche, dass ein Buch durch ein päpstliches Breve beglaubigt wird.

Seit der Wahl zum Generaloberen lastete auf Ignatius auch die Aufgabe, für den Orden **Satzungen** zu verfassen. Sie nahm ihn während seiner ganzen Amtszeit in Anspruch. Erst mit seinem Tod war das Werk abgeschlossen. Die erste „Formula Instituti" definiert die Gesellschaft Jesu als eine Gesellschaft, *die vornehmlich dazu errichtet worden ist, um besonders auf die Verteidigung und Verbreitung des Glaubens und den Fortschritt der Seelen in christlicher Lebensführung und Lehre abzuzielen durch öffentliche Predigten, Vorträge und jedweden anderen Dienst des Wortes Gottes und die Geistlichen Übungen, die Unterweisung von Kindern und einfachen Menschen im Christentum, die geistliche Tröstung der Christgläubigen durch Beichthören und die Verwaltung der übrigen Sakramente. Sie wurde von Papst Paul III. am 27. September 1540 in die Bulle*

Ignatius schreibt die Ordenssatzungen
Gemälde von Jusepe de Ribera (?), 1609
Generalskurie der Gesellschaft Jesu Rom
© SJ-Bild

Signet IHS
Wandgemälde in den Wohn- und Arbeitsräumen des Ignatius, Rom
© SJ-Bild

„Regimini militantis ecclesiae" aufgenommen. Am 21. Juli 1550 bestätigte Papst Julius III. eine überarbeitete Fassung der „Formula Instituti". Im Jahr 1552 lag ein erster Entwurf der vollständigen Satzungen vor. Als Ignatius 1556 starb, kannten und billigten alle damals lebenden Ordensmitglieder die Satzungen, so dass sie 1558 von der ersten Generalkongregation nach einigen Änderungen in Kraft gesetzt werden konnten.

Die Satzungen („Constitutiones") sind das Grundgesetz und zugleich die Lebensregel der Mitglieder des Jesuitenordens. In zehn Hauptteile gegliedert, ordnen sie die Prinzipien und Gesetze des Ordens in einem dynamischen Prozess von der Auswahl und Aufnahme neuer Mitglieder bis hin zu den Bestimmungen über die Ordensleitung. Vorangestellt ist das „Examen generale", das einerseits denen eine Hilfe bieten sollte, die für die Aufnahme neuer Gefährten verantwortlich waren, um die Berufseignung der Kandidaten zu prüfen; andererseits wollte es den Kandidaten selbst eine erste Orientierung über den Orden geben.

Die zehn Teile folgen in ihrem Aufbau nicht einem logisch-systematischen Prinzip, sondern sie begleiten den Gefährten auf seinem Werdegang im Orden: Der Erste Teil handelt von der Aufnahme und der damit verbundenen Eignungsprüfung. Der Zweite Teil bildet das Gegenstück dazu und legt Grundsätze für die Entlassung der Ungeeigneten fest. Der Dritte Teil ordnet die Prüfungszeit und enthält Grundsätze zur geistlichen Formung, die auch das kommende Leben tragen und prägen sollen. Der Vierte Teil regelt die wissenschaftliche und apostolische Ausbildung und zeichnet Grundlinien zu einer kommenden Studienordnung. Der Fünfte Teil legt die definitive Zulassung zum Orden in den Gelübden der Professen und Koadjutoren fest. Der Sechste Teil umschreibt die Verpflichtungen, die mit den Gelübden eingegangen werden; ausführlich spricht er von der persönlichen und der gemeinschaftlichen Armut und vom Gehorsam. Der Siebte Teil, das Herzstück der Satzungen, hat die apostolischen Sendungen durch den Papst und den Oberen der Gesellschaft Jesu zum Thema und entwickelt Prinzipien für die immer neu fällige Auswahl der Felder und Methoden des Apostolates. Der Achte Teil ist der Gemeinschaft gewidmet. Er handelt zuerst vom Geist, der sie tragen soll, dann von den offiziellen Versammlungen, vor allem von der Generalkongregation, die die höchste Instanz des Ordens bildet und die Vollmacht zur Gesetzgebung und zur Wahl des Generaloberen besitzt. Der Neunte Teil regelt die Leitung des Ordens und zeichnet das ideale Bild des Generaloberen. Der Zehnte Teil enthält Grundsätze, *wie dieser ganze Leib [der Gesellschaft] in seinem guten Stand bewahrt und gemehrt werden soll*. Die Satzungen sind in untrennbarer Einheit Organisationsstatut und geistlicher Leitfaden. Sie bestimmen die innere Dynamik und den Geist der Gesellschaft Jesu bis in die Gegenwart.

Die Grundsätze der Gemeinschaft sind zugleich die Normen, unter die Ignatius sein persönliches Leben gestellt hatte und denen er bis zum Tod treu geblieben war. Insofern lebt die Gesellschaft Jesu aus den Erfahrungen ihres Gründers. Grundlage der „Verfassung" des Jesuitenordens sind die „Constitutiones" und die sie ergänzenden Regeln und die Beschlüsse der Generalversammlungen. Diese Quellen bilden zusammen mit der Studienordnung der Gesellschaft Jesu („Ratio studiorum"), dem Exerzitienbuch des Ignatius, den allgemeinen Erlassen der Generaloberen, verschiedenen Formulae (Anweisungen, Geschäftsordnungen) sowie mit den einschlägigen päpstlichen Erlassen das „**Institutum Societatis Iesu**", die Zusammenfassung der wichtigsten Urkunden des Jesuitenordens.

Die zweite große Leitidee des Jesuitenordens bekundet sich im **Signet IHS**, dem „Monogramm Jesu". Entstanden ist die Bildung IHS für „Jesus" aus der griechischen Form des Namens, indem die beiden ersten und der letzte Buchstabe des Wortes (JE-S) geschrieben wurden. Als Zeichen für den Namen Jesu erscheint es im Spätmittelalter immer häufiger. Vor allem im 15. Jahrhundert wird es von dem Franziskaner Bernardin von Siena bekannt gemacht, der den Gläubigen nach seinen Predigten eine Scheibe mit dem IHS, zumeist umgeben von einem Strahlenkranz, zeigte. Es ist auch anzunehmen, dass das IHS-Monogramm, wie noch heute, hauptsächlich zum Stanzen der Hostien gebraucht und dadurch weit verbreitet worden ist.

Die am meisten verbreitete und vielfältigste Verwendung erfährt das IHS aber durch die Gesellschaft Jesu, die dieses populärste christliche Buchstabensymbol als Signet wählte. Als „Erkennungszeichen" finden wir es an den Fassaden der Jesuitenkirchen und Kollegien, an Altären und Kultgegenständen, auf Kupferstichen und auf den Titelseiten der Bücher jesuitischer Autoren. Auf die ausdrückliche Anordnung des Ordensgründers geht zurück, dass über den Eingängen der Gebäude der Jesuiten das IHS-Monogramm angebracht wurde. Er wollte damit sein Anliegen plastisch unterstreichen, dass nämlich der neue Orden als „Gefährten von Jesus" („Gesellschaft Jesu") und nicht als „von Ignatius" („Ignatianer") bekannt wird.

Ignatius von Loyola und seine ersten Gefährten gaben sich den Namen dessen, den sie als ihren eigentlichen Führer betrachteten, Jesus Christus, und bezeichneten ihre Gemeinschaft als „Gesellschaft Jesu". Ignatius begründete die Namensgebung mit mystischen Erfahrungen auf dem Weg von Siena nach Rom: Es war ihm, als habe Gott ihm die Worte *Ich werde euch in Rom*

Ignatius und seine Vision von La Storta
Gemälde von Sebastiano Conca, um 1750
Universität Salamanca
© SJ–Bild

Siegelstock des Ignatius als Generaloberer
Generalskurie der Gesellschaft Jesu Rom
© SJ–Bild

victus, der verherrlichte Auferstandene, der erhöhte Herr. Dass der Weg zur Erhöhung durch das Kreuz führt, daran erinnert das zum Kreuz geformte Kürzungszeichen über dem griechischen Eta. Verdeutlicht wird dies durch die drei Nägel, die *insignia Christi* und der Nachfolge des Gekreuzigten in den drei Gelübden Armut, Ehelosigkeit und Gehorsam. In dieser Form erst wurde das Symbolbild zum Signet der Gesellschaft Jesu. Das Signet enthält eine ganze Theologie des Namens Jesu, es ist Ausdruck des Glaubens: *Es ist uns Menschen kein anderer Name unter dem Himmel gegeben, durch den wir gerettet werden sollen* (Apg 4,12).

Das Siegel des Ignatius als Generaloberer ist einmalig und im Orden weniger üblich geworden: Der Name Jesu steht in einem Kreis, Symbol des Himmels. Über dem in Kleinbuchstaben geschriebenen Christus-Monogramm, bei dem der Balken des „h" zum Kreuzeszeichen erweitert ist, sind eine Sonne und darunter ein Halbmond mit zwei Sternen angebracht. Sonne und Mond sind die Symbole von Christus und Maria, die Sterne Attribute der Gottesmutter. Dies weist auf die Grundidee der Lebensweihe des Ignatius an Maria hin, die nicht nur seine eigene Vita durchzog, sondern darüber hinaus ein tragender Bestandteil der Ordensverfassung wurde.

Die geistlichen Erfahrungen und Einsichten des Ignatius von Loyola sind in die Satzungen eingeflossen und haben so die Spiritualität und Vorgehensweise des von ihm gegründeten Jesuitenordens geprägt. Auf den Dienst für die größere Ehre Gottes, der unlösbar mit dem Dienst für den Nächsten verbunden ist, verweist Ignatius mit seinem Motto, das auch der Wahlspruch des Ordens ist: *Ad maiorem Dei gloriam*. Ein anderer aber ist es, der zu diesem Dienst beruft. Auch heute. Darauf weist der Name Jesu hin, versinnbildlicht im Monogramm IHS. Das IHS vermittelt die Botschaft, unter der der Jesuitenorden einst angetreten ist und bis heute steht: Der Name Jesu steht im Zentrum – und in seiner Blickrichtung muss das Apostolat der Jesuiten in all seinen Aspekten betrachtet werden – als eine Sendung mitten in die Welt, zu den Menschen.

gnädig sein ins Herz eingeprägt. In La Storta, wenige Kilometer vor der Ewigen Stadt schließlich schien es ihm, dass er Christus mit dem Kreuz auf der Schulter sehe, und Gott neben ihm, der zu seinem Sohn sagte: *Ich will, dass du diesen als deinen Diener annimmst.* Und so nahm Jesus Ignatius an und sagte: *Ich will, dass du uns dienst.* Diese Vision besagte, dass er und seine Gefährten Gott dienen sollten, indem sie zusammen mit Christus gesandt werden, den Menschen zu helfen. Ignatius hatte so eine große Andacht zum Namen Jesu gefasst und ließ sich von keinem Widerspruch davon abbringen, seine Gemeinschaft „Gesellschaft Jesu" zu nennen. Der Name „Gesellschaft Jesu" war neben der Bezeichnung des Ordens ein Programm für die Wiedergabe der christlichen Botschaft und ihr Verständnis: Christsein heißt zusammen mit Jesus vor Gott stehen, Anteil haben am Verhältnis Jesu zu Gott.

Neben dem Namen „Gesellschaft Jesu" wählte Ignatius das IHS in der Strahlensonne als Zeichen für den neuen Orden. Der Strahlenkranz ist das Symbol der Sonne, Jesus der *sol in-*

Der Name Jesu steht im Zentrum

Ignatianische Lebensweise

Ignatius von Loyola wollte keinen „beschaulichen" (kontemplativen) Orden gründen. Er sah seine Berufung auch nicht im benediktinischen *ora et labora (bete und arbeite)*. Er wollte, dass seine Söhne in der Welt stehen, ja er wagte einmal das kühne Wort: *Wer nicht in die Welt passt, der passt auch nicht in die Gesellschaft Jesu*. Ignatius wollte einen Orden, dessen Mitglieder jederzeit verfügbar und frei sind für den apostolischen Einsatz in der Welt. Deshalb, obgleich selbst Mystiker und ein Mann des Gebets, verpflichtete er seine Gefährten nicht zu langen Gebetszeiten oder zu der damals selbstverständlichen Praxis des gemeinsamen Chorgebetes. Die dadurch gewonnene Zeit sollten sie dafür verwenden, in vielfacher Weise tätig zu sein für die Ausbreitung des Reiches Gottes und das Heil der Menschen. Andererseits wusste Ignatius um die Gefahr, unter der Last einer schweren Aufgabe zu resignieren, in bloße Betriebsamkeit abzusinken oder nicht mehr die Ziele Gottes, sondern die eigenen zu verfolgen, wenn man die ursprüngliche Orientierung und Motivation allen Tuns nicht immer wieder ins Bewusstsein bringt und im Herzen lebendig erhält. Um dieser Gefahr zu entgehen, wollte Ignatius Männer haben, die *Gott in allen Dingen finden* und deren Handeln stets von dieser Sicht beseelt und begleitet ist. Einer seiner Gefährten fasste dieses Leitbild ignatianischer Lebensweise in das Wort *contemplativus in actione*: in aller Tätigkeit gottverbunden bleiben; Gott und seinen Auftrag immer im Blick behalten und aus dem Schauen auf ihn heraus handeln. Sein Ideal war also nicht die Kontemplation *und* (davon unterschieden) die Aktion, sondern die Einheit von beidem in einer auf die Tätigkeit ausgerichteten Lebensweise.

„Jesuit"

„Jesuiten" ist die allgemeine Bezeichnung für die Mitglieder des Ordens der Gesellschaft Jesu, Societas Jesu, SJ.

Der Name „Jesuita" („Jesuit") stammt ursprünglich nicht von den Mitgliedern der Gesellschaft Jesu. Als Ehrenname für fromme Leute findet er sich schon im 15. Jahrhundert und als Spottname für Betbrüder am Anfang des 16. Jahrhunderts. *Der schlechte Wille und die Bosheit mancher Leute hat uns den Namen „Jesuiten" gegeben*, schreibt Petrus Canisius am 15. Februar 1545, *ferne sei es von uns, die wir nichts sind als neue Freiwillige im Dienste des Kreuzes, diesen heiligen Namen uns anzumaßen ... Wir wissen gut, dass Gefahren, Beschwerden und Widerstand, die wir erfahren, das gemeinsame Los aller frommen Seelen sind, besonders in dieser ärgerlichen Zeit, in der alle Frömmigkeit als Aberglaube verspottet wird.*

Wenn auch der Orden den Namen nie offiziell angenommen hat, so wurde derselbe doch schon im 16. Jahrhundert auch von den Mitgliedern des Ordens selbst als kurze Bezeichnung vielfach gebraucht.

„Jesuitinnen"

In den Anfangsjahren hatten Jesuiten für Frauen eine besondere Faszination. Dies lag zum einen in der Tradition der „Devotio moderna", die von der Gesellschaft Jesu weitergetragen wurde, einer Erneuerungsbewegung, in deren Mitte eine tiefe Christusfrömmigkeit stand. Zum anderen vertraten die Jesuiten ihre Spiritualität nicht hinter Klostermauern, sondern in der Welt. Der Gewinn, den die Frauen aus ihrem religiösen Engagement zogen, war neben dem Interesse an einer religiösen Neuorientierung auch, dass sich im Umfeld der Jesuiten Möglichkeiten des Agierens für sie eröffneten, die sonst nicht möglich waren. Auch war der jesuitische Lebensstil, also einfache schwarze Kleidung, asketisches Leben und so weiter bald chic und gehörte zum guten Ton.

Ignatius von Loyola hatte schon bald nach seiner Bekehrung 1521 in Barcelona, von wo aus er in das Heilige Land aufbrechen wollte, einen Kreis von Jüngerinnen um sich, eine Schar von Frauen aus den höheren Gesellschaftsschichten, die sich durch fromme Neugier zu ihm hingezogen fühlten und für die Finanzierung seines Lebensunterhaltes sorgten. Sie luden Ignatius des öfteren zu sich nach Hause ein und unterstützten ihn, wo sie nur konnten. So wurden diese Frauen, die man wegen ihrer verehrungswürdigen Anhänglichkeit an Ignatius bald spöttisch „Iñigas" nannte, die ersten *Seelen, die sich von ihm helfen ließen* und ihm selbst wurde immer klarer, dass es sein Beruf sei, *den Seelen zu helfen (ayudar las ánimas)*.

Aus seiner Begegnung mit Isabel Roser entwickelte sich eine lebenslange Verbindung zwischen beiden. Nach seiner Rückkehr aus Jerusalem erhielt Ignatius Rat und finanzielle Unterstützung für seinen Lebensunterhalt von ihr während seiner Studien in Paris. *Denn euch schulde ich mehr als allen Personen in diesem Leben, die ich kenne*. Mit diesem Satz in einem Brief an Isabel Roser vom 10. November 1532 beschreibt Ignatius sein Verhältnis zu seiner vornehmen Gönnerin.

Der Jesuitenorden ist ein Männerorden. Einen Frauenzweig der Gesellschaft Jesu hatte weder Ignatius stiften noch der Orden später annehmen wollen. Ignatius entschied sich wohl auch deshalb dagegen, da er keine geistliche Partnerin fand wie einst Franz von Assisi Clara, Benedikt von Nursia Scholastika und später Johannes vom Kreuz Theresia von Avila. Sicher hätte zudem, so revolutionär das Ordenskonzept des Ignatius damals für einen Männerorden war, dasselbe Projekt für einen parallelen Frauenorden noch mehr innerkirchliche Eruptionen verursacht. Trotzdem liegen in den Exerzitien und im Ansatz des jesuitischen Apostolats auch viele

Möglichkeiten für Frauen, die ein geistliches und apostolisches Leben führen wollen. So haben weibliche Gemeinschaften oft von der Gesellschaft Jesu den Geist übernommen, zum Teil die Regel, und nicht selten hatten Jesuiten Anteil an ihrer Gründung.

Ignatius stand mit vielen Frauen aus meist gehobeneren Kreisen im Briefwechsel. Obwohl er die Gelegenheiten zur geistlichen Beratung nutzte, versuchte er auch oft, ihre Unterstützung für pastorale Unternehmen des Ordens zu gewinnen oder zu bestärken. 1545 musste er auf Druck Papst Pauls III. die Gründung eines weiblichen Ordens zulassen, dessen Ziel und Regel seiner Stiftung entsprach, und seine ehemalige Gönnerin Isabel Roser mit ihren beiden Freundinnen aus Barcelona als „Töchter Jesu" in seine Hände das Gehorsamsgelübde ablegen lassen. Doch diese „Jesuitinnen" oder „Jesuitessen", welche *in allen Stücken den Jesuiten nachzuahmen suchten*, bestanden als Orden nur ein Jahr; Ignatius erwirkte, *weil allerhand Unordnungen unter ihnen eingerissen*, ihre Auflösung.

Weiteren Ansinnen von Frauen, in den Orden aufgenommen zu werden, stand Ignatius unerbittlich gegenüber, so Jacoba Pallavicino aus Parma, die ihre Briefe bereits mit *Jacoba aus der Gesellschaft Jesu* unterschrieb.

Am 20. Mai 1547 wurde die Distanz der Gesellschaft Jesu zu Frauen festgeschrieben: Ignatius erwirkte von Papst Paul III. ein Dekret, das die Möglichkeit eines weiblichen Zweiges der Gesellschaft für alle Zeiten ausschloss und das in die Bulle „Licet debitum" vom 18. Oktober 1549 aufgenommen wurde. Vermutlich konnte sich Ignatius einen solchen Zweig nur entsprechend dem voll klausurierten Modell der bestehenden „Zweiten Orden" der Dominikaner und Franziskaner für Frauen vorstellen; ein weiblicher Zweig der Gesellschaft Jesu hätte auch Jesuitenpriester als reguläre und feste Kapläne erforderlich gemacht und vom männlichen Zweig geleitet werden müssen. Als Wohltäterinnen aber durften Frauen weiterhin mit der Gesellschaft Jesu zusammenwirken. So wurden aus den Mäzeninnen für die ignatianische Idee Mäzeninnen für den Orden. Dennoch gelang es 1554 Juana de Austria, der talentierten und willensstarken Tochter von

Karl V., Schwester von Philipp II. und zwischendurch Regentin von Spanien, einen solchen Druck auszuüben, dass Ignatius sich mit ihrem Ansinnen, in den Orden einzutreten, auseinandersetzen musste. Das einberufene Komitee empfahl ihre Aufnahme in die Gesellschaft Jesu unter einigen sorgfältig formulierten Bedingungen für „Mateo Sánchez", dem Geheimnamen der Infantin. Juana wurde Jesuitin, wohl nach dem 26. Oktober 1554, dem Datum der Denkschrift, die ihren Status in der Gesellschaft Jesu behandelte und von Ignatius unterzeichnet ist, und blieb es bis zu ihrem Tod am 7. September 1573. Dieses Geheimnis war nur ihr und einigen wenigen Ordensmitgliedern bekannt. Sie gehörte selbstverständlich nie einem bestimmten Kolleg an, sondern führte immer ihr eigenes Hauswesen weiter. Ihre Hofhaltung nahm allerdings klösterliche Formen an und spiegelte wider, was der Wirklichkeit entsprach. Ignatius und den eingeweihten Mitbrüdern war wegen der ungewöhnlichen Situation und der möglichen Gegenmaßnahmen von Juanas Bruder, falls diesem das Geheimnis seiner Schwester zu Ohren kommen sollte, nicht wohl zumute. Auf der anderen Seite stand die Hoffnung, dass Juana der Gesellschaft Jesu Hilfe und Schutz geben konnte. Tatsächlich unterstützte sie in einigen wichtigen Angelegenheiten die Jesuiten, doch sie löste auch einige Ängste aus. Das Experiment wurde niemals wiederholt. Die Infantin Juana von Spanien ist somit die einzige Jesuitin, die wirklich Mitglied der Gesellschaft Jesu gewesen ist.

Nach der Grundsatzentscheidung von 1547 wurden Frauen zwar nicht mehr in die Gesellschaft Jesu aufgenommen, aber Jesuiten waren Gründer und Inspiratoren bei der Gründung von Frauenkongregationen. Einen wahren Kampf der Geister beschwor zu Beginn des 17. Jahrhunderts das Bestreben der Engländerin Mary Ward (1585–1645) herauf, das Institut der Gesellschaft Jesu für die Frauenwelt auch missionarisch, nicht allein für die Schule, nachzubilden. Die „Congregatio Jesu" (CJ), von ihr 1609 in London gegründet, bekam erst 1877 von der Kirche die volle Bestätigung. Sie selbst durfte bis 1904 offiziell nicht als Stifterin anerkannt werden. Heute hat sich die Gemeinschaft über alle Erd-

teile ausgebreitet und hat als Aufgaben die gleichen, die die Gründerin formulierte: Mädchenerziehung, Seelsorgearbeit und Einsatz für die Gerechtigkeit. Was Mary Ward ursprünglich wollte, und was sie schon in die Tat umgesetzt hatte, war eine weibliche Genossenschaft von „Jesuitinnen" dem Geist, der Regel und der Arbeit nach, wenn sie auch nicht satzungsgemäß unter der geistlichen Leitung der Gesellschaft Jesu stehen sollte. Ein Entwurf ihrer Gründung, der 1616 in Rom vorgelegt wurde, enthielt die gleiche straffe Organisation, die verschiedenen Klassen, die Gelübde, auch den Verzicht auf das gemeinsame Chorgebet, auf Klausur und Ordenstracht. Als Titel ihrer Gemeinschaft wählte die Ordensgründerin sogar den Namen „Societas Jesu". Das Siegel Mary Wards als Generaloberin trug um das IHS, das Signet des Jesuitenordens, die Umschrift *Praeposita Princ. Matrum Anglarum*. Mary Ward muss eine ziemlich couragierte und für ihr Jahrhundert erstaunlich emanzipierte Person gewesen sein, die resolut ihre Meinung vertrat. Das wurde ihrem Orden zum Verhängnis: Am 13. Januar 1631 wurde er durch die päpstliche Bulle „Pastoralis Romani Pontificis" aufgelöst, da seine Mitglieder *viele, dem weiblichen Geschlechte unziemende, und für die Schwäche seines Verstandes, wie für die weibliche Bescheidenheit und namentlich die jungfräuliche Sittsamkeit ganz und gar ungeeignete Werke unternehmen*. Mary Ward selbst kam in München in Klosterhaft. Erst in unserem Jahrhundert wird Mary Ward von der Kirche, die sie zu ihrer Zeit nicht verstanden hatte, als *unvergleichliche Frau* (Papst Pius XII.) und *Pilgerin der Hoffnung* (Papst Johannes Paul II.) bezeichnet. Mary Ward war es im 17. Jahrhundert nicht möglich, ihrer Gemeinschaft den Namen zu geben, den sie von Gott empfangen hatte: *Nimm das Gleiche wie die Gesellschaft [Jesu]*. Während der vergangenen vier Jahrhunderte ist ihr Orden bekannt geworden als „Englische Fräulein", „Maria-Ward-Schwestern" und „Institutum Beatae Mariae Virginis" (IBMV). Im Jahr 2002 hat sich die Gemeinschaft entschieden, den Namen „Jesus" zu übernehmen. Nach der Bestätigung durch die Kirche führt der Orden seit dem 30. Januar 2004 den offiziellen kirchlichen Namen „Congregatio Jesu".

Es gibt keinen Frauenorden, der sich „Jesuitinnen" nennt. Der Begriff steht aber für Frauengemeinschaften, deren Gründung mit dem ignatianischen Geist zusammenhängt, die im Geiste des Jesuitenordens, in der Spiritualität des Ignatius leben. Es sind sehr lebendige Frauenkongregationen, die ohne Anbindung an die Gesellschaft Jesu aus gleicher Inspiration leben, sehr eigenständig und nicht nur darin im besten Sinn: jesuitisch.

Von den Ordensgenerälen Diego Laínez bis Claudius Aquaviva

Diego Laínez stammte aus Almazán in Altkastilien. Seine Vorfahren waren vor fünf Generationen noch Juden gewesen. Geistig und wissenschaftlich war er Ignatius wegen seiner Kenntnisse in der scholastischen Philosophie und Theologie ohne Zweifel weit überlegen. Seine klare, kühle und scharfsinnige Intelligenz zeigte sich besonders auf dem Konzil von Trient, so dass Papst Pius V., ein Dominikaner, Laínez als *die beste Lanze* bezeichnete, welche die Kirche zu ihrer Verteidigung gehabt habe.

Laínez wurde am 2. Juli 1558 mit klarer Mehrheit zum zweiten Generaloberen des Ordens gewählt und hatte am 6. Juli zusammen mit dem Wahlgremium eine Audienz bei Papst Paul IV., der sie sehr liebevoll aufnahm und in einer langen Ansprache das vortreffliche Wirken der Gesellschaft Jesu hervorhob. Um so überraschender und enttäuschender war es für alle, als er sich weigerte, die Satzungen anzuerkennen. Er forderte per Dekret die Einführung des Chorgebetes und eine Begrenzung der Amtsdauer des Generaloberen auf etwa drei Jahre. Der Orden unterwarf sich demütig, aber nicht ohne durch ein Memorandum an den Papst auf die gebilligten Ausnahmen hinzuweisen.

Durch Laínez hatte das Wirken der Gesellschaft Jesu eine Veränderung erfahren, die Ignatius ursprünglich nicht gewollt hatte. Ignatius wollte eine mobile Gesellschaft. Die Kollegien, die auf Initiative des Laínez entstanden, verlangten dagegen Stabilität und Kontinuität. Es ist erstaunlich, wie schnell und mit welchem Elan Ignatius und seine Mitbrüder die Umstellung vollzogen haben.

Laínez hatte auch 1558 die Assistenzen eingeführt, nämlich vier große Verwaltungsbezirke, die sich als große Hilfen erwiesen: die spanische, die portugiesische, die italienische und die deutsche Assistenz.

Am 19. Januar 1565 starb Laínez in Rom im Alter von erst 53 Jahren. In den neun Jahren seit dem Tod des Ignatius war die Mitgliederzahl des Ordens von 1000 auf 3400 angestiegen. Die Mitglieder verteilten sich nunmehr von 12 auf 18 Provinzen und von 72 auf 130 Häuser.

Franz Borja stammte aus Gandía in der spanischen Provinz Valencia. Dort war er Herzog und gehörte zum spanischen Hochadel. Geboren wurde er als ältester von drei Söhnen am 28. Oktober 1510. Papst Alexander VI. war sein Urgroßvater. Die Mutter von Franz Borja war die illegitime Tochter des Erzbischofs von Toledo, der wiederum ein unehelicher Sohn von König Ferdinand war.

Borja trat 1527 als junger Edelmann in den Hofdienst bei Kaiser Karl V. und dessen Gemahlin Isabella. Bald war er in allen Künsten seines Standes geübt: ein leidenschaftlicher Sportsmann, Jäger und begabter Musiker, aber auch ein gewandter Kavalier von integrem Charakter. Der Kaiser setzte großes Vertrauen in ihn, was sich auch darin äußerte, dass er den 29jährigen Höfling 1539 ohne Zwischenstufen zu einem der höchsten Beamten machte, nämlich zum Vizekönig von Katalonien.

Nach dem Tod seiner Frau, Herzogin Eleonore, 1546, beschloss Borja, in die Gesellschaft Jesu einzutreten, was ihm Ignatius, mit dem er schon länger im Briefwechsel stand, gerne am 9. Oktober 1546 gewährte. Da Borja noch die

Zukunft seiner acht Kinder regeln wollte, blieb sein Ordenseintritt vier Jahre lang geheim.

Im Jahr 1565 wurde Franz Borja, den Ignatius vielfach protegiert hatte und dessen Vorschlägen er immer zugeneigt war, der dritte Generalobere der Gesellschaft Jesu. Er blieb es bis zu seinem Tod in Rom am 30. September 1572, wobei seine Sorge den Exerzitien, den Missionen und der Jugendarbeit galt.

Sein universaler Geist zeigte sich in den missionarischen Impulsen, die er dem Orden mitgab. Seine besondere Vorliebe galt Lateinamerika. Aber er schickte Missionare auch nach Afrika, China, Brasilien, Angola, Abessinien und Indien.

Auf Bitten Borjas hatte Ignatius das erste Zentrum zur Erziehung Jugendlicher im Jahr 1546 eröffnet. Schon ein Jahr später wurde das Kolleg in Gandía zum Rang der ersten Jesuitenuniversität der Welt erhoben mit gleichen akademischen Rechten wie die namhaften Universitäten jener Zeit. Die Erfolge in Gandía bewogen Borja, den Kollegien große Aufmerksamkeit zu widmen: Er gründete 42 Kollegien in Spanien, fünf in Portugal, 27 in anderen europäischen Ländern und einige in Amerika. Aus diesen Kollegien kam viel Nachwuchs für den Orden. Borja legte hohen Wert auf ein gutes erzieherisches System. Auf ihn geht auch die erste Studienordnung zurück, die bis zur Neuregelung unter General Aquaviva 1599 gültig war.

Franz Borja wurde 1624 selig und 1671 heilig gesprochen.

Der Belgier **Everard Mercurian** (1514–1580) wurde zum vierten Ordensgeneral gewählt. Er hatte ein verhältnismäßig ruhiges Generalat. Er setzte die von Borja begonnenen und ihm von der Kongregation aufgetragenen Bemühungen fort, die Ordensgewohnheiten zu regeln.

Geboren 1543 nahe Neapel gehörte **Claudius Aquaviva** als Generaloberer seit 1581 zu den fähigsten Generälen des Ordens. Unter ihm erlebte die Gesellschaft Jesu eine Glanzzeit. Die Ordensverfassung erhielt eine letzte Vollendung, und das Direktorium zu den Exerzitien wurde verfasst.

Es gab aber auch große Probleme während seiner Amtszeit: So gab es im Orden selbst Spannungen zwischen den mehr konservativen, zu denen auch Aquaviva gehörte, und den mehr progressiven, so dass mehrere Generalversammlungen nötig wurden, um eine drohende Spaltung abzuwenden. Weitere Schwierigkeiten gab es mit Papst Sixtus I., einem Franziskaner, der den Namen „Gesellschaft Jesu" als Anmaßung empfand und Aquaviva befahl, ein Änderungsdekret zu verfassen, dessen Entwurf bereits eingereicht war, als der Papst am 27. August 1590 starb. Seine Nachfolger bestanden jedoch nicht mehr auf der Änderung.

Die Jahre zwischen dem Tod des Ignatius 1556 und dem Tod Aquavivas am 31. Januar 1615 waren eine große Zeit für den Jesuitenorden: Die Gesellschaft Jesu war führend in der Wissenschaft, in der Literatur und in der Pädagogik. Ihre Mitglieder waren gefragte Prediger und Hofbeichtväter. Damit beherrschten sie einen beachtlichen Teil der Schlüsselstellungen zur öffentlichen Meinung. In dieser Zeit erfolgte auch die Wiedergewinnung der Hälfte Deutschlands für die katholische Kirche durch Petrus Canisius. Von besonderer Bedeutung für die kulturelle Entwicklung Europas war die von Aquaviva verabschiedete Studienordnung („Ratio studiorum") von 1599.

II.

Katholische Reform,
Bildung und
(Natur-)Wissenschaften

In den Exerzitien haben Ignatius von Loyola und Petrus Canisius gelernt, als Gefährten Jesu an jedem Ort der Welt zuhause zu sein, wo sie am besten *den Seelen helfen* konnten. Für Ignatius war dies nach seiner Ordensgründung und seiner Wahl zum Generaloberen Rom als Schaltzentrale der bald weltweit agierenden Gesellschaft Jesu. Für Petrus Canisius dagegen bedeutete es, den ignatianischen Geist von Rom aus über die Alpen nach Norden zu tragen und dabei den deutschsprachigen Bereich der Länge und Breite nach zu durchwandern.

Petrus Canisius

Am 21. Dezember 1597 starb Petrus Canisius mit 76 Jahren in Fribourg nach einem erfüllten Ordensleben, wovon er 54 Jahre im Orden der Gesellschaft Jesu, 51 Jahre als Priester und 13 Jahre als (erster) Provinzial der Oberdeutschen Ordensprovinz zugebracht hatte. Canisius war eine hochbegabte Persönlichkeit, entsprechend vielfältig war auch sein Einsatz für Kirche und Welt.

Petrus Canisius, am 8. Mai 1521 in Nijmegen als Sohn des Bürgermeisters geboren, wurde gegen die väterlichen Pläne Priester. In Mainz begegnete er Peter Faber, einem der Gründungsväter der Gesellschaft Jesu, der ihn weiter in die Spiritualität des Ordens einführte, so dass er als erster Jesuit deutscher Sprache am 8. Mai 1543, seinem 22. Geburtstag, in die Gesellschaft Jesu eintrat.

Bereits 1538 hat Canisius auf das erste Blatt seines Schulheftes in bemalten Großbuchstaben das Wort *PERSEVERA* (*Halte durch, sei beharrlich!*) geschrieben. Dieser für seine Standhaftigkeit und Entschlossenheit stehende Wahlspruch bildete eine Art Lebensprogramm und die Grundlage jeglichen Wirkens. Diese Festigkeit des Charakters und Standhaftigkeit, mit der er den einmal eingeschlagenen Weg unverändert beibehielt, haben Canisius nie verlassen.

Im Juni 1546 wurde Canisius zum Priester geweiht. Nach Ablegung der feierlichen Professgelübde in Rom 1549 sandte ihn Ignatius nach Deutschland zurück. Auf Wunsch Herzog Wilhelms V. von Bayern ging Canisius zunächst für drei Jahre als Professor und Vizekanzler an die Universität Ingolstadt. Dann weilte er für vier Jahre in Wien, um sich dort als Seelsorger, Theologieprofessor und Berater König Ferdinands I. für die katholische Reform einzusetzen. Anschließend war er Domprediger in Augsburg und Innsbruck. In all diesen Stellen und auf seinen zahlreichen Reisen war seine Hauptaufgabe stets die Seelsorge. 1556 wurde er außerdem zum ersten Provinzial der neu errichteten Oberdeutschen Jesuitenprovinz ernannt, deren Aufbau vor allem ihm zu verdanken ist. Parallel mit der Tätigkeit im Orden und in der Seelsorge übernahm er zahlreiche kirchenpolitische Aufträge. Als theologischer Berater von Bischöfen und päpstlichen Gesandten war er auf den Reichstagen in Augsburg und Regensburg. 1557 nahm er an dem ergebnislosen Religionsgespräch von Worms teil. 1565 überbrachte er vielen deutschen Bischöfen die amtliche Ausgabe der Dekrete des Konzils von Trient mit der Mahnung, sie durchzuführen. 1580 wurde er von seinem Nachfolger im Provinzialat nach Fribourg in der Schweiz geschickt, um dort ein Kolleg zu gründen. In den letzten Jahren seines Lebens, die er dort verbrachte, konnte er sich

neben den seelsorglichen Tätigkeiten ganz der Schriftstellerei widmen.

Die Persönlichkeit des Petrus Canisius war in starkem Maße geprägt durch seine außergewöhnlich große Reisetätigkeit, in der er einen beträchtlichen Teil seine Lebens für das Wohl der Kirche Gottes in kirchendiplomatischer Funktion zubrachte. Verbindet man alle von ihm besuchten Orte, so legte er in der Luftlinie etwa 58 000 Kilometer zurück. Im Seligsprechungsdekret von Papst Pius IX. heißt es: *Es lässt sich kaum vorstellen, wie viele und wie lange Reisen dieser tatkräftige Mann, der in einer sehr gefährlichen Zeit der Kirche zum Schutz geschenkt wurde, fünfzig und noch mehr Jahre lang unternahm; wie viel Müh und Beschwerden hat er ertragen! Er durchwanderte Polen, Franken, Bayern, Böhmen und fast ganz Deutschland aus Liebe zur Religion.*

Canisius war gerade in einer Zeit des aufbrechenden Glaubensstreites als Reformer der Kirche ausgleichend und vermittelnd tätig und wurde aufgrund seiner hohen Sachkompetenz und erstaunlichen Vielfalt zum Inbegriff der katholischen Reform des 16. Jahrhunderts.

Einen Grundzug im Bild des Petrus Canisius bildet die schriftstellerische Tätigkeit, die er bereits in seiner Kölner Zeit vor dem Eintritt in den Jesuitenorden begonnen hat und die sämtliche Gebiete der Theologie umfasste. Sie hat Kirchlichkeit und Papsttreue zur Grundlage, steht im Dienst der Kirchenreform und diente ausschließlich der religiösen Belehrung des Volkes, der Förderung der theologischen Wissenschaft, der Verteidigung der katholischen Lehre und der Seelsorge. Auch ist sie geprägt von sachlicher Argumentation und von Bescheidenheit statt Angriffen auf Andersdenkende, wie Canisius am 25. Februar 1556 selbst schreibt: *Mit Nachdruck und Nüchternheit muss man die Wahr-*

heit verteidigen, auf dass unsere Bescheidenheit allen Menschen kund sei und wir wo möglich auch von denen, welche draußen stehen, ein gutes Zeugnis empfangen … Was alle wünschen und preisen, ist Bescheidenheit, gepaart mit Würde und gewichtiger Beweisführung.

Seine rastlose schriftstellerische Tätigkeit, für die er neben seinen zahlreichen Verpflichtungen und Reisen immer Zeit fand, ist darin begründet, dass Canisius in der Schriftstellerei den besten Weg sah, die Lehren und Vorschriften der katholischen Kirche umfassend verbreiten und der protestantischen Kampfliteratur erfolgreich begegnen zu können. Deshalb war es ihm ein großes Anliegen, dass neben ihm noch weitere gelehrte katholische Autoren tätig würden, und er bat seine Oberen wiederholt, doch dringend fähige Jesuiten hauptberuflich dafür ein zusetzen. So beschwor er unter anderem Claudius Aquaviva am 22. Oktober 1583: *Mögen doch einige auserlesene Patres nicht nur mit dem Mund, sondern auch mit der Feder die katholische Wahrheit öffentlich verteidigen, die Forderungen unseres Jahrhunderts mit Klugheit berücksichtigen und die Früchte ihrer Studien bei der Not der Kirche in heiligem Eifer ans Tageslicht fördern. Ich zweifle nicht, dass diese ausgezeichnete Beschäftigung durchaus unseren Ordenssatzungen entspricht und dieses Werk des Gehorsams und der Nächstenliebe nicht minder wichtig ist, als die Bekehrung der wilden Indianer.*

Canisius war sich der Macht des geschriebenen Wortes bewusst und er war überzeugt, dass das „Apostolat der Presse" für die Kirche von hohem Wert und großer Bedeutung sei. Nur mit der Feder konnte Klarstellung, Begründung und Verteidigung der kirchlichen Lehren und Vorschriften stattfinden, denn mit ihr kann er unmittelbar in das Volk hineinwirken. So schrieb er einmal den Satz nieder: *Das Beste, was der Mensch mit seinen Händen tun kann, ist, sie zum Gebete erheben und gute, fromme Bücher schreiben.*

Für Canisius war die schriftstellerische Tätigkeit ein grundlegender Bestandteil seines Lebens. Durch seine Publikationen auf theologischen Gebieten erreichte er ein Millionenpublikum weit über seinen Tod hinaus. Dies gilt vor allem für seinen dreifachen Katechismus, der über Jahrhunderte hinweg Grundlage der katholischen

der und das einfache Volk benutzt werden. Damit wollte Canisius auch protestantischen Lehrbüchern entgegenwirken, in denen die theologischen und religiösen Anschauungen der Reformatoren als Unterrichts-, Kinder- und Jugendliteratur verbreitet wurden. Es war Canisius ein besonderes Anliegen, die gesamte Jugend mit dem Katechismus vertraut zu machen. *Mit den Büchern ist es wie mit den Kindern. Allmählich, mit Mühe und Geduld, muss man sie heranziehen und zur Reise befördern*, sagt Canisius in der Vorrede seines „Marienwerkes" aus dem Jahr 1577. So hielt er es auch mit seinem Katechismus und ward nicht müde, ihn von Ausgabe zu Ausgabe zu verbessern. Im Religionsunterricht an Lateinschulen sollte der „Kleine (bzw. Mittlere) Katechismus" („Parvus catechismus catholicorum"), später auch „Catechismus catholicus" genannt, mit 122 Fragen in fünf Kapiteln benutzt werden, der 1558 in Köln erschien. Als der beste und erfolgreichste der drei Katechismen hält er den Mittelweg zwischen dem „Großen" und dem „Kleinsten" und bietet darüber hinaus eine Anleitung zur Beichte und Meditation. Bis fast in unsere Zeit hinein blieb der „Canisi", wie man den Katechismus schon bald nannte, das maßgebliche katholische Religionsbuch im deutschen Sprachgebiet.

Petrus Canisius gründete Kollegien sowie Gymnasien und sorgte für die Einstellung tüchtiger Lehrer. Er verschaffte seinen Mitbrüdern Lehrstühle an den Universitäten, und es gelang ihm durch seinen Einfluss bei der obersten Schulbehörde verschiedene Missbräuche abzustellen, wie etwa die Einführung glaubensfeindlicher und sittengefährdender Schriften. Darüber hinaus sorgte er für geeignete Lehrbücher, die damals in katholischen Schulen fehlten.

Petrus Canisius arbeitete im Kontext des jesuitischen Erziehungskonzeptes, das die ganzheitliche Erziehung anhand eines geordneten Ablaufes des Lebens zum Ziel hatte, eingebettet in ein ausgewogenes Maß an Unterricht und religiöser Unterweisung. Er verfasste die ersten Schulregeln. Er legte im Unterricht Wert auf die Verbindung von Belehrung und Erbauung, von Wissen und Glauben. Für ihn ist Wissen nicht Selbstzweck, sondern dienende Kraft zur

Schweizer Kabinettscheibe mit Porträt des Petrus Canisius SJ,

1. Hälfte 17. Jh
Musée d'art et d'histoire
Fribourg
© SJ-Bild

Glaubensunterweisung blieb und zu den Bestsellern der religiösen Literatur zählt.

Im Auftrag König Ferdinands I. erschien 1555 in Wien der „Große Katechismus" („Summa doctrinae christianae") mit 211 Fragen in fünf Kapiteln. Er bot eine solide und präzise Darstellung der katholischen Lehre mit Belegstellen aus der Heiligen Schrift und den Kirchenvätern und war bestimmt als Handbuch für Geistliche, Studenten und gebildete Laien. Ein Jahr später gab Canisius eine im Sinne der Trienter Konzilsbeschlüsse überarbeitete und erweiterte Ausgabe heraus. Dieser Katechismus wurde rasch in viele europäische Sprachen übersetzt. Als Auszug aus dem „Großen" erschien 1556 in Ingolstadt der „Kleinste Katechismus" („Catechismus minimus"), ein ganz kurzer, leicht fassbarer Abriss der Glaubenslehre mit 59 Fragen in sechs Kapiteln und einigen Gebeten im Anhang. Er sollte im ersten Religionsunterricht für Kin-

Persönlichkeitsbildung. Damit hat sich Canisius größte Verdienste um die Erneuerung des katholischen Schulwesens erworben, das bis zur Mitte des 16. Jahrhunderts nicht mit dem protestantischen hatte konkurrieren können. Canisius ist so, neben all dem, was er innerkirchlich bedeutet, vor allem das gewesen, was man heute einen Bildungsreformer nennt. Er hat das Bildungswesen seiner Zeit revolutioniert, indem er Schulen baute, sie mit geeigneten Lehrern und Lehrmitteln versah, und indem er sich des damals modernsten Massenmediums für die Wissensvermittlung bediente, des Buches.

Am 21. Dezember 1597 starb der große Prediger, Schriftsteller und Erneuerer der katholischen Kirche in Deutschland, dem schon zu Lebzeiten der Ruf von Wundertaten folgte. 1864 wurde er selig-, 1925 heilig gesprochen und wegen seiner Verdienste als Schriftsteller zum Kirchenlehrer erklärt. 1897 hatte ihn der Papst wegen seiner Tätigkeit von erstaunlicher Vielfalt zum „Zweiten Apostel Deutschlands" ernannt. Sein Fest wird am 27. April gefeiert.

Petrus Canisius: Der Teutsche Katechismus, München 1761
Frontispiz von Franz Sebastian Schaur
© SJ-Bild

Die Gründung von Kollegien

Zahlreiche Instruktionen des Ignatius gingen in die Arbeitsfelder nördlich der Alpen. Ein solches Schreiben vom 24. September 1549 begleitete Petrus Canisius, Claude Le Jay und Alonso Salmerón zu ihrer Arbeit in Ingolstadt. Der Eingang der Instruktion nannte das doppelte Ziel der Sendung: Im Auftrag des Papstes sollten sie *der Universität von Ingolstadt und, soweit möglich, Deutschland helfen im wahren Glauben und im Gehorsam gegen die Kirche.* Damit verband Ignatius die Aufgabe, *die Angelegenheiten der Gesellschaft [Jesu] in Deutschland zu fördern, indem vor allem dafür gesorgt wird, dass in Ingolstadt und an anderen Orten Kollegien der Gesellschaft zum gemeinsamen Wohl und zur Ehre Gottes errichtet werden.*

Die Gründung des Ingolstädter Kollegs scheiterte vorerst an den Nöten der bayerischen Staatskasse und am Widerstand des Kanzlers Leonhard von Eck. Darum rief Ignatius Salmerón nach Rom zurück, Le Jay und Canisius gingen nach Wien. Hier entwickelte sich im Laufe der nächsten Jahre eine mühsame, aber auch fruchtbare Reformarbeit an der Universität, in der Stadt und weit über ihre Mauern hinaus. So wurde Wien zum ersten Zentrum des Ordens im Deutschen Reich. Im Todesjahr des Ignatius kam nach vielen Mühen endlich die Gründung von Kollegien in Prag und Ingolstadt zustande. Am Anfang des zweiten Teils der Instruktion für Prag, der Richtlinien für das persönliche und gemeinschaftliche Leben der Gefährten gab, stand der Grundsatz: *Je besser wir selber sind, um so tauglichere Werkzeuge sind wir zum geistlichen Wohl des Nächsten. Deshalb sorge jeder für die richtige Einstellung, um nur zu suchen, was Jesu Christi ist, und erwecke in sich das lebendige Verlangen, ein wahrer und treuer Diener*

Gottes zu sein und seine Sache in allem gut zu machen.

Noch unter der Herrschaft Herzog Albrechts V. kamen 1559 die ersten Jesuiten nach München, um im Auftrag des Herzogs hier eine Schule zu eröffnen. Die Jesuitenpatres fanden zunächst Unterkunft in einem Nebengebäude des Augustinerklosters. In Köln, Wien, Ingolstadt, Dillingen und an anderen Orten wurden die bestehenden Gebäude in den folgenden Jahrzehnten umgebaut, erweitert, zum Teil abgerissen und neu errichtet. Auch der Bayernherzog Wilhelm V., der 1579 nach dem Tod seines Vaters die Herrschaft des Herzogtums übernahm, wollte in München zunächst das ganze Augustinerkloster und dessen Kirche den Jesuiten für ihre Arbeiten überlassen. Die wenigen Augustinermönche sollten in ein anderes Gebäude um-

ziehen. Doch sie intervenierten beim Papst, und dieser untersagte Herzog Wilhelm, die Augustiner aus ihrem Kloster und ihrer Kirche zu vertreiben. Daraufhin entschloss sich der Herzog, für das Jesuitenkolleg einen völligen Neubau zu errichten. St. Michael in München ist das erste Jesuitenkolleg mit einer Kirche nördlich der Alpen, das als völliger Neubau den Absichten des Herzogs und des Ordens entsprechend geplant und ausgeführt werden konnte. Wenn sich in den folgenden zwei Jahrhunderten so etwas wie ein besonderer „Jesuitenstil" immer deutlicher herausbildete, so beruht das in Deutschland auf der formbildenden Kraft von St. Michael in München und nicht auf Plänen der Ordensleitung in Rom. Die Bezeichnung „Jesuitenstil" steht für die zu Pracht und Schaustellung neigende Richtung des Barock. Obgleich Il Gesú, die Mutter-

Die Ankunft der ersten Jesuiten in Ingolstadt

Fresko von Oskar Martin Amorbach, 1936
Hohe Schule Ingolstadt, Treppenhaus
© SJ–Bild

Die Gründung von Kollegien

kirche der Gesellschaft Jesu in Rom, stilschaffend wurde, haben sich die Jesuiten fast immer der Kunst der jeweiligen Länder angepasst.

Mit Dekret vom 7. Juni 1556 errichtete Ignatius wenige Wochen vor seinem Tod für den gesamten Bereich nördlich der Alpen zwei Ordensprovinzen. Damit wollte er nicht nur das in den vergangenen Jahren begonnene Werk sicherstellen, sondern er verstand Provinzgründungen immer als zukunftsorientierten missionarischen Auftrag. Mit der Errichtung der Norddeutschen und der Oberdeutschen (= Süddeutschen) Ordensprovinz setzte ein ungestümes Gründen von Niederlassungen ein, das die zweite Hälfte des 16. und den Beginn des 17. Jahrhunderts kennzeichnet. Den Schwerpunkt bildeten Kollegien, von denen aus kleinere Seelsorgestationen eingerichtet wurden. Im Ursprungsland der Reformation, wo das katholische Bildungswesen gänzlich darniederlag, dagegen zahlreiche protestantische Schulen und Universitäten gegründet wurden, waren Kollegien für auswärtige Schüler besonders notwendig. Sie leisteten in der Folge einen wichtigen Beitrag zur inneren Reform der Kirche und zur Abwehr eines weiteren Vordringens der Reformation. Dabei ging die Gründung von Kollegien nur in den wenigsten Fällen vom Orden aus, sondern wurde in der Hauptsache von katholischen Fürsten, Bischöfen, Domkapiteln und Städten verlangt.

Collegium Soc. Iesu Monachÿ Patrong S. Michael.

Jesuitenkolleg
St. Michael in München

Ansicht von Süden,
Baubestand ab circa 1663
handkolorierter Kupferstich von Gabriel Bodenehr d. Ä., zwischen 1734 und 1765
Archiv der Deutschen Provinz der Jesuiten München
© SJ-Bild

Die Pädagogik der Jesuiten

Die Gesellschaft Jesu war nicht als Lehrorden gegründet worden, sondern Inigo und seine Gefährten kamen nach Rom, um sich dem Papst für die katholische Reform zur Verfügung zu stellen. Sie wollten frei sein, um an die Orte zu gehen, wo sie am meisten gebraucht wurden. Und so widersprachen Schulen als unbewegliche Einrichtungen der Mobilität des Ordens. Doch bald erkannten Ignatius und seine Gefährten, die mit ihrer Gelehrsamkeit und Weltoffenheit in den Zeiten des Umbruchs den Glauben verbreiten wollten, dass dazu neben der Heranbildung guter Priester auch die qualifizierte Erziehung der Jugend gehörte.

Trotz mancher Probleme nahmen die Kollegien schon bald den ersten Platz unter den Diensten der Jesuiten ein. Grund für diesen Erfolg war zum einen, dass sie an Orten entstanden, wo vorher keine Schule gewesen war, und dass sie auf Schulgeld verzichteten, um auch für Arme zugänglich zu sein. Zum anderen boten sie im Gegensatz zu den herkömmlichen Schulen Alternativen in der Wissensvermittlung, obwohl dies nichts Eigenständiges war, sondern eine Kombination aus Althergebrachtem. Die Gesellschaft Jesu war der erste Orden, der sich die Lehrtätigkeit zum Ziel setzte und neben dem eigenen Nachwuchs auch Laien als Schüler aufnahm. Finanziert wurden die Kollegien durch die Stadt, durch einen Fürsten oder durch Privatpersonen. Seit etwa 1551 eröffneten die Jesuiten, die bisher noch keine Schulen besessen hatten, durchschnittlich vier bis fünf Schulen im Jahr. Das macht die praktische Priorität deutlich, die die Lehrtätigkeit inzwischen innerhalb der Seelsorgearbeit der Jesuiten einnahm.

1551 wurde das Kolleg in Rom, die jetzige Universität Gregoriana, gegründet. Die besten Jesuitenerzieher aus ganz Europa wurden dorthin berufen, denn das Kolleg sollte das Modell für alle anderen Schulen des Ordens werden. Ignatius erkannte die Notwendigkeit einer Anleitung für Lehrer und Verwalter in den zahlreichen Schulen, die andernorts gegründet wurden. Er übertrug diese Aufgabe den Leitern der ersten Schulen und versprach, nach einer Periode des Experimentierens selbst revidierte Richtlinien herauszugeben, die für alle offizielle Gültigkeit haben sollten. Doch zu seinen Lebzeiten kam es dazu nicht, da die Entwicklung des Ordens zu stürmisch verlief. Die Idee der Vorbildfunktion des römischen Kollegs wurde von den Rektoren der Kollegien ernst genommen und sie entwarfen detaillierte Regeln, deren Inspiration aus den „Geistlichen Übungen" herrührte und deren pädagogische Methoden weitgehend aus der Erfahrung der ersten Jesuiten während ihres Studiums an der Universität Paris stammten, verfeinert durch ihre eigenen praktischen Erfahrungen. Und so findet sich um 1575 bereits eine ganze Sammlung von Schulregeln für die Kollegien in Italien, Frankreich, Portugal und Deutschland. Im Jahre 1583 leitete der Ordensgeneral Claudius Aquaviva die Vereinheitlichung der Erziehung und Bildung an allen Jesuitenkollegien ein. Am 8. Januar 1599 erschien nach mehreren Zwischenstufen die endgültige Fassung der Studienordnung: „Ratio atque Institutio studiorum Societatis Jesu" („System und Plan der Studien der Gesellschaft Jesu").

Die „Ratio studiorum", in der die Grundsätze der Unterrichts- und Erziehungslehre des Ordens niedergelegt und entwickelt sind, ist eine Studienordnung, die durch Einheit, Festigkeit und Klarheit in Ziel und Mitteln sowie durch planmäßige Ordnung in der Ausbildung der geistigen Fähigkeiten der Schüler ausgezeichnet ist. Sie ist kein systematischer Aufbau des Erziehungs- und Unterrichtswesens an den Jesuitenkollegien, sondern bietet den Lehrstoff und die Lehrmethoden in Form einer Sammlung von praktischen Regeln für die Leiter der Universitäten, Lyzeen und Gymnasien und deren ausführende Organe. Sie umfasst also Regeln für den Provinzial, Rektor und Studienpräfekten und gemeinsame Regeln für alle Lehrer der höheren Fakultäten (Universitäten und Lyzeen), nämlich der Theologie und Philosophie, der Logik, der Metaphysik, der Ethik, der Physik und der Mathematik. Die Präfekten der „niederen Studien" (Gymnasien) erhalten Verordnungen für die Prüfungsarbeiten und für das Erteilen von Belohnungen. Ein Abschnitt ist der Ausbildung des jesuitischen Nachwuchses, der Scholastiker, gewidmet. Dann folgen Regeln für alle Gymnasialprofessoren und Regeln für die Professoren der Rhetorik, der Humaniora (Studien des klassischen Altertums), der oberen, mittleren und unteren Grammatikklassen. Das letzte große Kapitel behandelt die Akademien der einzelnen Ausbildungsstufen und gibt den Lehrkräften Hinweise für ihr Vorgehen zur Förderung der Schüler.

Die „Ratio studiorum" gliedert sich in einzelne Gruppen von Regeln, beginnend mit der Theologie bis herunter zur ersten Gymnasialklasse. Charakteristisch für die Unterrichtsmethode war die Aufteilung der Schüler in Klassen, für die jeweils ein Lehrer zuständig ist, Gliederung der Grammatikausbildung in drei Stufen, Repetition, Befragung, Aufsatz, Deklamation als Unterrichtsmethoden. Der Schwerpunkt lag dabei nicht auf der Quantität der Vorlagen, sondern auf der praktischen und übungsmäßigen Aneignung der Texte. Die Praxis bestand aus der Analyse des vorliegenden Textes und der Nachahmung und kreativen Fortführung des im Text Gelernten. Der genau gegliederte Lernstoff wurde schrittweise vermittelt, wobei vor Behandlung des nächsten Abschnittes der vorhergehende stets abgeschlossen sein musste. Auch hatte der Lehrer mehr auf den Grad des Verstehens als auf die Menge des durchgenommenen Unterrichtsstoffes zu achten.

Die Hauptverantwortung in einer Jesuitenschule für die moralische wie für die intellektuelle Ausbildung liegt beim Lehrer. Es muss eine lebendige Gemeinschaft sein, in der zwischen Lehrern und Schülern eine echte Beziehung auf der Basis von Vertrauen und Freundschaft vorliegt. Deshalb betont die „Ratio studiorum" mit Nachdruck, dass die Lehrer ihre Schüler genau beobachten, sich Gedanken über ihre Fähigkeiten machen und einen Einblick in ihre familiären Verhältnisse nehmen sollen. Die Lehrer müssen jederzeit die Würde und Persönlichkeit der Schüler achten. Im Unterricht sollte eine freundliche Atmosphäre vorherrschen und es sollte mehr auf Lob als auf Tadel geachtet werden. Durch das Beispiel, das er selbst gibt, wird der Lehrer auf den Charakter der Schüler Einfluss nehmen. Er soll bemüht sein, in der Sorge um jeden einzelnen Studenten, Menschen mit Kompetenz, Gewissen und Mitgefühl heranzubilden.

Die Gesellschaft Jesu hat von ihrem Ursprung her die Zeichen der Zeit erkannt und die Unterweisung der Jugend als eine ihrer Hauptaufgaben betrachtet, wobei es ihr zum einen um eine Unterweisung im Christentum ging, zum anderen dieser Unterricht in einer institutionellen Form geschehen sollte, nämlich in den Kollegien. Diese Aufgabe trat in der Zeit des Ordens bis zur Aufhebung 1773 derart in den Vordergrund, dass er vielfach als „Schulorden" galt. Da es den Beruf des (Laien)Lehrers erst seit dem 19. Jahrhundert gibt, waren die Jesuiten also in der Bildungsvermittlung ihrer Zeit weit voraus. Sie vermittelten nicht nur Wissen im Sinne der „artes liberales" des Mittelalters, sondern mit Liebe zur Jugend Bildung auf der Grundidee des Christentums.

Die Jesuitenschulen beeinflussten Religion und Kultur in vielen Gebieten der Welt. Aber auch für die Gesellschaft Jesu selbst brachten sie eine bedeutende Veränderung: Die Jesuiten beschäftigten sich nun nicht mehr nur mit den traditionellen Fächern Philosophie und Theologie, sondern wurden auch mit anderen Wissenschaften konfrontiert. Sie widmeten sich bald den Naturwissenschaften und unterrichteten unter anderem Mathematik, Astronomie und Physik. Sie publizierten auf diesen Gebieten und richteten Observatorien und Laboratorien ein. Die großen Gebäudekomplexe der Schulen führten zum Umgang mit Architektur und Architekten. Die Jesuitenschulen gewannen bald eine hohe gesellschaftliche Bedeutung, die zu wichtigen Kontakten mit der bürgerlichen Welt führten. Dieser anfänglich zurückhaltende Umgang mit der weltlichen Kultur wurde bald zu

einem Merkmal des Jesuitenordens. Die religiöse Sendung blieb zwar grundlegend, doch als spezielle Form des Engagements im Lehrbereich sahen sich die Jesuiten nun auch mit einer kulturellen Sendung betraut.

Der religiösen Erziehung, getragen von der gesamten Struktur und Atmosphäre der Kollegien, dienten die im Schulplan enthaltene Katechese und noch mehr im außerschulischen Raum die Marianischen Kongregationen. Sie hatten an den Gymnasien des Ordens ihren Ursprung und entwickelten sich von hier aus zu einem wichtigen Werkzeug des Apostolates. Die erste Marianische Kongregation, deren Mitglieder sich an Sonn- und Feiertagen regelmäßig zu Andacht und Predigt versammelten, gründete 1563 der Flame Johannes Leunis SJ mit Schülern des römischen Kollegs. Sie setzten sich *Fortschritt in Frömmigkeit und Wissenschaft* zum Ziel. Die Studentengruppe, unter der sich bald ein intensives Gemeinschaftsleben entwickelte, wollte die Einheit von Leben und Glauben. Als Laien wollten sie ihre persönliche Berufung in Kirche und Welt entdecken, ganz im Sinn des Tridentinischen Konzils (1545 – 1565), das jeden Christen aufrief, an der Reform der katholischen Kirche mitzuarbeiten. 1564 stellte sich diese Gruppe um Leunis unter den besonderen Schutz Mariens und nannte sich künftig „Congregatio Mariana" (MC). Ein Anstoß dazu war das Fresko in der Kapelle des Jesuitenkollegs in Rom, das die Verkündigung an Maria zeigt, eingefügt in das Geheimnis der Menschwerdung, wie es in einer Kernbetrachtung der Exerzitien dargestellt wird.

Die großen Förderer der Marianischen Kongregationen in Deutschland waren die Jesuiten Franz Coster und Jakob Rem. Coster hatte 1575 in Köln die erste MC in Norddeutschland gegründet. Sein Sodalitätsbuch wurde wegleitend für die vielen Kongregationen, die bald an allen Kollegien entstanden. Als ihr Ziel bezeichnete er *Förderung der Frömmigkeit, guter Sitten und des Studiums*. Petrus Canisius hob in einem Schreiben vom 8. November 1577 an Coster nicht nur die zentrale Stellung der Marienverehrung hervor, sondern auch die hohe Bedeutung der Sodalitäten für die Erhaltung des Katholizismus in Deutschland.

wickelte sich bald zu einer modernen Form der Standesseelsorge und erhielt die offizielle Unterstützung des Ordens.

In Ingolstadt bildete, wie auch an den anderen Orten, die Gruppe der in der Kongregation zusammengeschlossenen Studenten eine gewisse Elite. Um einer gewissen Äußerlichkeit vorzubeugen, begründete Pater Rem am 4. Mai 1595 innerhalb der Kongregation einen Kernkreis, das sogenannte „Colloquium Marianum". Äußerer Mittelpunkt sollte ein Marienbild sein, das der Ordensgeneral Franz Borja um 1570 dem Jesuitenkolleg Ingolstadt geschenkt hatte. Es war eine Kopie des in S. Maria Maggiore in Rom hoch verehrten und der Legende nach dem heiligen Lukas als Maler zugeschriebenen Marienbildes. Dieses Ingolstädter Marienbild wurde später unter dem von Pater Rem gewählten Namen der „Dreimal Wunderbaren Mutter" („Mater Ter Admirabilis") selbst wieder Vorbild für viele Kopien. Der Titel geht auf eine Vision Jakob Rems zurück, die er am 6. April 1604 hatte, in der er die Erleuchtung erhielt, dass die Anrufung „Wunderbare Mutter" eine Zusammenfassung all dessen sei, was von der Gottesmutter ausgesagt werden könne. Rem starb am 12. Oktober 1618 im Ruf der Heiligkeit und bereits 27 Jahre nach seinem Tod wurden die ersten Schritte für die Seligsprechung eingeleitet. 1949 wurde der bischöfliche Informativprozess abgeschlossen; seitdem ist der Seligsprechungsprozess in Rom anhängig.

Ein wichtiges Element jesuitischer Pädagogik, das zwar über den Rahmen des engeren Schulunterrichtes hinaus ging, aber der inneren und äußeren Bildung diente, war seit der Gründung des Ordens das **Theater**. Dieses war eine Mischung von moralischer Unterweisung und Spaß am Spiel. Es war ein geeignetes Mittel, das Volk auf anschauliche Weise in menschlichen und religiösen Fragen weiterzubilden. Das Jesuitentheater sollte die Schüler zur Selbstbetätigung anregen und ihnen Übung in der lateinischen Sprache, im Vortragen und Auftreten geben. Seinen Ursprung hatte es in den „Dialogen", die als einfache Vortragsübungen im Rahmen der Schule gehalten wurden. Noch im Stil der Dialoge entwickelten sich dann im Raum der

Jakob Rem SJ, der große Künder der „Dreimal Wunderbaren Mutter"

Gemälde von Wilfried X. Braunmiller, 1941
© SJ-Bild

Jakob Rem, im Juni 1546 in Bregenz am Bodensee geboren, das damals zur Diözese Konstanz gehörte, war der große Promotor der Kongregationsidee im süddeutschen Raum. In Ingolstadt, wie schon vorher in Dillingen, war die Tätigkeit des Studienpräfekten Rem durch seine besondere Marienverehrung bestimmt. Er hatte während seiner Studienzeit in Rom 1563 die dort entstandene erste MC kennen gelernt. Das beeindruckte ihn so sehr, dass er in seiner Dillinger Zeit als Subregens dort im November 1574 die erste Kongregation in Deutschland begründete. Dies war der Beginn einer rasch um sich greifenden Bewegung: Wo sich ein Jesuitenkolleg befand, entstand auch bald eine Kongregation. Diese anfängliche Einzelinitiative ent-

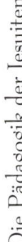

Die Pädagogik der Jesuiten

Liturgie Weihnachts-, Passions-, Oster- und Sakramentsspiele. Bald öffnete sich der sakrale Rahmen zu Fastnachts-, Königs- und Bischofsspielen. Seinen Höhepunkt hatte das Schultheater im 17. Jahrhundert, wo es in den größeren Städten zur festen Institution des kulturellen Lebens wurde. Neben den ursprünglichen Themen der großen Feste wählte man biblische Stoffe aus dem Alten und Neuen Testament: die Geschichte Josefs und seiner Brüder, den Kampf der Makkabäer, die Auferweckung des Lazarus, die Parabel vom verlorenen Sohn. Weitere Themen entnahm man der altchristlichen Geschichte und Legende. Daneben kam beispielsweise in München die Geschichte des eigenen Volkes auf die Bühne und diente zur Verherrlichung der herrschenden Dynastie und zur Pflege der Vaterlandsliebe. Auch im Kampf gegen Laster wie Trunksucht, Völlerei oder Luxus wurde das Theater eingesetzt. Ebenso erweckte man die mittelalterlichen Totentänze wieder und schuf in Singdramen und Oratorien Vorstufen zur Oper. In wachsendem Maß wurden die Theaterstücke

von Jesuiten geschrieben. Vertreten waren dabei einfache Dialoge, Tragödien, Dramen und Komödien.

Neben viel Durchschnitt gab es ein paar Klassiker des Jesuitentheaters, worunter vor allem **Jacob Balde** zu zählen ist, der zum klassischen lateinischen Dichter seiner Zeit wurde. Jacob Balde, 1604 zu Ensisheim im Elsass geboren, entschied sich nach einer enttäuschend verlaufenen Liebesangelegenheit gegen das weltliche Leben und trat 1624 in den Jesuitenorden ein. Er war Professor in Ingolstadt und Hofprediger in München. Nicht nur Gelehrte, sondern auch Fürsten, Feldherrn und Diplomaten standen mit Balde in freundschaftlicher und vertraulicher Korrespondenz. Seine Verpflichtungen als Lehrer am Münchner Jesuitengymnasium nützte er, um sich die verschiedensten literarischen Gattungen und die persönlichen Stileigenarten der römischen Dichter anzueignen. Baldes poetisches Talent blieb seinen Oberen nicht lange verborgen und wurde bald im Sinne des Ordens eingesetzt. So wurden die zu verschiedenen An-

Jacob Balde SJ dichtet seine Ode auf Kurfürst Maximilian I. von Bayern im Buchenwald bei Großhesselohe, 1641

Holzstich von Andreas Müller nach dem im Zweiten Weltkrieg zerstörten Fresko im alten Bayerischen Nationalmuseum München (heute Völkerkundemuseum) © SJ-Bild

lässen verfassten Lobgedichte nicht nur unter seinem Namen, sondern als Publikation des Münchner Jesuitenkollegs veröffentlicht. Balde, der bedeutendste Dichter der Barockzeit, der „deutsche Horaz", der ein gewaltiges lyrisches Werk hinterlassen hat, starb 1668 in Neuburg an der Donau.

In den Werken Baldes findet alles seinen Niederschlag: das Schöne, Edle, Große und Erhabene, die Schönheiten der Natur, die Leiden und Freuden des Lebens, Liebe, Freundschaft, Begeisterung für Gott und für die Welt. Wesentliches Anliegen ist das rechte Verhältnis zwischen Gott und Mensch. In seinen lateinischen Versen verband Balde die formale Vollkommenheit von Horaz, Vergil und Ovid mit einer selbstverständlichen Frömmigkeit, die in einer innigen Marienverehrung zum Ausdruck kommt, ohne dabei das Persönliche, Idyllische und den Bezug zu den zeitgeschichtlichen Ereignissen zu verlieren. Maria war für Balde persönliche Fürsprecherin und Schutzherrin Bayerns, und so rief er sie in vielfältiger Weise innerhalb seines dichterischen

Werkes an, sei es in privater Andacht, in repräsentativen Festakten, oder anlässlich einer Wallfahrt oder im Umkreis der Marianischen Kongregation. Ein echt christliches Bewusstsein spricht aus Baldes Versen. Sein Werk ist gekennzeichnet durch eben seine Marienfrömmigkeit, seine Demut vor Gott, sein Sich-Einfügen in die von ihm verlangte Aufgabe. Balde, der menschlich aufgeschlossen war und seine Mitmenschen in seinen Bann ziehen konnte, schrieb seine Werke nicht zu seinem eigenen Ruhm, sondern um den Weg zum rechten Glauben aufzuzeigen. Er betrachtete sie als das geeignetste Mittel der angewandten Seelsorge.

Der fruchtbarste Dramatiker der Schulbühne war **Jacob Bidermann**, geboren 1578 und 1594 in den Jesuitenorden eingetreten. Nach seiner Lehrtätigkeit in Dillingen ging er 1622 als Bücherzensor und Assistent des Jesuitengenerals nach Rom, wo er 1639 starb. Am 3. Juli 1602 inszenierte er in Augsburg sein Meisterwerk, das Drama „Cenodoxus. Der Doctor von Paris: Ein sehr schöne Comedi, von einem verdammten Doctor zu Paris, durch dessen schröckliches Exempel S. Bruno den Carthäuser Orden angefangen. Sehr listig und annehmlich, daneben auch erschröcklich und dahero sonderlich zu diser Zeit gar nutzlich zu lesen." Der „Cenodoxus" ist das bekannteste Jesuitendrama im deutschsprachigen Raum. Er steht in der Tradition der Moralitäten und behandelt einen Stoff aus dem Leben des heiligen Bruno, des Stifters des Kartäuserordens. Der Titelheld, ein berühmter Gelehrter in Paris und nach außen auch ein vorbildlicher Christ, geht an seiner Selbstüberschätzung zugrunde. Er zeigt sich vor der Welt als Inbegriff der intellektuellen und moralischen Vollkommenheit und verachtet die Warnungen seines Schutzengels, der ihn zu Selbsterkenntnis und Reue aufruft. Selbst die tödliche Krankheit erträgt er mit beispielhafter Geduld, aber nur, um auf die Welt zu wirken. So wird er nach seinem Tod vom himmlischen Gericht zur Hölle verurteilt. Bruno und seine Freunde müssen mit Entsetzen sehen, wie der Tote sich dreimal auf der Bahre aufrichtet und ihnen zuruft, dass er angeklagt, schuldig gesprochen und verdammt sei. Die Erfahrung, dass einer, der vor der Welt

Glasfenster aus dem
28-teiligen Bruno-
Zyklus aus der Kartause
Prüll bei Regensburg
von Johann Schaper
mit dem Motiv „Ceno-
doxus", 1659

Bayerisches Nationalmu-
seum München
© SJ-Bild

vollkommen erscheint, dies nicht auch vor Gott sein müsse, veranlasst Bruno und die Seinen zu einem Leben strengster Askese und zur Ordensgründung.

In einem Bericht über die Münchner Aufführung 1609 schilderte der kurfürstliche Geheimschreiber Joachim Meichel die Wirkung des „Cenodoxus": *Wiewohl dieses Stück die Lachmuskeln der Zuschauer so in Bewegung versetzte, dass die Stühle in Gefahr gerieten, so machte es doch auf die Zuschauer einen so heilsamen Eindruck, dass man vierzehn derselben, hochgestellte Persönlichkeiten am bayerischen Hofe, an den folgenden Tagen in die Einsamkeit sich zurückziehen sah, um Exerzitien zu machen und ihr Leben zu ändern; hundert Predigten hätten keinen solchen Erfolg gehabt. Ja, bei den Schlussszenen, in denen Cenodoxus vor seinem ewigen Richter erscheint, zitterten die meisten Zuschauer an allen Gliedern, als ob sie selber da gerichtet würden. Der Schauspieler der Hauptrolle trat bald darauf in unsere Gesellschaft [Jesu] ein, worin er nach einigen in Unschuld und Heiligkeit verbrachten Jahren selig starb.*

Ist von den Verdiensten der Gesellschaft Jesu um die Erziehung der Jugend die Rede, so darf nicht vergessen werden, dass den Jesuiten auch eine ausgezeichnete **pädagogische Literatur** zu verdanken ist. Neben der „Ratio studiorum" und Erläuterungen dazu sowie verschiedenen Anweisungen für die Erziehung schufen sie auch eine ganze Reihe von Schulbüchern: Grammatiken, Lesebücher, Mustersammlungen, Lehrbücher der Geschichte, der Poetik, der Stilkunde, der Rhetorik, der Mathematik und Physik und Schulkomödien. Zur Förderung der wissenschaftlichen Ausbildung gehörte auch die Einrichtung von **Büchereien** in den Kollegien. *Lieber ein Kollegium ohne Kirche, als ein Kollegium ohne Bücherei!* war, in Anlehnung an die Ordenssatzungen, dass jedes Kolleg der Gesellschaft Jesu eine Bibliothek haben solle, der Grundsatz des Petrus Canisius. Die Verbreitung guter Bücher lag ihm sehr am Herzen, und so war er stets bemüht, Bücher zu kaufen beziehungsweise sie auch als Gegenleistung für erwiesene Dienste zu fordern. Dazu rief er auch seine Mitbrüder auf.

Die **Schriftstellerei** wurde schon bald in der Gesellschaft Jesu eine kennzeichnende Tätigkeit.

Die Bibliographie aller gedruckten Werke und Schriften ergäbe einen dicken Band. Schon Petrus Canisius wies mit seinem Katechismus den Weg in diese Richtung, und sein Nachfolger als Provinzial der Oberdeutschen Ordensprovinz, Paul Hoffaeus, forderte ein eigenes Schriftstellerkolleg, allerdings ohne Erfolg. Das reiche Schrifttum stand einerseits in Beziehung zu Schule und Wissenschaft, andererseits diente es dem seelsorglichen Anliegen. Was die Literaturgattung oder die Schreibart betrifft, so war sie stark geprägt von der Persönlichkeit oder dem Geschmack der Zeit. Doch werden konstante Bereiche sichtbar, in denen die Ordensmitglieder schriftstellerisch tätig waren. Die Satzungen forderten *Bücher, die dem Gemeinwohl nützlich sind*, und so verfassten die Jesuiten, durch die ordensinterne Zensur streng überwacht, theologische, historiographische, philosophisch-pädagogische und naturwissenschaftliche Werke, aber auch Belletristik.

Für den Unterricht an den Gymnasien wurden von erfahrenen Lehrern eine große Zahl von Schulbüchern der verschiedenen Fächer verfasst. Wichtigster Autor war **Jacob Pontanus** (1542 – 1626). 27 Jahre lang wirkte er als Lehrer an den Gymnasien in Dillingen und Augsburg und entwickelte die Bildungsgrundsätze des europäischen Humanismus für das jesuitische Schulwesen weiter. Seine Hauptsorge galt der Pflege des Lateins in Sprache und Stil nach den Vorbildern Ciceros und Vergils. Als Philologe, Dichtungstheoretiker, Lyriker und Dramatiker gleich bedeutend, wirkte er mit an der Ausarbeitung der „Ratio studiorum". Die eigene Erfahrung diente ihm auch bei der Ausbildung der künftigen Lehrer. Die von ihm verfassten Schulbücher wurden ein Jahrhundert lang in fast ganz Europa verwendet und zum Teil vollständig oder in Auszügen bis zum 18. Jahrhundert oft nachgedruckt.

Zu den Schülern von Pontanus, die neben ihrer Tätigkeit als Dramatiker auch in anderen Literaturzweigen aktiv waren, zählen Jacob Gretser und Matthäus Rader: **Jacob Gretser** (1562 – 1625), international bekannter Theologe, Geschichtsschreiber, Kontroversschriftsteller, Dichter und Philologe, war einer der erfolgreichsten Schriftsteller seiner Zeit. Der gebürtige Schwabe

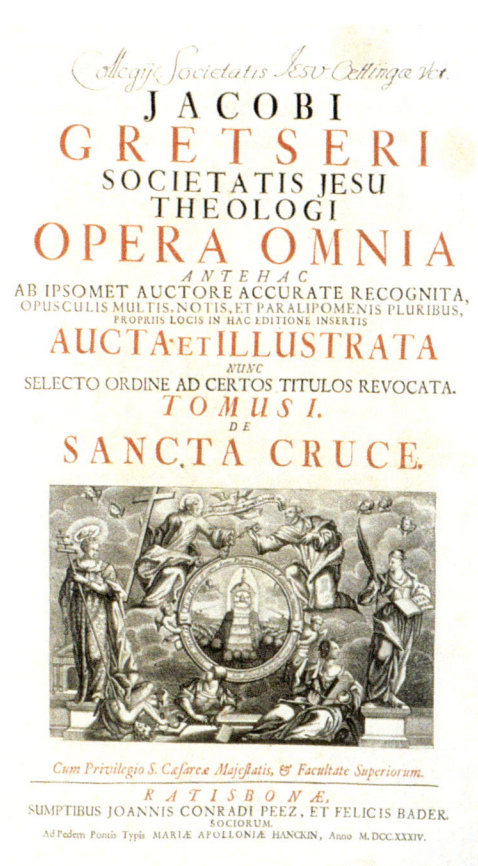

Jacob Gretser SJ
Kupferstich von Johann
Daniel Preißler in:
Opera omnia Band I,
Regensburg 1734
© SJ-Bild

brachte es auf 230 Schriften. Er hat nicht weniger als 23 Dramen geschrieben, die stets für einen unmittelbaren Anlass entstanden, für den Theatergebrauch also. Die von ihm vorbereitete, aber durch den Dreißigjährigen Krieg verhinderte monumentale Gesamtausgabe seiner Werke konnte erst von 1734 an in Regensburg erscheinen. Sie umfasst 17 große Bände und spiegelt das breite Spektrum seines Wissens wider. Als hervorragender Gräzist verfasste er eine griechische Grammatik, die 1593 zu Ingolstadt erschien und sich bis ins 19. Jahrhundert hinein als führendes Schulbuch behauptete. Sein Hauptwerk ist die theologische Studie „De cruce Christi" in fünf Bänden. Wegen der Schärfe oder Derbheit des Ausdrucks in seinen apologetischen und polemischen Werken führten seine Gegner oft in Rom Klage.

Der Südtiroler **Matthäus Rader** (1561 – 1634) trat 1581 in die Gesellschaft Jesu ein und wirkte zunächst am Kolleg St. Salvator in Augsburg als Lehrer, bevor er im Sommer 1612 auf ausdrücklichen Wunsch Herzog Maximilians I. nach München versetzt wurde. Er publizierte umfassende Arbeiten auf den Gebieten der Historiographie, Hagiographie und Philologie und hinterließ ein umfangreiches Epistolarium, das das Tätigkeitsspektrum der Jesuiten in dieser Zeit in seiner gesamten Breite umfasst. Er gehört auch zu der Gruppe von Historikern, die Herzog Maximilian I., einer der entschlossensten Vertreter der katholischen Reform, damit beauftragte, die Geschichte Bayerns neu zu bearbeiten, um die führende Rolle des Landes bei der Christianisierung Deutschlands und die Bedeutung der Wittelsbacher nicht nur aus politischen Gründen aufzuzeigen. Sein literarisches Hauptwerk ist die „Bavaria sancta et pia" (München 1615 – 27), die wohl bezeichnendste Buchschöpfung des bayerischen Barock. Das Ziel dieses Herzog Maximilian I. (Band 1 – 3 = Bavaria sancta) bzw. den vier Söhnen Herzog Albrechts VI. (Band 4 =

Bavaria pia) gewidmeten Werkes war, zum Ruhme des Landes und der regierenden Fürsten sowie zur Erbauung der Gläubigen sämtliche in Bayern geborenen und wirkenden Heiligen und Seligen in einem wahren Prunkwerk aller Welt vorzustellen, was in einer Mischung aus wissenschaftlich zuverlässiger Hagiographie und Erbaulichem, Legendärem geschah. Die 158 Kupferstiche zu den 203 Viten schufen Raphael Sadeler d. Ä. und ab Band 2 meist sein gleichnamiger Sohn (d. J.) nach Vorlagen der beiden Hofmaler Matthias Kager und Peter Candid. Die „Bavaria sancta et pia" hat stark nachgewirkt und bildet den Ausgangspunkt für Landesbeschreibungen in Form von Heiligenviten in anderen Staaten. Rader hatte bereits in einer früheren Publikation, dem „Viridarium Sanctorum", das in drei Bänden zwischen 1604 und 1614 erschienen war, die wichtigsten Heiligen der katholischen Kirche vorgestellt. In beiden Werken werden Historiographie und Hagiographie als literarische Gattungen neben das Jesuitentheater gestellt und sollten dessen Zielsetzungen fördern. Deswegen hat Matthäus Rader auch mehrere Stücke für die Bühne bearbeitet. Mit dem „Triumphus Divi Michaelis Archangeli Bavarici" wurde am 6. Juli 1597 die Münchner Jesuitenkirche St. Michael eingeweiht. Als Verfasser gilt, in Zusammenarbeit mit dem Historiker und ersten Geschichtsschreiber Eichstätts Jacob Gretser, Matthäus Rader.

Rader war auch wesentlich an der Ausstattung des so genannten „Goldenen Saals" im Augsburger Rathaus beteiligt: Er entwarf das Bildprogramm und war für die Plazierung der Inschriftentafeln verantwortlich, wurde aber auch in technischen Fragen konsultiert. Von Rader liegt auch ein ausgedehnter Briefwechsel vor, der das Tätigkeitsspektrum der Jesuiten dieser Zeit in seiner gesamten Breite umfasst, aber auch über die Grenzen des Ordens hinausreicht.

Rader, der in Augsburg noch Schüler und Mitarbeiter des bedeutenden Literaten Jacob Pontanus gewesen war, war im Münchner Jesuitenkolleg vor allem als Lehrer der Rhetorik tätig und stand diesem schon bald als Rektor vor. Georg Stengel, Jeremias Drexel und Jacob Bidermann zählten zu seinen wichtigsten Schülern, mit denen er ein Leben lang in herzlicher Freundschaft verbunden und in brieflichem Kontakt blieb. Von ihnen schrieb er stolz in einem Epigramm: *Tres ego discipulos memini de mille trecenti / Stengelium doctum, Drexeliumque pium / Atque Bidermanum, qui nunc est alter Aquinas / Atque Stagirites, Tullius atque Maro* (*An drei Schüler erinnere ich mich aus tausenddreihundert, das heißt sehr vielen: an den gelehrten Stengel, den frommen Drexel und an Bidermann, der bald ein zweiter Thomas von Aquin ist, bald ein zweiter Aristoteles, Cicero oder Vergil*).

Georg Stengel (1585 – 1651) war gebürtiger Augsburger und trat 1601 in den Jesuitenorden ein. Er veröffentlichte zahlreiche theologische Arbeiten, schrieb Gedichte und Schuldramen. Vor allem erwies er sich als gewandter, sprachbegabter Prediger, dessen vielfältige und anschauliche Beispielsammlungen die Predigtliteratur bis ins 18. Jahrhundert beeinflusst haben.

Im Jahr 1622 wurde Jacob Bidermann als Bücherzensor und Assistent des Generaloberen von München nach Rom versetzt. Damals wirkte bereits sein Freund und Mitbruder **Jeremias Drexel** (1581 – 1638) in München, der gerne an Bidermann erinnerte: *Mein vor Jahren Schulgesell / den ich als meinen Lehrmeister allzeit geehrt hab*. Drexel, der Sohn eines protestantischen Stadtpfeifers und Tuchscherers aus Augsburg, besuchte dort das Jesuitengymnasium, konvertierte und trat 1598 in den Jesuitenorden ein. Ab 1615 war er Hofprediger in München, von Kurfürst Maximilian hochgeschätzt und von der Bevölkerung geliebt und als heiligmäßig verehrt. Er gehört zu den bedeutendsten und fruchtbarsten aszetischen Schriftstellern seiner Zeit. Seine Predigten veröffentlichte er in 28 umfangreichen Traktaten, die in fast sämtliche europäische Sprachen übersetzt wurden und weite Verbreitung fanden. Drexel gehörte zu den wenigen Autoren der Barockzeit, die über Deutschlands Grenzen hinaus gewirkt haben. Wesentliches Anliegen seiner Schriften ist das rechte Verhältnis zwischen Gott und Mensch, die Übereinstimmung zwischen dem göttlichen und dem menschlichen Willen. Die Grundlage dafür fand er im Denken des Ordensgründers Ignatius von Loyola.

Die Patrone der studierenden Jugend

Nach dem Eintritt in die Gesellschaft Jesu folgt auf die Dreißigtägigen Exerzitien das Experiment, ... *in Spitälern oder in einem von ihnen für einen weiteren Monat zu dienen, wobei sie, je nach Zeiten, Orten und Personen, dort jeweils essen und schlafen oder eine oder einige Stunden am Tag allen Kranken und Gesunden helfen und dienen, wie es ihnen aufgetragen wird, um sich mehr zu erniedrigen und zu verdemütigen und von sich den vollen Beweis zu erbringen, dass sie sich von der ganzen Welt mit ihrer Pracht und Eitelkeit abkehren, um in allem ihrem Schöpfer und Herrn zu dienen, der für sie gekreuzigt wurde* (Satzungen der Gesellschaft Jesu Nr. 66). In der Krankheit begegnet der Mensch dem Tod. Und doch müssen Krankheit und Tod nicht nur Sackgassen, sondern können Zeiten besonderer Gnade sein. So begann für Ignatius die Wende seines Lebens auf dem Krankenbett.

Die Mitglieder der Gesellschaft Jesu sollen sich *in den leiblichen Werken der Barmherzigkeit einsetzen, soweit es die geistlichen [Werke], die wichtiger sind, erlauben und soweit die Kräfte ausreichen. Zum Beispiel kann man den Kranken helfen, besonders in Spitälern, indem man sie besucht und einige zu ihrem Dienst schickt ...* (Satzungen der Gesellschaft Jesu Nr. 650). Diesen *Dienst am Nächsten* (*officium caritatis*) haben schon Petrus Canisius und Aloysius Gonzaga zur Grundlage ihrer seelsorgerischen Tätigkeit gemacht. Er ist ein Teil ihres Dienstes *zur größeren Ehre Gottes* (*ad majorem Dei gloriam*), der zu größerem Einsatz für Glaube und Gerechtigkeit führt.

Aloysius Gonzaga wurde am 9. März 1568 als Sohn des rauhen und ehrgeizigen Marchese Ferrante de Gonzaga auf dem Familienschloss Castiglione delle Stiviere im Herzogtum Mantua geboren. Während seine christliche Mutter in ihm den geborenen Geistlichen sah und ihn zu Frömmigkeit und Gottesfurcht erzog, wollte sein Vater, ein ehrgeiziger Mann, aus ihm einen ebenso derben Soldaten machen, wie er einer war. Doch waren es ein Buch über den Rosenkranz des Jesuiten Kaspar Loarte und die Sammlung der Briefe aus der indischen Mission des Petrus Canisius, die Aloysius weiter in seiner christlichen Haltung bestärkten.

Während seiner Zeit als Edelknabe am Hof König Philipps II. von Spanien zu Madrid in den Jahren 1581 – 1584, wohin er mit seinem Bruder Rudolf die Kaiserinwitwe Maria, die Gemahlin Maximilians II., begleitet hatte, reifte in Aloysius der Entschluss, Priester und Jesuit zu werden und er legte das Gelübde der Ehelosigkeit ab. Die Tätigkeit des Ordens in der Erziehung der Jugend und vor allem seine großen Erfolge in der Mission übten einen großen Reiz auf den jungen Adeligen aus. Stark beeindruckt von der Persönlichkeit des Mailänder Kardinals Carlo Borromeo, von dem er zwölfjährig zu Brescia die Erstkommunion empfangen hatte, aber auch angetan vom Beispiel des heiligen Franz Borja, der sein Herzogtum Gandía aufgegeben hatte, trat Aloysius am 2. November 1585 seine Besitzansprüche als Erstgeborener an seinen Bruder Rudolf ab und verzichtete auf jegliches Erbe, da er nur mehr Gott dienen wollte. Vielleicht wollte er damit aber auch die skrupellose Machtbesessenheit seiner Vorfahren, echter Renaissancemenschen, wiedergutmachen.

Gegen den anfänglichen Widerstand des Vaters trat Aloysius im Alter von 17 Jahren am 25. November 1585 in Rom in das Noviziat der Gesellschaft Jesu in San Andrea ein, wo er durch seinen Gehorsam und seine Demut auffiel. Seine Worte beim Überschreiten der Schwelle waren: *Das ist meine Ruhestätte für immer. Hier will ich bleiben, denn ich habe sie erkoren* (Ps. 131,14). Die Mitnovizen gaben ihm den Spitznamen „der kleine General", da sie in ihm einen kommenden Führer ihres Ordens sahen. Nach zwei Jahren legte Aloysius die ersten Gelübde der Armut, Ehelosigkeit und des Gehorsams ab und widmete sein ganzes Leben von nun an der Pflege Schwerkranker sowie theologischen Studien.

Ein Mitschüler des Aloysius berichtete über dessen Auftreten seiner Umwelt gegenüber: *Wenn ich, zu den Vorlesungen gehend, diesen jungen Mann zusammen mit den anderen sah, fiel mir sein bescheidenes, aber frohes, sein gesammeltes,* dabei fröhliches, sein bei aller Demut freundliches und bei aller Zurückhaltung gelöstes heiteres Wesen auf. Zuvorkommend lieh er seine Aufzeichnungen an alle aus, die ihn darum baten, und wartete geduldig, bis man sie von selbst zurückgab. In seinen Gesprächen zeigte er sich aufrichtig und sachlich. Jeder konnte sich darauf verlassen, dass sein Ja, ohne Hintergedanken und Heuchelei, wirklich ein Ja, sein Nein wirklich ein Nein bedeutete.

Als 1591 in Rom eine schwere Pestepidemie ausbrach, kämpfte Aloyius bei seinen Vorgesetzten darum, dass man ihn als Pfleger zu den Kranken schickte. Er kümmerte sich um die Erkrankten, spendete Trost und bemühte sich um würdevolle Beisetzung der Verstorbenen. Täglich durchstreifte er die Gassen Roms und half in Palästen und Hütten den Pestkranken, die schwerste Stunde zu überwinden. Bald hatte er in der Stadt schon Berühmtheit erlangt und man sprach von ihm mit größter Ehrfurcht. Er war einer der wenigen, die sich nicht entsetzt von den Pestkranken entfernt hielt, sondern zu ihnen ging, um Hilfe zu bringen. Bei der Pflege der Seuchenkranken im Heilig-Geist-Hospital infizierte er sich schließlich selbst und starb nach dreimonatigem Leiden am 21. Juni 1591.

Bei seinem Tod war Aloysius erst 23 Jahre, 3 Monate und 11 Tage alt. Er hat das Priestertum nicht erreicht. Er wurde kein gefeierter Prediger, Schriftsteller oder Missionar. Aber er hinterließ Briefe und Schriften, die besonders für die Jugend beispielhaft waren. 1605 wurde er selig-, 1726 heilig gesprochen und drei Jahre später zum Patron der Jugend und der Studierenden erklärt. Sein Fest ist der 21. Juni.

Die Gebeine des heiligen Aloysius Gonzaga, der zu den großen Hoffnungen der Gesellschaft Jesu gezählt hatte, ruhen in einer großen Lapislazuli-Urne unter dem Altar der prächtigen Barockkirche San Ignazio in Rom, die 1556 zu Ehren des Gründers des Jesuitenordens, Ignatius von Loyola, erbaut worden war und dessen Namen bis heute trägt. Den Grabaltar aus den kostbarsten Materialien schuf Andrea Pozzo. Auch der Rahmen um das Relief mit dem Sockel aus Alabaster und Lapislazuli, den gewundenen, mit Goldlaub umkränzten Säulen ist von Pozzo. Das Relief von Pierre Legros auf dem Altar stellt den

Heiligen mit Krone in göttlicher Verklärung dar. Das Haupt des Aloysius befindet sich in der Aloysius-Basilika zu Castiglione. Die Kirche San Ignazio birgt noch zwei weitere Sehenswürdigkeiten: ein prachtvolles Deckengemälde und Apsisfresken von Andrea Pozzo, die wegen ihres perspektivischen Aufbaus Weltruhm erlangten, sowie die Grabstätte des heiligen Johannes Berchmans.

In der Kirche San Ignazio in Rom hat der Jesuit **Johannes Berchmans** direkt gegenüber der Grabstätte des heiligen Aloysius von Gonzaga, seines geistlichen Vorbildes, seine letzte Ruhestätte gefunden. Mit nur 22 Jahren war er am 13. August 1621 gestorben. Am 9. Mai 1865 selig gesprochen, sprach ihn Papst Leo XII. am 22. Januar 1888 heilig (Fest: 26. November) und erhob ihn gleichzeitig zum Patron der studierenden Jugend. Zusammen mit Aloysius Gonzaga und Stanislaus Kostka ist Berchmans auch Schutzheiliger der Jugend allgemein.

Johannes Berchmans wurde am 13. März 1599 in Diest in Brabant geboren. Die Eltern waren arm. Der Vater stammte aus einer angesehenen Familie und hatte einige Jahre studiert, war dann aber genötigt, ein Handwerk zu erlernen und als Gerber das tägliche Brot zu verdienen. Der Pfarrer Peter Emmerick, Angehöriger des Prämonstratenserordens, nahm den Elfjährigen in eine Art Seminar auf und erteilte ihm den ersten Unterricht. Eines Tages eröffnete ihm der Vater, er müsse ein Handwerk erlernen, da bei der ständigen Krankheit der Mutter und der Armut der Familie die Kosten des Studiums unerschwinglich seien. Doch Johannes erhielt die Möglichkeit, bei dem Domherrn Froymont von Mecheln als Hausdiener zu arbeiten und dazu das bischöfliche Seminar zu besuchen. 1615 eröffneten die Jesuiten ein Kolleg in Mecheln und Johannes trat dort ein, wurde Mitglied der dortigen Marianischen Schülerkongregation und lernte das Leben des heiligen Aloysius Gonzaga kennen. Darauf beschloss er, Jesuit zu werden und erreichte nach schweren Kämpfen die Einwilligung seines Vaters.

Am 24. September 1616 trat Berchmans in den Jesuitenorden ein und kam zwei Jahre später nach Rom. Im Römischen Kolleg war Berchmans überall beliebt und wurde wegen seiner

Bescheidenheit allgemein „Pater modestus" genannt. Als Vorsätze zu seiner Lebensführung hatte er sich aufgeschrieben: *Trachte, anderen nie lästig zu fallen, sondern alle stets zu erheitern. Gib weder äußerlich ein Zeichen der Ungeduld, noch lass dein Herz von Verwirrung, Unzufriedenheit oder Traurigkeit … beschleichen.*

Im Sommer 1621 erkältete sich Berchmans und wurde schwer krank. Noch nicht zweiundzwanzigjährig starb Berchmans am 13. August 1621 an den Folgen einer Lungenentzündung.

Am 28. Oktober 1550 wurde **Stanislaus Kostka** geboren, der als eine der bedeutendsten Persönlichkeiten des Jesuitenordens gilt. Und das, obwohl er schon mit 18 Jahren starb und zum Zeitpunkt seines Todes erst Novize im Orden war.

Stanislaus Kostka kam auf dem Stammschloss der Familie in Rostkova zur Welt. Die Fürsten Kostka gehörten zu den ersten Adelsfamilien Polens. Zusammen mit seinem älteren Bruder Paul wurde Stanislaus 1564 für drei Jahre nach Wien in das Konvikt der Jesuiten zum Studium geschickt. Doch nach einem Jahr ließ Kaiser Maximilian II. das Konvikt schließen und die Brüder kamen zusammen mit ihrem Hauslehrer in das Haus eines Lutheraners. Im Gegensatz zu seinem Bruder war Stanislaus vom religiösen Leben der Jesuiten tief beeindruckt. Er betete viel und besuchte häufig die heilige Messe, was ihm Verständnislosigkeit und Anfeindungen von Seiten der Mitmenschen eintrug. Sein Verhalten war ein ständiger Vorwurf für die anderen, besonders für Paul. Sie machten seine Frömmigkeit zur Zielscheibe ihrer Witze und Spottreden.

Schwer erkrankt, bat Stanislaus um die Heilige Kommunion, die ihm seine Mitbewohner aber verweigerten. Doch erhielt er sie auf wunderbare Weise von der heiligen Barbara. In diese Zeit fällt auch seine Vision, dass ihm die Muttergottes das Jesuskind in den Arm legte und ihm mitteilte, dass es Jesu Wunsch sei, dass er in den Jesuitenorden eintrete. Wieder genesen, bat Stanislaus Kostka um Aufnahme in den Jesuitenorden. Da Lorenzo Maggi, der Provinzial der österreichischen Jesuiten jedoch Schwierigkeiten mit der Familie befürchtete, die gegen einen Ordenseintritt ihres Sohnes war, wies er ihn ab. Deshalb floh Stanislaus 1567 aus Wien, um sich an den Provinzial der deutschen Jesuiten, Petrus Canisius, zu wenden. In Dillingen traf er endlich Canisius, der sich seiner annahm und ihn zunächst im Jesuitenkolleg als Bediensteten für die Konviktoren einsetzte. Stanislaus zeichnete sich durch so großen Eifer und Fleiß aus, dass Canisius ihn nach Rom zum Ordensgeneral Franz Borja sandte. In einem Empfehlungsschreiben empfahl er Stanislaus aufs Wärmste. *Wir erhoffen große Dinge von ihm*, fasste er sein Urteil über ihn zusammen. Borja nahm den jungen Polen schließlich an seinem 17. Geburtstag in das Noviziat der Gesellschaft Jesu auf.

Schon nach kurzer Zeit hatte Stanislaus Kostka die Herzen seiner Mitbrüder erobert. Jeder liebte ihn wegen seines fröhlichen, bescheidenen und hilfsbereiten Wesens. Eine große Zukunft schien vorbestimmt. Doch das Schicksal meinte es anders. Stanislaus starb schon knapp zehn Monate nach seinem Eintritt in den Orden, am 15. August 1568. Er ist in der Kirche S. Andrea al Quirinale in Rom begraben. 1670 wurde er selig- und am 31. Dezember 1726 zusammen mit Aloysius Gonzaga heilig gesprochen. Sein Gedenktag ist der 13. November.

Direkte Seelsorge

Zum großen Einsatz in Bildung und Erziehung, den die darin tätigen Jesuiten als echten Ausdruck ihrer apostolischen Verpflichtung zu leben suchten, kamen die Dienste der direkten Seelsorge. Ihre Träger waren ebenfalls die Kollegien sowie die ausschließlich für die Seelsorge geschaffenen „Residenzen" und „Missionen". In den Kollegien standen nicht nur die Lehrer entsprechend ihrer Möglichkeiten zur Verfügung, sondern es waren stets mehrere Mitglieder der einzelnen Kommunitäten ausschließlich in der Seelsorge tätig. Zum sichtbaren Aus-

Der Wohl Ehrwürdige Diener Gottes P. Philippus Jeningen Soc. J. von Eychstätt gebürtig, Sohn Nicolai Jeningen althiesigen Burgermaisters, ward von Gott vor und nach dem Tod mit vielen Wunderthaten, mit der Gab der Weisjagung, und himmlischer Erscheinungen scheinbar gemacht, Er verschiede zu Ellwangen A.D. 1704 mit allgemeinen Rueff der Heiligkeit in dem 62ten Jahr seines Alters.

Philipp Jeningen SJ
Gemälde, 1763
Diözesanmuseum
Eichstätt
© SJ-Bild

ein wichtiges Mittel der Seelsorge bildeten sich aus der eigenen geistlichen Erfahrung die Exerzitien heraus. Auch waren die Leistungen des Ordens in der Sozial- und Krankenpflege beträchtlich.

Die Jesuiten riefen die Leute zur Umkehr auf und ermahnten sie zum Empfang der Sakramente und zu guten Werken. Dank der Volksmissionen wurden in den verschiedensten Ländern im Lauf der Jahrhunderte ganze Landstriche zu einem regeren christlichen Leben zurückgeführt. Eine starke Welle der Volksmissionen setzte nach dem Dreißigjährigen Krieg ein. Der bekannteste Volksmissionar aus dieser Zeit ist **Philipp Jeningen**, der von Ellwangen aus im Jahr bis an die 50 Missionen hielt. Philipp Jeningen, 1642 in Eichstätt geboren, fühlte sich schon in jungen Jahren zum Priestertum und Ordensstand in der Gesellschaft Jesu berufen. Schon während seiner Studienzeit waren ihm die religiöse Bildung und Erziehung der Jugend am wichtigsten. Dieser Aufgabe blieb er ein Leben lang treu. Nachdem sein Wunsch, nach Indien in die Mission zu gehen, von der Ordensleitung nicht erfüllt wurde, blieb er bis zu seinem Tod 1704 in Ellwangen. Neben der Betreuung der Wallfahrer war er vor allem als Volksmissionar tätig, denn durch Glaubensspaltung und Dreißigjährigen Krieg lag in vielen Dörfern und Gemeinden der Glaube im Argen. Seine Aufgaben dabei waren immer gleich: Predigen, Beichthören, Christenlehre halten, heilige Messe feiern, Kranke und Gefangene besuchen.

Jeningen rief zur Buße und zur Hilfeleistung für die armen Seelen auf. Und es ging ihm um die Erneuerung des Lebens. Der Ruf *Alles zur größeren Ehre Gottes!*, in dem der Wahlspruch des Ignatius aufgegriffen wird, wiederholt und fasst zusammen, woran sich nach der Unterweisung von Pater Jeningen christliches Leben orientieren sollte: Der Christ soll sich nicht einfach von seinen Wünschen und Einfällen treiben lassen und soll sich auch nicht danach richten, was gerade als angemessen und selbstverständlich und modern gilt. Gott gebührt der erste Platz in seinem Leben und Handeln. Die Besinnung auf Gott, die Verantwortung vor ihm, das Vertrauen auf ihn soll alles Handeln bestimmen.

druck und wichtiges Werkzeug dieses Dienstes wurden die eigenen Kirchen, weshalb man große Sorge für deren Bau und künstlerische Ausgestaltung aufwendete.

Der seelsorgerliche Einsatz bezog sich neben der Gestaltung der Gottesdienste vor allem auf die Predigttätigkeit. Die Jesuiten predigten nicht nur in den eigenen Kirchen, sondern es waren ihnen oft am Ort der Niederlassung noch weitere Kanzeln anvertraut. In verschiedenen Städten stellten sie regelmäßig den Domprediger. Hand in Hand mit der Predigt ging die Katechese für die Jugend und für die Erwachsenen. Und als

Direkte Seelsorge

Die umstrittenste und problematischste Tätigkeit der Jesuiten war jene an den Fürstenhöfen als Beichtväter und Prinzenerzieher, da es dem Einfluss nach als dem Bischofsamt gleichwertig galt. Bei den meisten katholischen Fürsten wirkten Jesuiten vorübergehend oder dauernd als **Hofbeichtväter**. Schon Ignatius sah darin eine große apostolische Wirksamkeit, denn: wenn man einem Fürsten helfe, etwas Gutes zu tun, dann bleibe dieses Gute nicht auf seine Einzelperson beschränkt, sondern es wirke dank seines Beispiels und seines Einflusses auch auf seine Untertanen. Und damit werde eine größere Frucht zur Ehre Gottes erreicht. Die Generaloberen des Ordens hatten gegen den Dienst als Hofbeichtvater grundsätzlich nichts einzuwenden, ermahnten jedoch immer wieder zu Zurückhaltung und zur Beschränkung auf religiöse Anliegen und Gewissensfragen. Verbunden damit war die ausdrückliche Weisung, sich aller politischer Geschäfte zu enthalten und sich auf keinen Fall mit Verträgen, Rechten und Erbfolge der Reiche sowie Kriegen zu befassen. Dies zeigt, dass nicht alle Jesuiten den Anforderungen ge-

wachsen waren und sich in politische Machenschaften verwickeln ließen, wobei dadurch auch der Orden oft in eine undurchsichtige und für ihn gefährliche Welt hineingezogen wurde. Die politische Beraterfunktion entwickelte sich allerdings zwangsläufig aus der Beratung in theologischen Fragen, sollte aber nicht allzu deutlich an die Öffentlichkeit dringen. Von ihren Gegnern wurde den Jesuiten auch der Missbrauch des Beichtgeheimnisses bei einflussreichen Personen vorgeworfen.

Die Rolle als Erzieher und Lehrer an den fürstlichen Höfen ergab sich für die Jesuitenpatres, nachdem sie als Beichtväter einmal Zugang gefunden hatten, von selbst. Die Bildung und Erziehung der Jugend war ohnehin eine der Hauptsäulen des jesuitischen Apostolats. So war es eine gewisse Selbstverständlichkeit, dass die Jesuiten, die bereits das Vertrauen der fürstlichen Eltern genossen, mit der Ausbildung der Fürstenkinder betraut wurden. Jesuitisch geprägte Frömmigkeit wurde auf diese Weise über viele Generationen weitergegeben.

Jesuit als Hofbeichtvater
französischer Stich, 18. Jh.
© SJ-Bild

Jesuiten und Naturwissenschaften

Für Ignatius von Loyola ist klar, dass für einen Jesuiten die Arbeit am Reich Gottes höchstes und primäres Ziel ist. Alles andere kann nur darauf hingeordnet sein. Im vierten Teil der Satzungen schreibt er in Kapitel 12 *von den Wissenschaften, die auf den Universitäten der Gesellschaft Jesu zu unterrichten sind*. An erster Stelle steht natürlich die Theologie. Alle anderen Gebiete sind von daher gesehen bloße Hilfswissenschaften, Wissenschaften, die helfen, den Boden für ein tieferes Verständnis vorzubereiten. Hier werden die humanistischen Fächer Grammatik, Rhetorik, Poesie und Geschichte genannt, sowie Latein, Griechisch und Hebräisch. Weitere Sprachen kommen je nach Region noch dazu. Dann heißt es in Nr. 450 der Satzungen: *Weil Philosophie und Naturwissenschaften den Geist für die Theologie bereiten und zu deren perfekten Kenntnis und Anwendung dienen, sowie von sich aus zum selben Zweck hilfreich sind, sollen sie mit angemessener Sorgfalt durch gelehrte Professoren behandelt werden, dabei aber aufrichtig die Ehre Gottes suchen*. In einer Fußnote erklärt Ignatius, was er zu den Naturwissenschaften rechnet: Logik, Physik, Metaphysik und Mathematik. Da wir heute Logik und Metaphysik zur Philosophie zählen, bleiben Physik und Mathematik. Chemie gab es damals praktisch nicht, und die Biologie wird von Aristoteles, dem Hauptautor, unter Physik abgehandelt. Aus der Praxis der damaligen Zeit ist zu ergänzen, dass Mathematik wirklich nur eine Hilfswissenschaft für etwas Erhabeneres war, nämlich für die Astronomie. Die Astronomie gilt als die älteste Wissenschaft überhaupt und wird gerne als „Tochter der Religion" bezeichnet.

Christoph Scheiner, der bedeutendste Naturwissenschaftler der ersten Hälfte des 17. Jahrhunderts ist der Begründer der neueren Sonnenphysik und entdeckte 1611 in Ingolstadt die Sonnenflecken mit einem von ihm erfundenen astronomischen Fernrohr. Der Mathematiker Christoph Clavius wirkte entscheidend an der Kalenderreform Gregors XIII. von 1582 mit und entdeckte mehrere Mondkrater. Der Universalgelehrte Athanasius Kircher schuf das „Ur-kino" und konstruierte kurz vor seinem Tod 1681 den Vorläufer des Computers. Johann Baptist Cysat beschrieb erstmals den Orionnebel und assistierte seinem Lehrer Christoph Scheiner in Ingolstadt bei der Beobachtung der Sonnenflecken.

Christoph Scheiner, am 26. Juli 1575 in Markt Wald bei Mindelheim als Sohn armer Leute geboren, trat 1595 in die Gesellschaft Jesu ein. Sein Philosophiestudium in Ingolstadt und Dillingen schloss er mit dem Magister Artium ab, das Theologiestudium in Ingolstadt mit dem Doktorat. 1610 – 1617 war er in Ingolstadt Professor für Mathematik und Hebräisch. Er hielt Vorlesungen über Sonnenuhren, über praktische Geometrie, Astronomie und Optik und ein Seminar über das Fernrohr. Auch fallen in diese Zeit seine bedeutendsten literarischen Arbeiten, wenn sie zum Teil auch erst viel später gedruckt wurden. Nach Aufenthalten in Innsbruck, Freiburg im Breisgau und Wien kam Scheiner 1622 nach Neisse in Schlesien, wo im darauf folgenden Jahr das Kolleg mit ihm als Hausoberen eröffnet wurde. Nach Aufenthalten in Rom und Wien in den Jahren 1624–1637 kehrte Scheiner nach Neisse zurück, wo er seine letzten dreizehn Lebensjahre verbrachte und am 18. Juli 1650 an den Folgen eines Schlaganfalls starb.

Scheiner war ein herausragender Naturwissenschaftler, dessen Leistungen noch heute aktuell sind. 1603 konstruierte er für eine Untersuchung der Kegelschnitte den Ellipsenzirkel. Zur Beobachtung des Kometen von 1607 baute er an einem einzigen Tag einen hölzernen Sextanten, um die Bahn des neuen Kometen besser vermessen zu können. Dies ist ein erstaunlicher Beweis für sein großes praktisches Geschick. Er baute Instrumente zur Beobachtung des Weltalls und erstellte 1614 die erste Mondkarte. Die meteorologische Optik bereicherte Scheiner durch seine Beschreibung einer sehr merkwürdigen Nebensonnenerscheinung, des so genannten Halo-Phänomens, die er am 20. März 1629 in Rom wahrnahm und die seitdem als „Römisches Phänomen" in den Lehrbüchern zu finden ist.

Seine erste bedeutende Erfindung machte Scheiner 1603 während eines Aufenthaltes in Dillingen. Er baute den Pantografen, mit dessen Hilfe man Linien oder ein Bild in vergrößertem oder verkleinertem Maßstab kopieren kann. Ursprünglich war das Zeichengerät Teil einer Perspektivmaschine. Von kunstgeschichtlichem Interesse ist, dass Scheiner durch einen Maler zur Konstruktion dieser Maschine angeregt wurde. Der Pantograf ist noch heute ein Arbeitsinstrument für technische Zeichner, Architekten und Archäologen.

Unabhängig von Galileo Galilei beobachtete Scheiner am 6. März 1611 in Gegenwart seines Schülers Johann Baptist Cysat vom Turm der Heilig-Kreuz-Kirche in Ingolstadt aus, die ihm als Observatorium diente, die Sonnenflecken. Er projizierte die Sonnenstrahlen mittels eines von ihm konstruierten Fernrohres, des Heliotrops, auf einen Schirm, so dass er die Sonne deutlich sehen und die Position der Sonnenflecken bestimmen konnte. Unter dem Titel „Rosa Ursina sive Sol" erschien 1626 – 30 in Rom das Hauptwerk Scheiners, in dem er die Sonnenflecken genauestens beschreibt. Neben dem Beobachtungsmaterial zu den Sonnenflecken und den Sonnenphänomenen behandelt er die Frage der Priorität der Sonnenflecken und die Darstellung von Fernrohren und Projektionsmethoden. Und es wird die Optik eines Fernrohres der Optik des Auges gegenübergestellt.

Scheiner, den die Entdeckung der Flecken in der Sonne bekannt machte, stieß damit jedoch auf großen Widerstand. Um die Priorität seiner Entdeckungen nicht zu gefährden, wollte er die erstaunlichen Ergebnisse publizieren. Doch es bestanden erhebliche Bedenken auf Seiten der Ordensobrigkeit. Erst nach längerem Zögern erteilte Provinzial Theodor Busaeus das Imprimatur, nachdem Scheiner sich bereit erklärt hatte, seine Beobachtungen unter einem Pseudonym zu veröffentlichen. Seine Ergebnisse erschienen daraufhin 1612 in drei anonymen Briefen, den so genannten „Apelles-Briefen". Scheiner berichtet darin über die Beobachtung der Sonnenflecken, beschreibt eine obere Konjunktion

der Venus, bei der er herausfinden wollte, ob die Flecken die Sonne umkreisen, und fasst seine Beobachtungsergebnisse zusammen und erläutert sie anhand von Zeichnungen. Die Sonnenflecken hielt er für dunkle Körper, die wie Planeten in sehr geringem Abstand um die Sonne kreisen. In seinen drei 1613 publizierten Antwortbriefen bestätigte Galileo Galilei die Existenz der Sonnenflecken, die er selber schon vor 18 Monaten entdeckt habe, widerspricht aber der Definition der Sonnenflecken als Planeten. Seiner Meinung nach sind sie Wolken vergleichbar, die sich an der Sonnenoberfläche bilden. Galilei fasst seine Erkenntnisse über die Sonnenflecken zusammen und erläutert sie anhand von Zeichnungen. Dieser Briefwechsel löste später einen erbitterten Prioritätenstreit um die Entdeckung der Sonnenflecken aus.

Trotz der umwerfenden Entdeckung der Sonnenflecken geht an der Ingolstädter Universität der Lehrbetrieb für Christoph Scheiner weiter wie bisher. Seine ganze Freizeit aber widmet der ebenso ehrgeizige wie vitale und von sich selbst

Christoph Scheiner SJ „Bassgeigenporträt" – Gemälde eines unbekannten Meisters, um 1724
Stadtmuseum Ingolstadt
© SJ-Bild

Johann Baptist Cysat SJ „Bassgeigenporträt" – Gemälde eines unbekannten Meisters, um 1724
Stadtmuseum Ingolstadt
© SJ-Bild

schreiber tätig und publizierte das erste gedruckte europäische Buch über Japan. Cysat trat 1604 in die Gesellschaft Jesu ein. Er studierte in Ingolstadt bei Christoph Scheiner und war als dessen Nachfolger von 1618 – 1622 Professor der Mathematik an der Universität. Er assistierte Scheiner bei der Beobachtung der Sonnenflecken und war dessen Mitarbeiter. Er ist der Entdecker der Saturnmonde Titan und Rhea, beschrieb erstmals den Neuen Stern von 1604 und gab seiner Monographie über den Kometen eine Karte bei, die die Erde von Mond und Sonne und diese selbst von den anderen Planeten und einigen Kometen aus und den Jupiter mit vier sowie den Saturn mit zwei Monden zeigt. Er entdeckte 1618 den Orionnebel und gehörte zu den wenigen, welche bei der Mondfinsternis von 1620 das völlige Verschwinden des Mondes beobachten konnten. Er beschäftigte sich mit dem Mars und konnte seinen Durchmesser am 4. Juni 1623 auf weniger als eine Winkelminute berechnen. In Innsbruck beobachtete er am 7. November 1631 den von Johannes Kepler vorhergesagten Vorübergang des Merkur vor der Sonne, die erste Beobachtung dieser Art.

Cysat gehört zu den bedeutendsten Schweizer Jesuiten, Mathematikern, Astronomen, Architekten und Theologen von Rang. Er, nach dem die „Monticuli Cysati" benannt sind, ein Riesengebirge am Südpol des Mondes, lehrte an der Universität Ingolstadt Mathematik, Kontroverstheologie und Exegese. Er war Rektor an den Kollegien in Luzern (1623 – 1627), Innsbruck (1637) und Eichstätt (1646) und kehrte anschließend in derselben Eigenschaft in seine Heimatstadt Luzern zurück, wo er am 13. März 1657 starb.

Christoph Clavius (Clau) verdankt seinen Beinamen „Euklid des 16. Jahrhunderts" seiner kommentierten lateinischen Ausgabe der „Elementa" des griechischen Mathematikers Euklid, die den mathematischen Vorlesungen zugrunde lagen. Clavius wurde 1537/38 in Bamberg geboren und trat 1555 in Rom in die Gesellschaft Jesu ein. Er entdeckte seine Neigung und Befähigung zur Mathematik bereits während seiner Studienzeit, die er in Coimbra/Portugal verbrachte. Den

und seinem Wissen überzeugte Forscher den Naturwissenschaften. Er weiß, dass er erst am Anfang seiner Karriere steht, und er ahnt, dass sie ihn hoch hinausführen wird.

In Innsbruck erschien 1619 Scheiners so genanntes „Augenbuch", das er Kaiser Ferdinand II. widmete. Es enthielt zahlreiche Entdeckungen zur physiologischen Optik des Auges, so die Messung des Krümmungsradius der Hornhaut und die Lichtreaktion der Pupille. Scheiner erkannte die Netzhaut als eigentlichen Sitz des Sehens ebenso wie den Vorgang der Akkommodation, der Anpassungsfähigkeit des Auges an die verschiedenen Entfernungen und Lichtverhältnisse. Er beschrieb die Anatomie des Auges. Er erkannte den Grauen Star, entwickelte ein gläsernes Augenmodell und befasste sich mit dem Gesichtswinkel und dem Augendrehpunkt. Der „Scheiner-Versuch" zum Nachweis einer Fehlsichtigkeit wird heute noch in der Augenheilkunde angewandt.

Johann Baptist Cysat wurde am 24. Juni 1587 in Luzern geboren. Sein Vater Renward Cysat war seit 1575 in der Republik Luzern als Stadt-

Großteil seines Lebens hielt er sich am Collegium Romanum als Professor für Mathematik auf, wo er noch den jungen, späteren Chinamissionar Johann Adam Schall von Bell beeinflusste.

Von Gregor XIII. mit den Vorarbeiten zur Kalenderreform betraut, stellte er die Theorie der Noniusteilung für das Linien- und Bogenmaß auf. Er widmete sich besonders der Mathematik und lehrte dieses Fach 20 Jahre am Collegium Romanum. In seinem Mathematik-Lehrbuch publizierte Clavius Beiträge unter anderem zur Arithmetik, Geometrie und der Kalenderreform, und er kommentierte die Werke des Euklid und des Johannes von Sacrobosco.

Obwohl der Bamberger Jesuit in seinem „In sphaeram Ioannis de Sacro Bosco commentarium" von 1581 als Erster das neue Kopernikanische Weltbild angreift und nicht nur die astronomische Theorie ablehnt, sondern auch, was für die damalige Zeit viel schwerer wog, zahlreiche Widersprüche zum Wortlaut der Bibel nachwies, unterhielt er gute Beziehungen zu Galilei und den führenden Astronomen und großen Mathematikern, wie Tycho de Brahe und Johannes Kepler. Clavius starb am 6. Februar 1612 in Rom.

Der Universalgelehrte **Athanasius Kircher** war ein wahrer Mann der Renaissance, der sich mit wissenschaftlichen Forschungen auf den Gebieten der Ägyptologie, Geologie, des Magnetismus, der Optik, Alchemie, Orientalistik, Medizin und Musik beschäftigte und einer der herausragendsten Männer seiner Zeit war. Wissenschaftliche Forschung war zur Zeit dieses Universalgenies noch von einer halb magischen Ära umgeben, und ihr Zweck war nichts geringeres, als das Wirken des Geistes Gottes ansichtig werden zu lassen. Dieser Ehrgeiz war der Ansporn Kirchers, und dasselbe Ziel inspirierte viele Wissenschaftler seiner Zeit von Kepler bis Newton.

Kircher wurde am 2. Mai 1602, dem St.-Athanasius-Tag, in Geisa bei Fulda geboren. Er trat 1618 in die Gesellschaft Jesu ein, war ab 1629 Professor in Würzburg und wurde 1633 als Hofmathematiker Kaiser Ferdinands II. nach Wien berufen. Im gleichen Jahr noch ging er nach Rom und wurde dort Professor für Mathematik, Physik und orientalische Sprachen

am Collegium Romanum. Durch seine weltweiten Beziehungen konnte er dort ein umfangreiches (heute nicht mehr erhaltenes) naturwissenschaftliches Museum aufbauen, das „Museo Kircheriano".

Kircher allein ist es zu verdanken, dass die ägyptischen Hieroglyphen 1822 von François Champollion entziffert werden konnten. Zur Überwindung der allgemeinen Sprachverwirrung hat Kircher das Konzept einer universalen Symbolsprache entwickelt. Auch war der Jesuit ein erfindungsreicher Mann und gilt als Konstrukteur der „Laterna magica", des Vorläufers des heutigen Projektionsapparates. Auf ihn geht eine der ersten Mondkarten zurück und die erste gedruckte Karte der wichtigsten Meeresströmungen. Kircher führte als Erster Blutuntersuchungen mit dem Mikroskop durch, er vermutete richtigerweise, dass kleine Lebewesen die Pest verursachen. Er kannte die astrologischen Einflüsse auf die menschliche Gesundheit und irdische Naturkatastrophen. Er glaubte an Seejungfrauen und Greife und an die uneingeschränkte Geltung des Alten Testamentes. Er

Christoph Clavius SJ „Bassgeigenporträt" – Gemälde eines unbekannten Meisters, um 1724
Stadtmuseum Ingolstadt
© SJ-Bild

Athanasius Kircher SJ
„Bassgeigenporträt" –
Gemälde eines un-
bekannten Meisters,
um 1724
Stadtmuseum Ingolstadt
© SJ-Bild

war der Erfinder des „Organum mathematicum": In diesem Universalinstrument befinden sich eine Rechenmaschine und etwas mehr als 250 Holzstäbchen mit Anleitungen zu Arithmetik, Geometrie, Fortifikation (Festungsbaukunde), Chronologie (Zeitberechnung) Horographie (Uhrenkunde), Astronomie, Astrologie, Steganographie (Geheimschriftkunde) und Musik.

Durch alle Werke Kirchers zieht sich als einigendes Prinzip sein besessenes Forschen nach Ursprüngen. Von den griechischen Wurzeln der westlichen Musik und von den unterirdischen Quellen des Wassers und des Feuers gingen eine gleiche Faszination auf ihn aus. Am allermeisten aber drängte es ihn, die Anfänge von Sprache und Religion zu verstehen. So rekonstruierte er auf der Grundlage des Zeugnisses des Alten Testamentes und der griechischen Geschichtsschreiber und mit gebührender Ehrerbietung vor den Kirchenvätern und den Doktoren der Kirche die Frühgeschichte der Welt und der Menschheit.

Im „Iter exstaticum coeleste" unternimmt Kircher 1660 eine imaginäre Weltraumfahrt, um mit einem himmlischen Begleiter Mond, Sonne und Planeten zu besuchen und sich das Firmament erklären zu lassen. Den Anstoß, 1665 ein Buch über die Wissenschaft von der Erde zu veröffentlichen, den „Mundus subterraneus", erhielt er als Ergebnis seiner Reise nach Sizilien im Jahr 1568, die durch die unvorhergesehenen Erlebnisse von Vulkanausbrüchen noch interessanter wurde, als sie es an sich schon war. Der gleichzeitige Ausbruch des Ätna und des Vesuv brachte Kircher auf die Idee, dass die beiden Vulkane miteinander verbunden sein müssten. Um dies herauszufinden, bestieg er sie und ließ sich unter Lebensgefahr in den gasverseuchten Krater des Vesuv abseilen. Aufgrund der gewonnenen Erkenntnisse entwickelte Kircher das Denkmodell einer von Gott geschaffenen unterirdischen Welt, die er in zwölf Büchern beschreibt, um durch die Zahl „Zwölf" ihre Harmonie und Vollkommenheit anzudeuten. Nachdem er im ersten Buch die Erschaffung der Welt dargestellt und die Schwerkraft behandelt hat, erläutert Kircher im zweiten anhand des von Tycho de Brahe entwickelten geozentrischen Weltbildes die Beziehungen der Erde zu Sonne, Mond und den übrigen Planeten, erklärt die Entstehung von Quellen, Bächen und Flüssen, die von großen unterirdischen Wasserspeichern gespeist werden, und lokalisiert den sagenhaften Inselstaat Atlantis, über den ägyptische und griechische Geographen berichtet haben. Die folgenden vier Bücher befassen sich mit Meereskunde, Vulkanologie, Hydrologie sowie den vier Elementen Feuer, Luft, Wasser und Erde. Im zweiten Band des umfangreichen Werkes beschreibt Kircher die Produkte der unterirdischen Welt: Neben Versteinerungen von Pflanzen, Tieren, Menschen und Dämonen gehören dazu Gifte und Gegengifte sowie Edelsteine, Erze und Mineralien. Nach einer scharfen Kritik an der Alchemie seiner Zeit versucht Kircher zu zeigen, wie die Kräfte der Natur zum Wohle des Menschen eingesetzt werden können. Obwohl ihm Kritiker vorgehalten haben, seine Werke mit zu viel Phantasie und großer Ungenauigkeit verfasst zu haben, betrachtete Kircher Naturerscheinungen als Teile eines Ganzen, das nur durch Zusammenfassung von empirischer und experimenteller Beobachtung, literarischer Tradition und Spekulation erschlossen werden kann. Deshalb verweist er immer wieder auf eigene Experimente, die er in seinem damals berühmten Museum durchgeführt habe und beruft sich auf die Aussagen antiker Gelehrter, deren Schriften er gelesen hat.

Athanasius Kircher war ein Mann mit universaler Bildung, es war auch eine Zeit, in der zahlreiche andere Gelehrte ihre Entwicklungen hervorbrachten, wie etwa das Fernrohr und die Entdeckung des Magnetismus. Seine Werke sind das Ergebnis eines schöpferischen Geistes und Zeugnis seiner Epoche und ihrer geistigen Grundlagen. Kircher starb am 27. November 1680 in Rom.

Die jesuitische Tradition, in den Naturwissenschaften zu forschen, geht zurück bis in die Anfänge der Gesellschaft Jesu im 16. Jahrhundert. Für dieses Engagement gibt es verschiedene Gründe: Zum einen wurde von Beginn an die Forschung als Bestandteil jesuitischer Erziehung und Gelehrsamkeit betrachtet. Zum anderen ist es tief in der Spiritualität verwurzelt: *In den Exerzitien wird Gott als gegenwärtig in der ganzen Schöpfung angesehen, ist „Gott zu finden in allen Dingen".* Das Selbstverständnis des Jesuiten als „contemplativus in actione" verbindet eine Hochschätzung des Studiums mit der Heiligkeit weltlicher Arbeit. Diese Haltung lässt sich sehr gut in Einklang bringen mit naturwissenschaftlicher Gelehrsamkeit. Außerdem gibt es auch apostolische Gründe, um Zeugnis zu geben vom Leben aus dem Glauben in einem Bereich der Welt, der oft als atheistisch galt. Zudem sollte ein notwendiger und fruchtbarer Dialog gepflegt werden zwischen Theologie und Naturwissenschaften. Schließlich waren es Gründe der Nächstenliebe, die humanitäre Hilfe bringen sollten für die Menschen, was von Anfang an die naturwissenschaftliche Arbeit rechtfertigte.

Die vier so genannten „Bassgeigenporträts" mit Scheiner, Clavius, Cysat und Kircher wurden für den „Orbansaal" in Ingolstadt geschaffen. Dieser Saal ist heute nicht mehr vorhanden, nur mehr die vier Gemälde, die in den vier Ecken des Saales hängen sollten, zeugen noch von seiner Existenz. **Ferdinand Orban** wurde am 6. Mai 1655 in Kammer bei Landshut geboren und trat 1672 in den Jesuitenorden ein. Nach Tätigkeiten als Hofprediger und Beichtvater

wurde er nach Ingolstadt versetzt, wo er am 30. Dezember 1732 starb.

Mit seinen Ordensvorgesetzten hatte Orban wiederholt Schwierigkeiten. Sie warfen ihm Ungehorsam und mangelnde Armut vor. Letzteres wohl im Hinblick auf seine sozialen Stiftungen wie Spitäler in Düsseldorf und Landshut, und vor allem wohl wegen seiner Sammlung. Diese Sammlung hatte Orban in seinen Innsbrucker Jahren begonnen und durfte sie bei seiner Versetzung nach Ingolstadt im Einvernehmen mit seinem Orden mitnehmen. Noch 1725 errichtete ihm das dortige Jesuitenkolleg im Garten einen eigenen Museumsbau für seine Kuriositätensammlung, in der sich ein so Aufsehen erregender Gegenstand wie die Hirnschale Oliver Cromwells befand, ein Geschenk des britischen Herzogs Marlborough. Orbans Bekanntschaft mit regierenden Fürsten und die weltumspannende Missionstätigkeit des Jesuitenordens machten sich bei der Erwerbung seltener Ausstellungstücke bezahlt. Das Museum, vergleichbar mit dem Museo Kircheriano des Athanasius Kircher in Rom, umfasste mathematische, physikalische und astronomische Instrumente, Textilien, Waffen, Kleinplastiken, Steinschnitte und Gemälde, eine Münzsammlung, ostasiatisches Kunsthandwerk und Mineralien, Muscheln und Insekten. Zu dieser Sammlung gehörte auch ein „Organum mathematicum".

Johann Georg Keßler berichtet über seinen Besuch im Jesuitenkolleg Ingolstadt, der noch zu Lebzeiten Orbans stattfand: *Nebst der Bibliothec besiehet man des P. Urban Sammlung von Curiositäten, vor welche ein besonderer grosser und ansehnlicher Saal gebaut ist. Sie bestehen aus mancherley ausländischen Rüstingen, Trachten, Hausrath, Antiquitäten, Manuscripten und Thieren; Gemälden, Muscheln, Opticis und andern mathematischen Dingen, welche jedoch meistentheils unordentlich untereinander liegen, theils weil der P. Urban aus Verdruß sich wenig mehr darum bekümmert, und die übrigen hier befindlichen Jesuiten wenig davon verstehen, theils weil diese aus Hass gegen den Pater Urban, den sie, wann sie auch am glimpflichsten reden, dennoch allzeit einen wunderlichen eigensinnigen Mann nennen, alle diese Dinge als verächtliche Bagatellen tractiren.*

R.P. SCHALL S.J. 望若公湯

Adam Schall von Bell SJ
kolorierte Zeichnung
© SJ-Bild

Die Naturwissenschaften waren es letztlich auch, die Missionaren in China Zutritt verschafften:

Matteo Ricci (1552–1610) war Schüler von Christoph Clavius. Seine große Sehnsucht galt den Missionaren in Asien, besonders in China, wo bisher alle Versuche, Fuß zu fassen, für das Christentum fehlgeschlagen waren. 1578 kam er nach Asien, 1583 nach China, aber erst 1601 nach Peking. Dort konnte er dann am kaiserlichen Hof als Mathematiker, Astronom und vor allem als Kartograph tätig sein. Seine Weltkarte erregte das Erstaunen der Chinesen. Sie konnten darauf erkennen, dass China doch nicht so groß und so in der Mitte der Welt lag, wie sie es sich vorstellten. Ricci erstellte dann die erste exakte Karte von China. Seine wissenschaftlichen Erfolge waren ungewöhnlich, seine Missionserfolge eher bescheiden. Seine Bereitschaft zur Anpassung an die Sprache, Sitten und Gebräuche des fremden Volkes, heute Inkulturation genannt, machte ihn in Rom verdächtig.

Johann Adam Schall von Bell, am 1. Mai 1592 bei Bonn geboren, war Mathematiker, Physiker und Astronom. Schon früh interessierte er sich für die Mission in China. 1618 kam er nach Asien und bereits 1630 fand er Zutritt zum Kaiserhof in Peking. Dort lebte und wirkte er bis zu seinem Lebensende. Er erschloss den chinesischen Gelehrten die Wissenschaften des Westens. Für China selbst arbeitete er an der Kalenderreform mit. Er erhielt den Auftrag, in Peking eine kaiserliche Sternwarte zu bauen. Seine technische Begabung war genial: Er baute nicht nur optische Geräte, sondern goss auch Kanonen und erstellte Pläne zum Schiffsbau. Unter den Ausländern, die je in China lebten, erreichte Schall von Bell den höchsten Rang. So wurde er zum Direktor des nationalen „Astronomischen Amtes" ernannt. Daneben sorgte er sich um die christliche Gemeinde in Peking, zollte aber der fremden Kultur, in der er lebte, stets großen Respekt. Die Anpassungsbereitschaft war

Der Hertzog von Marleborough hat in dieses Cabinett ein Stück einer Hirnschale von der Größe einer Hand geschencket, und zwar unter dem Titul, daß solches von dem berühmten Cromwel sey, dessen Cörper der Pöbel nach wieder hergestellter Königlichen Regierung ausgegraben und durch die Stadt London geschleppet hätte ...

Die Vielfalt der Orbanschen Sammlung spiegelt die weit gespannten geistigen Interessen Ferdinand Orbans wider, der sich mit Mathematik, Physik, Astronomie und Alchemie beschäftigte. Zugleich ist sie ein Beitrag für den Auf-

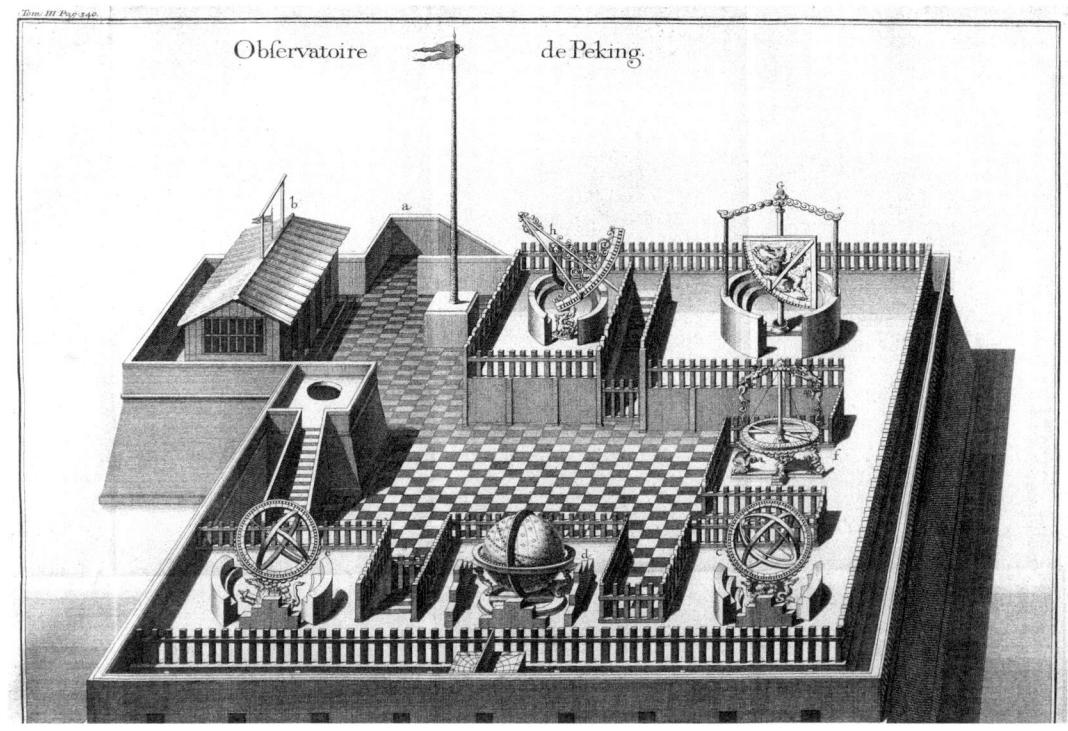

Obſervatoire ⚑ de Peking.

Die Sternwarte der Jesuiten im kaiserlichen Palast in Peking
J. B. Du Halde, Description ... de la China, Paris 1735
© SJ-Bild

vielen höchst suspekt. So forderten italienische und portugiesische Mitbrüder seine Entlassung aus dem Orden. Er wurde jedoch völlig rehabilitiert. Befreundet mit dem jungen Manschu-Kaiser, wurde er zum Mandarin erster Klasse erhoben. Nach dem frühen Tod des Kaisers wurde er von christenfeindlichen Chinesen und eifersüchtigen Astronomen wegen Hochverrats angeklagt und zum Tod verurteilt. Plötzlich eintretende Himmelsereignisse und die Intervention der alten Kaiserwitwe retteten sein Leben. Als seelisch und gesundheitlich gebrochener Mann starb Tang Jo-wang, so sein chinesischer Name, ein Jahr nach seiner Entlassung aus dem Gefängnis am 15. August 1666. Sein Andenken ist bis heute in China lebendig, sein Grab in Peking erhalten.

Spricht man von Jesuiten und Naturwissenschaften, so darf man den wohl berühmtesten Naturwissenschaftlerjesuiten des 20. Jahrhunderts nicht vergessen: **Pierre Teilhard de Chardin**. Dieser, am 1. Mai 1881 in Frankreich geboren, hatte von früher Kindheit an großes Interesse an der Geologie. Nach seinem Eintritt in die Gesellschaft Jesu 1899 studierte er Theologie und ging

seinen naturwissenschaftlichen Interessen weiter nach. Er kam dabei zu der Erkenntnis, dass der Kosmos sich in einem Prozess der schöpferischen Evolution befände, eine Idee, die ihn Zeit seines Lebens nicht mehr losließ. Teilhard war ein Prophet, und ein solcher hat bekanntlich selten einen leichten Weg. Die Kirche vor dem Zweiten Vatikanum konnte sich nicht mit dem Gedanken anfreunden, das optimistische Evolutionsdenken – der Mensch als Spitze der Evolution – als eine Erforschung des Geheimnisses des christlichen Glaubens zu sehen. Die Evolutionstheorie wurde, wie Papst Pius XII. es 1946 ausdrücklich bemerkte, als eine Bedrohung für die Unveränderlichkeit der katholischen Lehre angesehen. Und Teilhard wurde ins Exil geschickt, zuerst 23 Jahre nach China, wo er an der Entdeckung des Peking-Menschen Anteil hatte, und später nach New York, wo er am 10. April 1955 starb.

Teilhards Werke spiegeln sein Bemühen um eine Synthese von christlicher Schöpfungslehre und naturwissenschaftlicher Evolutionstheorie wider. Viele seiner naturwissenschaftlichen Theorien und seine Theologie sind umstritten. Außer seinen streng wissenschaftlichen Werken war

ihm Zeit seines Lebens jegliche Publikation verboten. Er selbst litt unter diesen Spannungen,
blieb aber dennoch bis zu seinem Tod seinem
Orden und der Kirche treu.

Der französische Jesuit François Russo (1909–
1998) hat folgende Parallele zwischen Teilhard
und Galilei gezogen: *Wie können wir nicht die beiden großen Gestalten Teilhard und Galilei vergleichen!? Zweifellos sind die beiden in Vielem verschieden. Aber beide traten in einer kritischen Zeit auf,
in der eine größere Umgestaltung der Naturwissenschaften den Glauben zu verletzen schien. Beide
bestanden darauf, dass sie untrennbar mit ihrem
Glauben und mit der Kirche verbunden waren,
beide aber mussten auch darum kämpfen, dass
christliches Denken empfänglich wurde für diese
neue Weltsicht. Sie waren überzeugt, dass die Kirche daraus großen Nutzen ziehen konnte und dass
sie eine providentielle Möglichkeit hatte, sich selbst
zu reinigen, authentischer zu werden. Und beide
waren in ihrem ganzen Leben der Ablehnung ihrer
Gedanken durch das Lehramt ausgesetzt ... Erst
lange nach ihrem Tod anerkannte das Lehramt,*

*dass sie im Recht waren in vielen der Punkte, um
die sie gestritten hatten.*

Zwischen Galileo Galilei und Teilhard de
Chardin gibt es trotz Gegensätzen eine seltsame
Ähnlichkeit. Eines ist sicher, und das trifft auch
auf Christoph Scheiner und seine wissenschaftlichen Zeit- und Ordensgenossen zu: In einem
kritischen Augenblick, in dem eine gewaltige naturwissenschaftliche Umwälzung den Glauben
zu verletzen schien, steckten sie ihre eigenen Erkenntnisse zurück und verhielten sich loyal gegenüber der Kirche und deren Lehrmeinung.

Bezüglich der naturwissenschaftlichen Leistungen der Gesellschaft Jesu gäbe es noch vieles
zu berichten. Nicht unerwähnt bleiben soll **José
de Acosta** (1539–1600), Missionar und Geschichtsschreiber von Peru. Er ist 1553 in die
Gesellschaft Jesu eingetreten und wurde 1571
nach Peru geschickt, wo er als Theologieprofessor, Prediger und Missionar unter den Spaniern
und Indianern wirkte. Er verfasste zahlreiche
Schriften und natur- und kulturhistorische Werke über Lateinamerika, insbesondere über Peru.

Wegen seiner Naturgeschichte Lateinamerikas („Historia natural y moral de las Indias") wird er der „Plinius der Neuen Welt" genannt. In diesem seinem grundlegenden Werk, das eine wichtige Geschichtsquelle für das spanische Amerika ist, hat Alexander von Humboldt die Ansätze für die Geophysik gewonnen. Seine geografischen Studien führten Acosta dazu, die Existenz des Kontinents Australien zu behaupten, der damals noch nicht bekannt war. Seine medizinischen Studien über den Flug des Menschen haben den spanischen Jesuiten zum Begründer der Luftfahrtmedizin und Pionier der Raumfahrt gemacht.

Für Glaube und Gerechtigkeit

Auch Vorkämpfer für die Menschenrechte sind in den Reihen der Jesuiten zu finden: Friedrich Spee, der in seiner 1631 erschienenen „Cautio criminalis" Folter und Hexenprozesse anprangerte und damit viele Tausende Menschen vor dem Scheiterhaufen bewahrte, sowie Peter Claver, der sich für die Sklaven einsetzte, sind hierbei wichtige Personen.

Peter Claver wurde 1580 in Verdú in Katalonien geboren und erhielt seine erste wissenschaftliche Ausbildung bei seinem Onkel, dem Domherrn von Solsona. Er studierte im Jesuitenkolleg Barcelona und trat im Alter von 22 Jahren in den Jesuitenorden ein. Er absolvierte das zweijährige Noviziat in Tarragona und war anschließend drei Jahre im Jesuitenkolleg in Gerona, um sich in den klassischen Sprachen zu vervollkommnen. Während des Studiums der Philosophie auf Mallorca in den Jahren 1605–08 hielt er sich oft bei Bruder Alfonso Rodriguez auf, dem Klosterpförtner von Montesión, und wurde von diesem für die Mission in Südamerika begeistert. Nach zweijährigem Theologiestudium in Barcelona wurde Claver 1610 auf eigenen Wunsch nach Westindien geschickt. Nach eineinhalb Jahren in Santa Fé de Bogotá wurde er 1616 in Cartagena de Indias (im heutigen Kolumbien) zum Priester geweiht.

Und hier in Cartagena, einem der Hauptumschlagplätze des Sklavenhandels, lebte Peter Claver fast 40 Jahre. Er kümmerte sich sowohl um das körperliche als auch um das seelische Wohl der Einwohner und vor allem der Sklaven, die aus Afrika verschleppt worden waren. Claver machte sich zu ihrem Freund, Helfer und Beschützer, beschaffte ihnen Nahrung und Kleidung, sorgte für die Kranken, unterrichtete sie in christlichen Wahrheiten und taufte sie. Claver führte keinen Feldzug gegen den Sklavenhandel, den er verurteilte, sondern machte sich zum *Sklaven der Sklaven*, um ihr unmenschliches Los zu erleichtern. Seine Gelübdeformel hatte er unterzeichnet mit: *Petrus Claver, für immer Sklave der Sklaven.* Er war Seelsorger, Missionar, Arzt, Krankenpfleger, Almosensammler und Lehrer. Kurz vor seinem Tod sagte er, er habe während seines Wirkens in Cartagena nahezu 300 000 Neger getauft, also beinahe alle, die in diesen vier Jahrzehnten an diesem Ort ausgeladen wurden. Deshalb wurde Claver bereits zu seinen Lebzeiten als „Apostel der Neger" bezeichnet.

Während der Anfänge in Cartagena erlangte die erste Anklage gegen einen Jesuiten vor dem Tribunal der Inquisition der Stadt Berühmtheit. Der Jesuit Luis de Frias (1568–1620), der sich in Kolumbien für die Sklaven einsetzte, hatte in der Hauptkirche von Zaragoza, Antioquia, gepredigt und bezüglich der Feindesliebe gesagt: *Einem Schwarzen eine Ohrfeige zu geben ist eine größere Sünde, als sie einem Kruzifix zu geben. Denn eine Ohrfeige einem Neger geben bedeutet, sie einem lebendigen Abbild Gottes zu geben: wenn man sie einem Kruzifix gibt, so geschieht dies einem Balken oder einem Stück Holz, das ist ein totes Bild, nur eine äußere Darstellung von dem, was es sein soll.* Diese Ausdrucksweise ist kühn, lässt aber eine richtige Interpretation zu, wenn man von der Absicht absieht, Gott selbst zu beleidigen, was ein Schlag auf eine Abbildung Christi einschließt. Diese Predigt wurde bei der Inquisition, die verschiedene Sachverständige als Beurteiler ernannte, angezeigt. Die Äußerung

ten. Das Problem von über 70 Sprachen darf ihn nicht irritieren, sondern er soll ein Verzeichnis von Dolmetschern erstellen, denn diese tragen entscheidend zum Gelingen der Kontaktaufnahme bei. Die Aufteilung der Angekommenen in Sprachgruppen erleichtert das Helfen erheblich. Bei der ersten und entscheidenden Annäherung ist besonders behutsames Vorgehen und viel Geduld ratsam, um die *armen Kreaturen* nicht noch mehr zu verschüchtern.

Peter Clavers Verdienst ist es, dass er gegen die Gleichgültigkeit seiner Zeit ankämpfte und die Umtriebe mit dem Handel von Farbigen zur Kenntnis nahm und sie dann als Problem bewusst machte. Er rüttelte zur Tat auf. Denn es galt zunächst einmal, die Welt der Farbigen mit ihren religiösen und sittlichen Werten und ihren politisch-sozialen Besonderheiten in den Blick zu bekommen, um dann handeln und für sie tätig sein zu können.

Seit 1650 erschöpft und halb gelähmt, saß Peter Claver tagsüber in einem Lehnstuhl auf dem Chor der Kirche als Berater und Beichtvater. Er starb am 8. September 1654 und wurde in „seiner" Kirche in Cartagena begraben. 1851 selig gesprochen, sprach ihn Papst Leo XIII. 1888 heilig und ernannte ihn 1896 zum Schutzpatron aller Negermissionen. 1917 ernannte ihn Papst Benedikt XV. auf Bitten der Bischöfe Kolumbiens, wo der Heilige gewirkt hatte, zum zweiten Patron dieses Landes. Sein Fest wird am 9. September gefeiert.

1894 gründete die heilige Maria Theresia Ledóchowska die Peter-Claver-Solidalität, seit 1947 „Missionsschwestern vom heiligen Peter Claver". Sie unterstützen in jeder Weise die afrikanischen Missionen. 1985 wurde in Kolumbien der 9. September zu Ehren des heiligen Peter Claver zum „Tag der Menschenrechte" erklärt.

Zu den herausragendsten Gestalten des 17. Jahrhunderts gehört der Jesuit **Friedrich Spee**. Er war Lehrer für Moraltheologie, Seelsorger und Katechet, Professor für Philosophie, Domprediger, Liturgiker, Schriftsteller der christlichen Lebensgestaltung, Lyriker, Kirchenlieddichter, Pionier der deutschen Barockdichtung, Aufklärer, Befreiungstheologe und Gesellschaftskritiker. Er war zugleich Theologe wie auch engagiert in den

wurde als skandalös und häretisch beurteilt. Die Richter von Madrid, wohin die Streitfrage gebracht wurde, urteilten in der gleichen Weise.

Aus seiner langjährigen Erfahrung als *Sklave der Sklaven* gab Peter Claver einige praktische Hinweise für die Tätigkeit eines Missionars: Der Geistliche muss *erste Hilfe* leisten. Er darf dabei nicht warten, bis er gerufen wird, sondern er muss von sich aus auf den Straßen präsent sein, wenn die Ankunft von Sklaven vermutet wird. Er soll sich auf der Stelle der Kranken annehmen, denn sonst bleiben sie unbeachtet. Und er soll mit Ärzten und Chirurgen zusammenarbei-

sozialen Fragen der Zeit. Er hat kein theologisches Haupt- oder ein literarisches Gesamtwerk hinterlassen. Sein Leben und seine Bücher zusammen sind sein Lebenswerk.

Geprägt von rheinischer Liberalität und klarem Rechtsempfinden, wurde Friedrich Spee zum Vorkämpfer gegen den Hexenwahn und zum unbequemen Mahner seiner Zeit. Als scharfsinnig argumentierender Jurist wandte er sich in seinem Buch gegen Folter und Hexenprozesse, der 1631 anonym und ohne Druckerlaubnis des Ordens erschienenen „Cautio criminalis", gegen die kollektive Verblendung des Hexenwahns und forderte weltliche und kirchliche Obrigkeiten auf, Abhilfe zu schaffen. Das Werk sollte auf dem Feld des Rechts und der Moral Geschichte machen: es brach den Bann kollektiver Wahnideen und gehört zu den Büchern, die die Welt aufgeklärt und bewegt haben. Es hat den Namen Spees als Apostel der Humanität unsterblich gemacht. Mit seiner „Trutz-Nachtigall", einer erst nach seinem Tod veröffentlichten Sammlung von geistlichen Gedichten und Liedern, gehört er zu den bedeutendsten Dichtern des Barock und zu den ersten, die in deutscher Sprache dichteten. Seine früheste Schrift, das „Güldene Tugend-Buch", ist ein ignatianisch geprägtes, für Frauen geschriebenes Andachtsbuch, durch das er zur *Übung der Tugenden* im Alltag anleiten wollte. Die vielfach sehr originellen Übungen von Glauben, Hoffnung und Liebe bilden eine unerschöpfliche Fundgrube für die damals entsprießenden ersten Keime einer Laienspiritualität.

Friedrich Spee, am 25. Februar 1591 in Kaiserswerth bei Düsseldorf in einer adeligen Familie geboren, war eigentlich mit den Erwartungen in die Gesellschaft Jesu eingetreten, in die Mission nach Indien entsandt zu werden. Doch dieser Wunsch wurde vom Ordensgeneral abgelehnt. Dafür begann Spee 1623 mit einer Lehrtätigkeit in Philosophie an der Universität von Paderborn. Der Wunsch, sich der Seelsorge und Krankenpflege in den Lazaretten der ausländischen Soldaten widmen zu dürfen, wurde ihm ausgeschlagen, denn das Problem der Ketzer im konfessionell gespaltenen Deutschland schien dringlicher. 1626 musste er wegen des

Ausbruchs der Pest Paderborn verlassen. Ein Jahr später wurde er vertretungsweise als Lehrer an das Gymnasium Tricoronatum nach Köln gesandt. Aus dieser Zeit sind die ersten Spannungen mit den Ordensoberen bekannt. Der Kölner Provinzial Hermann Baving legte beim Ordensgeneral in Rom Beschwerde darüber ein, dass Spee Einrichtungen des Ordens kritisiere. Jedenfalls wurde Spee nicht zu den Letzten Gelübden zugelassen, die die endgültige Aufnahme in den Orden bedeuten. Im Jahr darauf, 1628, schickten die Oberen Spee als Missionar der „Religionsreformation" in das überwiegend protestantische Peine bei Braunschweig. Nachdem er 1629 auf einem Ritt in den Gottesdienst über-

P. FRIDER. SPE.

fallen und schwer verletzt worden war, was seine Gesundheit bis an sein Lebensende beeinträchtigte, wurde er zurückgezogen und kam wieder in das Paderborner Kolleg, um dort als Professor für Moraltheologie zu lehren. Spee war wohl nicht in jeder Hinsicht ein bequemer Jesuit, sondern hatte manche eigenständigen Ansichten, die ihm Schwierigkeiten im Orden machten. Durch Ansteckung bei der Pflege von Pestkranken starb Spee am 7. August 1635 im Alter von nur 44 Jahren in Trier. Hier wurde er in der Jesuitenkirche begraben, wo man erst 1980 sein Grab wiederentdeckte.

Friedrich Spee war ein unerschrockener Kämpfer gegen die Unmenschlichkeit seiner Zeit, gegen Dummheit und Aberglaube, gegen Neid und einen Sadismus, der bei hoch und niedrig in der Mentalität seiner Zeit sein furchtbares Unwesen trieb. Er prangerte die Verlogenheit und Grausamkeit des damaligen Strafvollzuges an. Besondere Beachtung verdient er als der erste große Kämpfer gegen den Hexenwahn. Im Frühmittelalter bekämpfte die Kirche die Reste heidnischer Kultur als Zauberei und Hexenwesen. Im Spätmittelalter steigerte sich durch einige scholastische Theologen der Hexenglaube zum Hexenwahn, was sich verhängnisvoll auswirkte, ganz besonders wegen des von zwei Dominikanern 1487 verfassten „Hexenhammers" („Malleus maleficarum"). Die fast ausschließliche Verbindung des Begriffes „Hexe" mit dem weiblichen Geschlecht erfolgt nachweislich erst dort. Die Frau als Hexe bildete das eigentliche Thema des „Hexenhammers". Ein völlig verzerrter Aberglaube war an die Stelle des christlichen Glaubens getreten. Diese Auffassung einer greifbaren Wirklichkeit der Dämonenwelt, die in Hexerei und Zauberei fassbar wurde, forderte nun auch weltliche Bestrafung. Die päpstliche Inquisition entwickelte Prozessprinzipien, die für die bis ins 17. Jahrhundert hinein anschwellende Flut von Hexenverfahren maßgeblich wurden. Unter dem Einfluss des „Hexenhammers" setzte eine Hochflut von Hexenverfolgungen ein. Erleichtert wurde diese Massenverfolgung durch das Eindringen des römisch-rechtlichen Inquisitionsprozesses und der Folter. Die in der Folter erpressten Geständnisse förderten den

Hexenwahn immer aufs neue. Diese schreckliche geistige Seuche der Hexenprozesse hatte zur Zeit Spees einen gewissen Höhepunkt erreicht.

Für Spee war der Hexenglaube eine Wahnidee. Er nennt die Folterpraxis seiner Zeit einen Rückfall in die Zeit des Nero, aus Gefolterten seien folternde Christen geworden. Von der Befürchtung gedrängt, dass die Scheiterhaufen auf immer mehr unschuldige Menschen übergreifen, verfasste er die „Cautio criminalis oder Rechtliches Bedenken wegen der Hexenprozesse", eine Mahnschrift, in der er die ungerechten Hexenverbrennungen anprangert. Er widmet dieses Buch den Obrigkeiten Deutschlands und, wie er in seiner Vorrede bemerkt, vor allem denen, die es nicht lesen werden. Angeborener Gerechtigkeitssinn, klares Urteil und ausgedehnte Erfahrung als Beichtvater von Verurteilten und Angeklagten, namentlich aber inniges Mitleid machten den Verfasser zum Anwalt der Unglücklichen und ließ ihn die ganze Widersinnigkeit und ungerechte Grausamkeit der herrschenden Methoden im Hexenrecht aufzeigen.

In der „Cautio criminalis", dieser im Ton leidenschaftlichen Streitschrift wider den Hexenglauben und die Praxis der Prozesse in Deutschland kann der Verfasser nicht Recht setzen, er kann nur an die Vernunft, die Menschlichkeit und das christliche Gewissen seiner Leser appellieren, wobei er besonders die Fürsten als die Träger der Gerichtsbarkeit im Auge hat. Doch ist es ihr zu verdanken, dass ein Prozess des Umdenkens eingeleitet wurde und vor allem, dass viele tausende Menschen den Weg zum Scheiterhaufen nicht mehr antreten mussten. Die „Cautio criminalis", diese Handreichung Spees vom ersten Drittel des 17. Jahrhunderts scheint zum Schutz der Menschenrechte heute nicht minder aktuell zu sein.

Mag Friedrich Spee auch in vielem wie die Menschen seiner Zeit empfunden haben, in seinem Denken war er ihr voraus und steht uns heute näher, als wir glauben. Seine Einstellung zur Welt, sein Verhalten zu den Menschen, sein Mut, dem eigenen Gewissen zu gehorchen, und sein sozialer Einsatz passen in jede, auch in unsere Zeit.

III.

(Welt-)Mission und „Jesuitenstaat in Paraguay"

Das Missionsideal des Jesuitenordens geht auf seinen Gründer Ignatius von Loyola zurück und lässt sich als Missionsbereitschaft aller kennzeichnen. Jedes Ordensmitglied verpflichtet sich durch das Gehorsamsgelübde auf das dreifache apostolische Ordensziel: Glaubensvertiefung, Glaubensverteidigung, Glaubensausbreitung. Die Glaubensausbreitung steht gleichberechtigt neben den beiden anderen Zielen; somit ist das Gehorsamsgelübde auch Missionsgelübde und die Berufung zur Gesellschaft Jesu auch Missionsberufung. Der Umfang dieser Missionsverpflichtung für die einzelnen Mitglieder wird von Ignatius genau festgelegt: persönliche Bereitschaft aller, auf den Befehl des Papstes und der Ordensoberen auch zu den Andersgläubigen zu gehen. Wer die körperliche und geistige Eignung besaß, konnte von seinem Oberen in die Mission entsandt werden.

Die Gesellschaft Jesu wurde bald nach ihrer Gründung der größte Missionsorden. Ignatius von Loyola leitete trotz der weiten Entfernung alle Aussendungen der Jesuiten, in welche entlegenen Länder diese auch führten. Briefe wahrten den Kontakt und waren ein wirkungsvolles Mittel zur Erhaltung der geistigen Einheit. Die in der römischen Ordenszentrale eingehenden Briefe und Berichte aus Indien, Japan und anderen Missionsgebieten wurden gesammelt und gedruckt. Die Nachrichten über die Missionstätigkeiten wurden so in ganz Europa verbreitet. Zum einen diente dies dazu, den Angehörigen und Freunden in der Heimat Trost zu spenden. Zum anderen wurden dadurch Kenntnisse über die bislang unbekannten Länder vermittelt und Interesse an der Mission geweckt, so dass der personelle Nachschub gesichert war.

Die Missionsmethode der Jesuiten war neu: Sie überwanden die Überlegenheitsmentalität der christlichen Eroberer, indem sie versuchten, sich im Respekt vor den Menschen den Sitten, Sprachen und Denkweisen eines Volkes anzupassen und sich aller natürlicher Mittel zu bedienen, um Kultur und Mentalität des fremden Landes nicht zuwiderzuhandeln. Die Kunst der Anpassung („Akkomodation") wurde das Geheimnis für die Erfolge der Jesuitenmissionare.

Wie sehr der Missionsgedanke mit der Gesellschaft Jesu verbunden war, zeigen auch über 15 000 Bittbriefe um die Sendung in die Mission aus den verschiedenen Ordensprovinzen an den jeweiligen Generaloberen in Rom aus den Jahren 1585–1772. Dieser Missionswille blieb bis in die Tage der Aufhebung des Jesuitenordens 1773 lebendig. Mit der allgemeinen Wiederherstellung des Ordens 1814 durch Papst Pius VII. erwachte auch die alte Missionsbegeisterung wieder. In kurzer Zeit waren die Jesuitenmissionare wieder in aller Welt; die moderne Jesuitenmission steht an Ausdehnung und Vielseitigkeit der alten Zeit nicht nach.

Die Missionierung des Ostens begann 1541, als Franz Xaver sich als erster Jesuitenmissionar nach Indien einschiffte. Er setzte Maßstäbe durch eigenes Vorbild und die Art und Weise der Verkündigung im Eingehen auf die vorgefundenen Werte. Er wurde zum Vorbild jener Missionare, die damals die Botschafter der europäischen Kultur waren. Er ist der erste in der langen Reihe der Jesuitenmissionare, die zwei Jahrhunderte lang auf ihre Art Menschen aus den Völkern des Ostens für das Christentum gewannen. Er hat mit seinem Elan, seinem baskischen Temperament, seinem organisatorischen Talent und seinem gesunden Optimismus die Tore geöffnet zur indischen, indonesischen, japanischen und chinesischen Welt, die Wege gewiesen für die alle Erdteile umspannende neuzeitliche, von der Akkommodation geprägte Mission.

Indien

Robert de Nobili, 1577 in Montepulciano in der Toskana geboren, ist einer der bedeutendsten Indienmissionare. 1604 nach Indien entsandt, kam er über Goa und Cochin nach Madura, seiner Wirkungsstätte. Durch den Misserfolg seines Vorgängers Gonsalvo Fernandez belehrt, wollte er den Indern ein Inder werden, um die Inder zu gewinnen. Das Christentum galt damals in Madura als die nationale Religion der Europäer, streng genommen der verhassten und verachteten Portugiesen, und wurde deshalb von den besseren Ständen der Hindus verabscheut. De Nobili wurde selbst Brahmane, trug das gelb-rötliche Gewand eines Sannyassin (indischen Büßers), übernahm deren strenge Lebensweise, erlernte die einheimische Sprache fließend und kannte sich in den schwierigen Sanskrittexten aus. Er gewann ein solches Ansehen, dass sich viele vornehme Inder der höchsten Kaste taufen ließen.

Den Neuchristen gestattete de Nobili das Beibehalten verschiedener Gebräuche: sie durften die Abzeichen ihrer Kasten, die heilige Schnur der Brahmanen, die Frisur und Stirnbemalung beibehalten und die üblichen Waschungen weiterhin vornehmen. Daran Anstoß nehmend, verklagte ihn ein portugiesischer Mitbruder bei den Oberen. Doch der Ordensgeneral und auch der Erzbischof von Goa entschieden zu seinen Gunsten. Da die Gegner sich nicht geschlagen gaben, kam es zu einer Anklage und die Akten wurden nach Rom gesandt. Nach Prüfung derselben entschied Papst Gregor XV. 1623, dass die bisher verdächtigen Gebräuche mit den nötigen Einschränkungen gestattet seien. De Nobilis Akkommodationsmethode, nunmehr durch Rom bestätigt, wurde die Grundlage der indischen Mission. De Nobili baute seine Methode weiter aus durch die Einführung der Missionare für niedrige Kasten.

Nach vier Jahrzehnten apostolischer Arbeit und strengsten Büßerlebens waren die Kräfte des stets kränkelnden Brahmanenmissionars erschöpft. 1645 wurde er nach Ceylon und schließlich nach Mylapore versetzt. Dort verlebte er, ganz erblindet, seine letzten Jahre. Er starb am 16. Januar 1656.

Robert de Nobili SJ

Gemälde eines unbekannten Meisters, 18. Jh, aus dem ehemaligen Jesuitenkolleg St. Salvator in Augsburg Benediktinerabtei St. Stephan Augsburg © SJ–Bild

R.P. ROBERT° DE NOBILIB° Politian° &d genere, pieta-
ac doctrir a æquè Nobilis, apud Madurenfes 45.annis
Chrifti legem prædicavit, folis herbis, & lacticiniis victitans
Brachmannoru affumpto habitu plures Chrifto lucri-
fecit. obiit Meliapor. 16.Jan.1656

China

Nach China zu gelangen ist genauso utopisch, wie den Mond zu erreichen, verkündete noch 1580 der spanische Franziskaner Pietro da Alfaro. Es gab zwar ältere Berichte über einen Landweg nach China, die legendäre „Seidenstraße", aber sie wurde nicht mehr begangen.

Franz Xaver starb 1552 vor den Toren Chinas, ohne sein Ziel erreicht zu haben, das chinesische Festland zu betreten. Seine letzten Worte waren: *Herr, ich suche Zuflucht bei dir. Lass mich doch niemals scheitern!* (Ps 71,1) Franz Xaver ist nicht gescheitert, denn andere Mitbrüder haben seinen Traum weitergeträumt. Im Todesjahr Franz Xavers wurde am 6. Oktober 1552 **Matteo Ricci** im italienischen Macerata geboren, der große Bahnbrecher der neuzeitlichen Missionsmethode. Ihm gelang, was Franz Xaver versagt geblieben war, das verschlossene „Reich der Mitte" zu betreten. Der Sohn vornehmer Eltern besuchte das Jesuitenkolleg seiner Vaterstadt und studierte Jura, Theologie und Philosophie in Rom, wo er 1571 in den Jesuitenorden eintrat. Die größte Gabe des Mathematikers und Astronomen Ricci war sein Gedächtnis, mit dem er seine Umwelt verblüffte: 400 nicht in einem logischen Zusammenhang stehende Schriftzeichen wiederholte er, vor- und rückwärts, nachdem er sie nur einmal gelesen hatte. Er verfasste Abhandlungen über die Gedächtniskunst, die Freundschaft und den wahren Herrn des Himmels. Seine Weltkarte machte ebenso die Runde wie seine Uhren, die eine genaue Zeit anzeigten.

1583 reiste Matteo Ricci nach China. Er ist der eigentliche Begründer der Akkommodationsmethode. Er lernte die Landessprache und studierte die chinesische Literatur. Statt seines christlichen nahm er einen chinesischen Namen, Li Madou, an und kleidete sich wie ein Gelehrter des Landes. Er übernahm die Lebensgewohnheiten und Umgangsformen chinesischer Gelehrter, mit denen er Beziehungen pflegte. Er tat alles, um den Eindruck zu vermeiden, das Christentum sei ein europäischer Import. 1597 wurde Ricci Oberer der chinesischen Mission und unternahm ein Jahr später den Versuch, in Peking

festen Fuß zu fassen. Aber erst ein zweiter Vorstoß hatte Erfolg: Am 24. Januar 1601 traf die kaiserliche Erlaubnis ein, die ihm die Tore Pekings öffnete. Dank seiner genialen Fähigkeiten auf allen Gebieten der Wissenschaft, besonders auch der Physik und Astronomie, gewann er Freunde bis hinauf zum Kaiserthron. Den ständigen Aufenthalt in Peking eröffneten ihm mechanische Uhren, die er dem Kaiser als Geschenk überreicht hatte. Den Mechanismus, die Uhren in Gang zu bringen und zu halten, behielt sich Ricci selbst vor. Seine letzten neun Lebensjahre benützte er zu wissenschaftlichen Arbeiten im Dienste des Kaisers, besonders auf dem Gebiet der mathematischen Erdkunde, Kosmographie, Astronomie und Kartographie. Er starb am 11. Mai 1610 in Peking.

Wie Ricci stellten auch die übrigen Chinamissionare die Akkommodationsmethode und die Wissenschaft in den Dienst christlicher Glaubensverkündigung. Durch ihre Arbeit als Astronomen, Kartographen, Mathematiker, Künstler und Techniker konnten sie das Vertrauen des Kaisers gewinnen und ihn 1692 dazu bewegen, das Christentum als Religion in China offiziell anzuerkennen. Aufgrund ihrer wissenschaftlichen Qualifikation leiteten Jesuiten über Jahre das „Astronomische Amt" in Peking und reformierten den chinesischen Kalender, an dem sich das staatliche und bürgerliche Leben orientierten. Dadurch konnten sie angesehene Chinesen für das Christentum gewinnen und bei Verfolgungen manches Unheil von Gläubigen abwenden.

Zwischen 1661 und 1722 waren insgesamt 463 Jesuiten in der China-Mission tätig, von denen 80 aus dem Land selbst stammten. 150 Jahre lang konnten sich die Missionare aus der Gesellschaft Jesu am Hof des chinesischen Kaisers unentbehrlich machen, indem sie zahlreiche Instrumente anfertigten, die den Vorzug hatten, dass sie präziser waren als die bis dahin in China benutzten. Diese wissenschaftlich-technischen Arbeiten verschlangen zwar die besten Kräfte, die kaum unmittelbar missionarisch tätig sein konnten. Dennoch kamen sie der Mission zugute, denn die Unentbehrlichkeit der Pekinger Jesuiten als Experten auf vielen Sektoren und als Vermittler europäischer Wissenschaft bewirkte, dass die Mission im großen und ganzen stillschweigen toleriert wurde. Trotz zeitweiser Verfolgungen und trotz des Wechsels der Dynastien wuchs die Kirche rasch. Im Jahr 1692 erließ der Kaiser ein Toleranzedikt, 1697 wurde das Christentum sogar den einheimischen Kulturen gleichgestellt. Die Zahl der Getauften, darunter viele Chinesen höherer Stände, betrug 300 000. Leider wurde diese hoffnungsvolle Mission mit einem Mal bedroht: der „Ritenstreit" brach aus.

Der langwierige **„Ritenstreit"** war die Auseinandersetzung um die Erlaubtheit chinesischer Zeremonien, wie sie etwa zur Verehrung der Ahnen oder entsprechend der Lehren des Konfuzius üblich waren und zu den allgemein anerkannten Bürgerpflichten gehörten. Es ging dabei um die Frage, ob diese Riten religiösen Charakter besäßen oder rein bürgerliche Pflichten seien.

Die Inquisition des Heiligen Stuhls wurde mit Anklagen gegen die Jesuiten überlaufen. Man beschuldigte die am Pekinger Hof wirkenden Patres, sie hätten sich in ihrer Eigenschaft als Mitglieder des mathematischen Tribunals mit der Bestimmung von Glücks- und Unglückstagen im Kalender abgegeben; dies bedeute die Förderung eines verwerflichen Aberglaubens und sei völlig unzulässig. Beim Lesen der Messe trügen sie, gegen alle kirchlichen Vorschriften, eine Kopfbedeckung nach der Art des alten chinesischen Gelehrtenbaretts, und sie läsen die Liturgie und das Brevier nicht in lateinischer, sondern in chinesischer Sprache. Bei der Taufe von Frauen unterließen sie die erforderliche Ölung an den Nasenlöchern, Schultern und an der Brust mit der fadenscheinigen Begründung, dass die Chinesen die Berührung des weiblichen Körpers durch Fremde nicht dulden wollten.

Die Tolerierung des Ahnenkultes, dass nämlich bei den Totenfesten Papierstreifen verbrannt und auf Tischen Fleisch und Wein für die Seelen der Verstorbenen aufgestellt wurden, war Hauptgegenstand des „Ritenstreites" geworden. Während die meisten Jesuiten Zugeständnisse machten, verurteilten Chinamissionare anderer Orden, vor allem die Dominikaner und Franzis-

kaner, die 1631 beziehungsweise 1633 ins Land gekommen waren, dies als Götzendienst und Aberglauben und lehnten die Auffassung der Jesuiten ab, es handle sich um eine bürgerlich-familiäre Pietätsbezeugung. Papst Clemens XI., nur unzureichend und einseitig informiert, entschied sich gegen die Jesuiten, erließ 1693 ein Verbot von „Tian" (Himmel) und „Shangdi" (höchster Herrscher) als Gottesnamen und untersagte den Christen die Ahnen- und Konfuziusverehrung. Damit wurde der Niedergang der China-Mission eingeleitet. Papst Benedikt XIV. erließ 1742 ein endgültiges Verbot dieser Art der Verkündigung, das erst 1939 aufgehoben wurde.

R.P. MATTHÆ? RICCI? Maceratenſ Ital?
S.J. primus in Sinas Chriſti fidem invexit, maximus in orbe Aſtrologus ibidem habito obiit Peckini cum sanctitatis laude 11. Maij 1610 ætat.ʰ 58. Relig. 38 miſſ. 27. Sinarum sapientiſſimis etiamnum ſumo in pretio, & doctrinæ regula.

Matteo Ricci SJ
Gemälde eines unbekannten Meisters, 17. Jh, aus dem ehemaligen Jesuitenkolleg in Ingolstadt
Stadtmuseum Ingolstadt
© SJ-Bild

Nordamerika

Die großen Entdeckungsreisen in der ersten Hälfte des 16. Jahrhunderts rückten den neu entdeckten amerikanischen Kontinent mit seinen sagenhaften Schätzen in den Mittelpunkt des Interesses der europäischen Fürsten- und Königshäuser in Spanien, Portugal, Frankreich und England. Mit den Entdeckern und Eroberern kamen bald auch Missionare in die „Neue Welt".

Der am 10. August 1645 in Südtirol geborene **Eusebio Kino** besuchte die Jesuitenkollegien in Trient und anschließend in Hall/Tirol. Dort erkrankte er schwer und gelobte, dass er, wenn er wieder gesund würde, gleichsam wie Franz Xaver in die Mission gehen werde. Nach seiner Genesung trat er 1665 in die Gesellschaft Jesu ein. Von seinen Oberen wurde er allerdings nicht für China bestimmt, sondern 1678 für die Indianermission in Nordmexiko (heute Vera Cruz/Mexiko). 1681 kam er in Pimeria Alta an, dem Land der Pima-Indianer, im heutigen Gebiet Sonora, Arizona und Niederkalifornien, wo er 30 Jahre als Missionar, Forscher, Bauer, Viehzüchter, Baumeister, Mathematiker, Astronom und Kartograph verbrachte. Er war einer der ersten Europäer, der durch dieses Gebiet ritt, das damals nichts anderes als ein großer weißer Fleck auf der Landkarte war. Ein Großteil seines Missionsgebietes liegt heute noch in den USA.

Eusebio Kino war der erste moderne Astronom in der Wüste Arizonas. Er hatte sich der Astronomie und Kartographie gewidmet in der Hoffnung, sich durch dieses Fachwissen Zugang zu China zu verschaffen. Aber auch als sein Missionsgebiet nun nicht der Ferne Osten, sondern die Neue Welt wurde, machte sich dieses Wissen bezahlt: Er finanzierte seine Überfahrt durch den Bau astronomischer Geräte und machte sich in Mexiko 1681 durch ein Werk über Astronomie einen Namen.

Kino erforschte in 50 Vorstößen die Stromgebiete des Colorado und des Gila und bewies, dass Niederkalifornien keine Insel, sondern eine Halbinsel ist. Er zeichnete 1701 eine Karte von Niederkalifornien und Pimeria Alta und machte astronomische Beobachtungen. Er lehrte den Indianern neue Anbaumethoden und verfasste ein Wörterbuch einer der Hauptsprachen der Indianer. Man rühmte seine Unternehmungslust und Klugheit, seinen Eifer, seine Bedürfnislosigkeit und seine Heiterkeit. Da er ständig zu Pferd unterwegs war, nannte man ihn nur den „reitenden Padre". Die bekehrten Indianer verehrten den kühnen Reiter und sorgten für seinen Schutz. Kino gründete viele Missionsstationen, zuletzt in Magdalena (heute Magdalena de Kino/Mexiko), wo er am 15. März 1711 in einem Nebenraum der Franz Xaver-Kapelle plötzlich starb.

Eusebio Kino SJ

Reiterstandbild am Kino–Parkway in Tuscon, Arizona
© SJ–Bild

Nordamerika

Südamerika

Die Frage nach einer Jesuitenmission in Südamerika tauchte zum ersten Mal 1540 auf, als Juan de Artega, der ehemalige Gefährte des Ignatius von Loyola in Barcelona und Alcalá, zum Bischof von Chiapas in Mexiko ernannt wurde. Er schrieb darauf an Ignatius und bot sein Amt einem Mitglied des neuen Ordens an. Doch Ignatius wies dieses Angebot ab, da schon damals klar war, dass die Gesellschaft Jesu auf kirchliche Würden verzichten werde.

Die einzige Erwähnung Lateinamerikas findet sich in einem Brief des Ignatius vom 12. Januar 1549 an die Patres Francisco Estrada und Miguel de Torres: *Entsendet Brüder nach Mexiko! Wenn Ihr es für nötig haltet, sorgt dafür, dass sie erbeten werden oder sendet sie so.* Aber die Aussendung fand zu Lebzeiten des Ordensgründers nicht mehr statt. Erst sein übernächster Nachfolger als Generaloberer des Ordens, Franz Borja, war es, der am 28. September 1572 erstmals 15 Jesuiten unter der Führung von Pedro Sanchez nach Mexiko schickte. Ihre Tätigkeit erstreckte sich auf die Seelsorge und Schule in den Städten mit deren nächster Umgebung und Missionsarbeiten bei den Indios.

Eine Mission, die bereits zu Lebzeiten des Ignatius als sehr viel versprechend eröffnet wurde, war die von **Brasilien**. Pater Simon Rodrigues wollte zunächst selbst dorthin gehen, bestimmte dann aber seinen Ordensmitbruder Manuel de Nóbrega mit weiteren fünf Jesuiten dazu. Sie schifften sich am 1. Februar 1549 in der Flotte des Generalgouverneurs Tomás de Souza ein und gingen am 29. März in Bahía an Land, wo Pater de Nóbrega durch Gründung einer Schule für die Portugiesen und durch Katechese bei den Indios die Hauptaufgaben ihrer zukünftigen Kulturarbeit anbahnte. An dieser ersten Missionsreise nahm auch ein Scholastiker teil namens Juan de Azpilcueta. Er war ein Neffe des berühmten Dr. Martin de Azpilcueta aus Navarra, eines Verwandten Franz Xavers.

1553 erschien Verstärkung, die aus drei Patres und vier Brüdern bestand, unter ihnen der spätere „Apostel Brasiliens", **José de Anchieta**, damals ein junger Mann von 19 Jahren. Er war am 19.

März 1534 in La Laguna auf Teneriffa als Sohn einer Familie aus Urrestilla in Guipúzcoa geboren, die mit der Familie des Ignatius verwandt war. Er starb am 9. Juni 1597 in Reritiba, heute Anchieta, im heutigen Staat Espirito Santo südwestlich von Vitoria (Brasilien).

Am 9. Juli 1553 ernannte Ignatius Manuel de Nóbrega zum Provinzial der neuen Jesuitenprovinz Brasilien. Diese bestand zunächst aus 30 Patres und Brüdern, die über Pernambuco, Porto Seguro, Rio de Janeiro, Sao Vincente und das Dorf Piratininga verteilt waren. Die Tätigkeit der Jesuiten war geteilt zwischen Schule und Mission. In den Hauptstädten entstanden blühende Kollegien und Seminare, von denen aus sich zahlreiche Missionsstationen in das Innere ausdehnten. In dem Dorf Piratininga wurde 1554 das Kolleg São Paulo gegründet. Es entwickelte sich unter der Leitung José de Anchietas so gut, dass es der Niederlassung und Provinz, der heutigen Stadt und dem Staat São Paulo seinen Namen gab.

In Rio de Janeiro gründete de Anchieta eine Missionsstation, eine Kirche und ein Hospital und setzte sich besonders für die Leprakranken ein. Neben seiner Missionstätigkeit war er auch Schriftsteller. Er schrieb religiöse Dramen und Dialoge in Latein, bei denen er durch ein Zwischenspiel in der Indianersprache diese auch für die Einheimischen verständlich machte. Rasch erlernte er die Sprachen des Südens und verfasste die erste Grammatik der Tupi- und Guaraní-Sprache, dazu ein Wörterbuch und einen Katechismus in der Eingeborenen-Sprache. 1578–1586 war er Provinzial von Brasilien. Oft kam er in der unerforschten Natur in Lebensgefahr, aber immer gelang es ihm durch seine Persönlichkeit und seine Beredsamkeit, die Indios für sich zu gewinnen und Frieden zu stiften. José de Anchieta gilt als einer der größten Männer Brasiliens zur Kolonialzeit und wird als Indianerapostel, Nationalheiliger und erster Vertreter der brasilianischen Kulturgeschichte und Literatur gefeiert. Am 22. Juni 1980 wurde er von Papst Johannes Paul II. selig gesprochen. Sein Fest wird am 9. Juni gefeiert.

Der „Jesuitenstaat in Paraguay"

Die tropische Vegetation Südamerikas konnte 210 Jahre fast ungehindert die Überreste eines großen Gemeinwesens, das man wegen seiner Ausdehnung und seiner geordneten Verhältnisse einen Staat genannt hat, den „Jesuitenstaat in Paraguay", überwuchern. Nach dem Zweiten Weltkrieg wurde dieses missionarische Werk des 17. und 18. Jahrhunderts durch Fritz Hochwälders Drama „Das Heilige Experiment" (1947) neu bekannt. Das missionarische Unternehmen, das von 1610 bis 1767 Hunderttausenden von Indianern Sicherheit, Heimat und eine neue Identität als Volk gegeben hat, wurde nicht von der Natur zerstört, sondern durch ein Dekret des spanischen Königs Karl III. vom 2. Februar 1767. Durch diesen Erlass wurden alle Jesuitenmissionare aus den kolonialen Besitzungen Spaniens vertrieben. Misswirtschaft und Unsicherheit führten bald zur Auflösung der Dörfer. Spätere Kriegseinwirkungen, Diebstahl und die Witterung taten im Lauf der Zeit das ihre, um die letzten Überreste des Heiligen Experimentes zu vernichten.

Schon auf den ersten Entdeckerschiffen kamen auch Priester und Missionare in die neue Welt. Franziskaner, Dominikaner und Jesuiten versuchten die Missionierung der Indios zuerst nach Art von Wanderpredigern. Unter Lebensgefahren zogen Einzelne ins unwegsame Hinterland, predigten und bekehrten und zogen nach abgehaltener Taufe weiter. Doch das rasch gepredigte Christentum verging ebenso schnell. Als dann 1606 die neue Jesuitenprovinz von Paraguay gegründet wurde, kam als erster Provinzial Diego Torres ins Land, der schon unter den Indios in Peru, am Titicacasee missioniert hatte. Er wurde der Initiator und Organisator des Heiligen Experimentes. In einer Instruktion legte er bereits alle wesentlichen Grundzüge der späteren „Reduktionen" fest: Man solle die frei schweifenden Indianer in Siedlungen zusammenführen (spanisch: reducir), um ihnen Sicherheit vor den Kolonialherren zu geben, sie kulturell höher zu führen und ihre Bekehrung zum Christentum zu betreiben. Vier Jahre später entstand die erste Reduktion.

In Südamerika, in Teilen der heutigen Staaten Paraguay, Brasilien, Argentinien und Uruguay, versuchten Jesuitenmissionare ab dem Jahr 1585, Urwaldbewohner in festen Dörfern, den so genannten „Reduktionen" „zusammenzufassen" (spanisch: reducciones/reducir). Diese Reduktionen blühten bald auf und waren auch auf wirtschaftlichem Gebiet erfolgreich. Das eigentliche Ziel aber blieb die Bekehrung der Indios zum Christentum, die zivilisatorische Arbeit ein Mittel zum Zweck.

Ab 1610 gab es den so genannten „Jesuitenstaat in Paraguay". Dieser eigentliche „christliche Indianerstaat", der die Siedlungen südlich von Asunción im heutigen Paraguay umfasste, bildete den Kern der Reduktionen. Beim „Jesuitenstaat in Paraguay" handelte es sich um den Versuch, zusammen mit der Bekehrung der Indios sie wirtschaftlich und kulturell zu fördern und ein christliches Sozialsystem einzuführen, um die Indios so vor der Ausbeutung ihrer spanischen Kolonialherren zu schützen. Die Bewohner der Reduktionen lebten weitgehend von der Landwirtschaft, wobei der Boden und sein Ertrag Gemeineigentum waren. Die weitgehend autarken Reduktionen unterstanden dem spanischen Vizekönig und waren tributpflichtig.

Für den „Jesuitenstaat" waren folgende Grundsätze charakteristisch: Gemeinsamkeit der Produktionsmittel und Konsumgüter, Beseitigung der Geldwirtschaft, der Achtstundentag und allgemeine Arbeitspflicht, staatliche Erziehung der Kinder, freie Berufswahl, Versorgung der Hilfsbedürftigen und Gleichheit aller Bürger. Die Leitung einer Reduktion lag in den Händen von meist zwei Jesuiten. Für die Rechtsprechung und Aufrechterhaltung der Ordnung waren die Indios selbst zuständig.

Der Anteil deutscher Jesuitenmissionare bei Aufbau und Entwicklung der Reduktionen ist ganz erheblich. Vom Ende des 17. Jahrhunderts bis zur Vertreibung der Jesuiten 1767/68 waren etwa ein Viertel der in den Reduktionen arbeitenden Jesuiten (insgesamt etwa 120) „Deutsche", das heißt aus dem Heiligen Römischen Reich oder der Schweiz stammend. Nicht nur als Missionare, sondern auch als Musiker, Orgelbauer, Handwerker und Architekten haben sich viele dieser Jesuiten unschätzbare Verdienste erworben. Der materielle Fortschritt in den Reduktionen, speziell im Bereich von Handwerk und Architektur, ist zu einem großen Teil dem Wirken von deutschsprachigen Jesuiten zu verdanken. Einige dieser Patres haben nicht nur gearbeitet, sondern auch geschrieben. Ihre Berichte, zum Teil erst später aus Privatbriefen zusammengestellt oder überhaupt erst in unseren Tagen veröffentlicht, zählen zu den bedeutendsten historischen Quellen über das Leben in den Reduktionen und zu den Anfängen der modernen Ethnologie.

Alle Reduktionen waren nach dem gleichen Schema angelegt, das sich an portugiesische und spanische Städte im Mutterland anlehnte: Die Mitte der Ortschaft bildete ein in der Regel quadratischer Platz mit einem Kreuz oder einer Statue in der Mitte, um den sich die Gebäude im Geviert gruppierten. Die Nordseite des Gevierts bestand aus den öffentlichen Gebäuden, die in sich wieder einen geschlossenen Komplex bildeten. In deren Mittelpunkt stand stets die Kirche. Die Ausmaße der Kirchen entsprachen denen der größten im damaligen Europa. Einige tausend Menschen, praktisch die ganze Gemeinde, konnten gleichzeitig am Gottesdienst teilnehmen. Rechts von der Kirche lag meist der Friedhof, daneben das Witwenhaus, von dem ein Teil als Spital verwendet wurde. Auf der anderen Seite lag das Wohnhaus der Patres, das Kolleg, das zugleich die Schule enthielt. Neben diesem

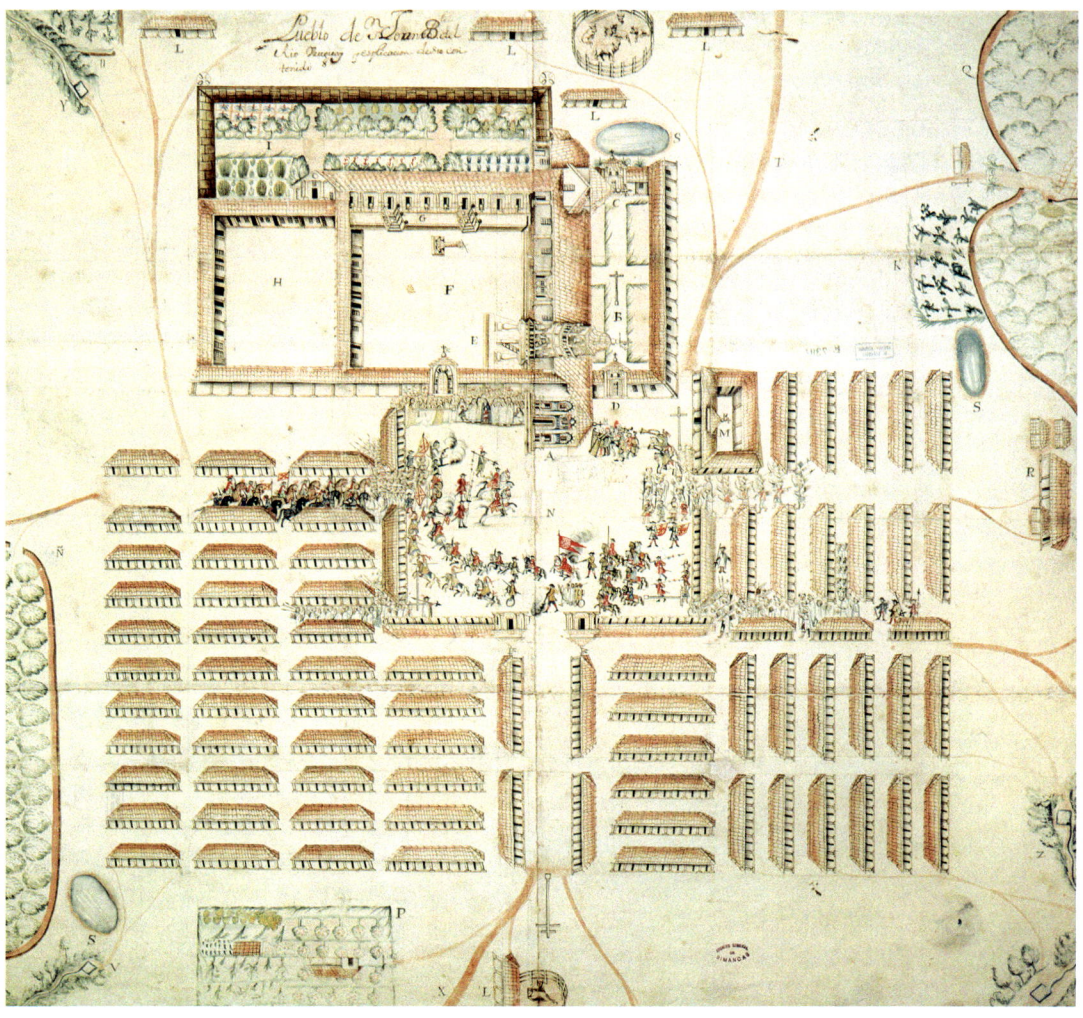

Ansicht der Guaraní-Mission San Juan Bautista (Brasilien), Mitte 18. Jh

koloriertc Federzeichnung
Archivo General de Simancas
© SJ-Bild

erhob sich das Volkshaus mit den Getreidespeichern und den Werkstätten der Handwerker, Schneiderei, Schreinerei, Schlosserei, Buchdruckerei und so weiter, und der Missionare. Hinter diesen Gebäuden waren die Gärten der Patres. An den übrigen drei Seiten des Platzes standen in rechteckiger Anordnung die Wohnhütten der Indios, die in Gruppen von sechs bis sieben Häusern, entsprechend dem Platzbedarf einer Großfamilie, zusammengefasst waren.

Die Indios lernten unter Leitung der Patres Lesen und Schreiben, und mit größter Begeisterung zu musizieren und die faszinierenden Choräle zu singen. Immer mehr sammelten sie sich um die Niederlassungen der Jesuiten, die es verstanden, während langer Jahrzehnte mit Hilfe von Musik, Tanz, prachtvoller Liturgie und prächtigen Kirchenbauten die Indios zu Christen zu bekehren. Um ihren Müßiggang zu überwinden, ging es oft mit einer Musikkapelle zum gemeinsamen Arbeitsplatz. Überhaupt geschah nahezu das ganze Leben in den Reduktionen unter Musikbegleitung, wobei Trommeln, Trompeten, Orgeln, Harfen, Oboen, Gitarren und Chöre zum Einsatz kamen.

Besonders widmete man sich in den Reduktionen der religiösen Unterweisung der Jugend. Eine tägliche Messe mit anschließendem Glaubensunterricht war die Regel. Die jungen Leute kamen in den Reduktionen dreimal täglich zur Kirche, um gemeinsam das Morgen- und das Abendgebet zu verrichten, die Glaubenslehre zu hören und zu repetieren, oder wie es in den Briefen der Missionare heißt, dem *Absingen der Christlichen Lehr* zu frönen. Der französische Kapuzinerpater de Bourges bereiste 1714 die Reduktionen und berichtete in die Heimat: ... *schließen sie bey annahender Abends-Dämmerung ihre Arbeit; zu welcher Zeit alle Gässen deren Dorfschaften von auferbäulichen Liedern erschallen, welche die jüngere, noch unverheyrathe beederley Geschlechts Persohnen nicht minder zierlich, als anmüthig täglich zu singen pflegen.*

Ein Paradies auf Erden aber waren die Reduktionen zweifellos nicht. *Unglückliches Paracuaria! in die letztere Welttheil von der Stiefmutter der Natur ausgeworffner Erd-Platz! allwo die ungeheure grimmige Tiger und vergifte Schlangen ihren*

Sitz und Wohnstatt eingenommen. Also von der Menschen Gemeinschaft verlassen bist du, daß es das Ansehen gewonnen, mehrer der wilden Bestien Wohnung dann der Menschen Auffenthaltung seye. Dieser Seufzer entringt sich Pater Sepp, als 1696 in seiner Reduktion Santa Maria de la Fé die Masern 2500 Indios hinwegraffen. Es gab zwei große Geißeln der Reduktionen: Die eine war die Bedrohung durch die Überfälle der Sklavenjäger von São Paulo, so dass sich die nach Brasilien gelegenen Siedlungen in ständiger Alarmbereitschaft befanden. Die andere Geißel waren die Epidemien. Auch gegen relativ harmlose europäische Krankheiten fehlte den Indios die Resistenz, so dass es immer wieder zu verheerenden Massensterben kam.

Und wie sah das Indianerbild der Missionare aus? Das Bild und die Bewertung der *heidnischen Indianer* ist stets dasselbe: Es sind Menschen, die *wie Tiere leben* und erst einmal zu Menschen gemacht werden müssen. So schreibt Julian Knogler aus den Chiquitos-Reduktionen um 1770 aus der Rückschau: *Biß man also solche Geschöpf erstlich zu rechten Menschen, hernach zu Christen machet, brauchet es viel mihe, fleiß und große gedult nebst ausserordentlicher gnad gottes. Dan ein sittliches ordentliches Leben einzuführen, ein burgerliches, gemeinschaftliches wesen anzustellen under Leut von so vielerley sprachen, von einander aufsezigen gemütheren, die ohne haus, ohne gleidung, ohne beständigen wohnsiz, ohne gehorsam, ohne zucht, ohne handierung, ohne alle vorrichtung erwachsen und zu leben gewohnet seind, bey diesen, sage ich, auf einen hauffen, in einer versamlung von zwei, drey bis vier tausend eine ganz neue, ungewohnte, ja ihrer natur widrige ordnung einrichten, dies aber kostet nicht wenig, und solches in stand sezen, muß einmahl ein werk Gottes seyn.*

Julian Knogler war ein bayerischer Jesuit unter Indianern. Er wurde am 8. Januar 1717 in Gansheim im bayerisch-schwäbischen Landkreis Donau-Ries geboren und trat 1737 in den Jesuitenorden ein. Schon kurz nach seiner Priesterweihe wurde er in die Mission entsandt. Er reiste 1748 nach Buenos Aires und nahm nach einer recht abenteuerlichen Reise quer durch den Kontinent seine Arbeit in San Javier, der östlichsten der Chiquitos-Missionen auf. Sieben

Der „Jesuitenstaat in Paraguay"

Jahre später gründete er ein Indianerdorf in Santa Ana. Die dort wieder gefundenen und rekonstruierten Musikstücke und die nach seinen Plänen später errichtete Kirche zeigen, dass Knogler auch kulturell erfolgreich in Südamerika gewirkt hat. Knogler wurde 1767 mit seinen Mitbrüdern aus dem Osten der heutigen Republik Bolivien ausgewiesen und nach Europa deportiert. Nach einem kurzen Wirken als Krankenseelsorger in Oettingen starb er am 20. Mai 1772. Unvergessen ist er bis heute in dem von ihm gegründeten Ort Santa Ana im Departement Santa Cruz de la Sierra im Osten der Republik Bolivien, wo eine Gedenktafel an „seiner" Kirche an ihn erinnert.

Nach den Äußerungen der Jesuitenmissionare besaßen die Guaraní zwar keine schöpferischen Fähigkeiten, aber sie waren gelehrig und ausgezeichnete Nachahmer. Ihre Könnerschaft stellten die Indios nicht nur in zahlreichen Betrieben, wie Druckereien, Manufakturen und Werften, sondern auch auf dem Gebiet der Kunst unter Beweis. Die Jesuitenmissionare kamen, vor allem in der Endphase Mitte des 18. Jahrhunderts, mehr und mehr aus deutschsprachigen Ländern. Ihre Erfolge sind vielfach ihren praktischen und handwerklichen Fähigkeiten zu verdanken und auch der Fähigkeit, rasch die Sprachen der Einheimischen zu erlernen.

Öffentliches und privates Leben wurden völlig von der Religion geprägt. In diesem Gemeinwesen mit etwa 30 blühenden Siedlungen lebten über 100 000 Indios in innerem Frieden und Wohlstand. Der „Jesuitenstaat von Paraguay" bestand über 150 Jahre lang, von 1610 bis 1767, als die Jesuiten aus Südamerika vertrieben wurden. Er war zunehmend zum Angriffsobjekt der europäischen Gegner des Ordens geworden. Verlockt durch Berichte über ungeheure Reichtümer in den Jesuitenmissionen in Paraguay, hatte Portugal 1750 mit Spanien einen Vertrag, den so genannten „Madrider-Vertrag" geschlossen, dass das Gebiet im heutigen brasilianischen Staat Rio Grande do Sul an Portugal abgetreten wurde, das seinerseits das ihm gehörige Land am La Plata, das heutige Uruguay, Spanien übergab. Die im „Jesuitenstaat" ansässigen Indios sollten auswandern, was bei diesen

einen Aufstand hervorrief. Die Jesuiten prägten dort eigene Münzen und trieben Handel. Und gegen Übergriffe von außen hielten sie eine kleine Armee. Das alles war Grund genug, um sie zu bezichtigen, dass nicht die Kolonisatoren, sondern sie die eigentlichen Sklavenhändler seien und durch ihr Tun das Unabhängigkeitsstreben der Ureinwohner nährten. Dazu kam, dass die Portugiesen auf dem eroberten Boden nicht den erhofften Reichtum vorfanden. Neid und Missgunst der spanischen und portugiesischen Kolonisatoren hatten dieses Experiment einer neuen Missionsmethode und Wirtschaft schließlich zum Scheitern gebracht. Am 19. Januar 1759 wurden alle Güter des Ordens in Portugal und seinen Provinzen in Übersee beschlagnahmt. Im September desselben Jahres wurden die Jesuiten aus Portugal und Übersee vertrieben mit der Androhung der Todesstrafe bei Rückkehr; ihr Eigentum wurde beschlagnahmt. Die Reduktionen wurden an Franziskaner, Dominikaner und Weltgeistliche vergeben. Mit der Vertreibung der Jesuiten ging eine Lähmung des Erziehungs- und Missionsbemühens in Portugal, in West- und Ostafrika, in Brasilien, in Indien und im Fernen Osten einher.

Im Gegensatz zu den christlichen Kulturländern war die Musik in den auswärtigen Missionen in Indien, China und Amerika eines der wirksamsten Mittel des Apostolates. In Indien hatte schon Franz Xaver den Gesang in den Dienst der Katechese gestellt. Jahrhundertelang erklangen hier die Glaubenswahrheiten und Gebete in den Kirchen, Häusern, Straßen und Feldern der indischen Christen. In China bildeten die musikalischen Kenntnisse von Matteo Ricci und seinen Nachfolgern eine wirkungsvolle Empfehlung der Missionare am kaiserlichen Hof. Die größte Bedeutung gewann jedoch die Musik als Mittel der Kultur und religiösen Erziehung in den Jesuitenmissionen Südamerikas.

Unter den Missionaren, die sich im 18. Jahrhundert um die kulturelle Betreuung der Indianer Südamerikas verdient gemacht hatten, ist vor allem **Florian Paucke** zu nennen. Er wurde am 24. September 1719 in Böhmen geboren und trat als 17jähriger in den Jesuitenorden ein. Nach Studien in Prag und kurzer Lehrtätigkeit

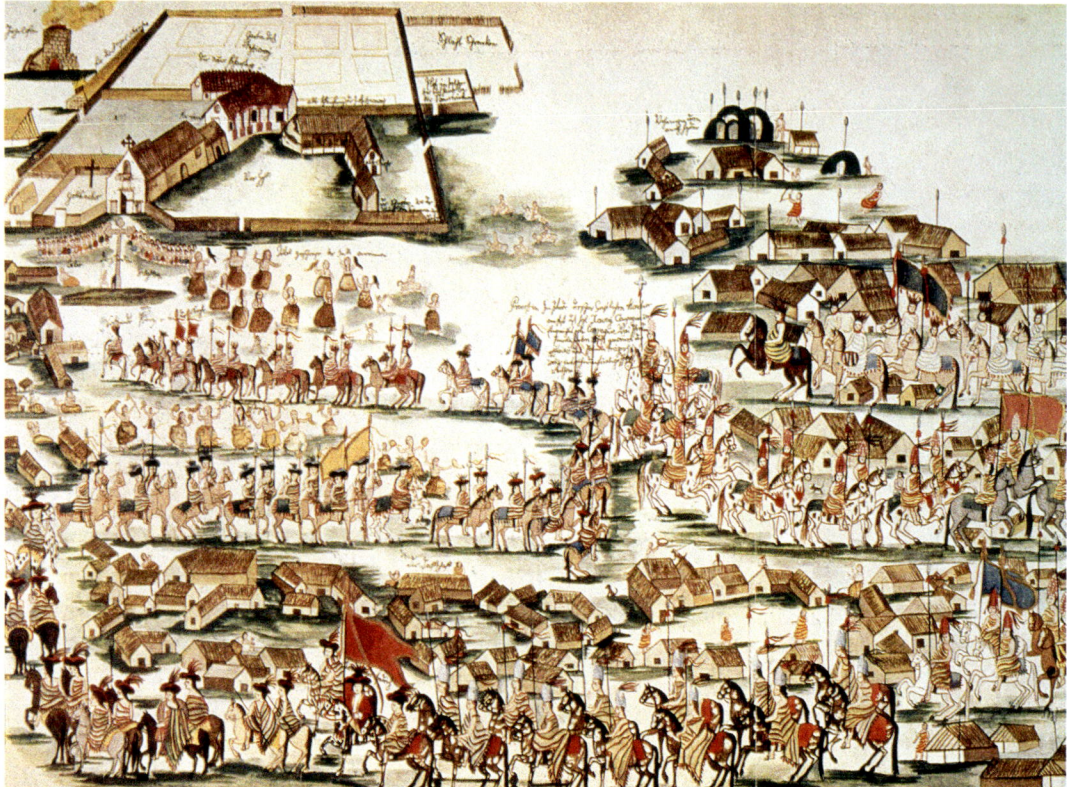

Prozession christlicher Mocobier zum Patronatsfest von San Javier

kolorierte Zeichnung von Florian Paucke SJ, um 1775
Stift Zwettl
© SJ–Bild

in Breslau wurde er in Brünn zum Priester geweiht und kam anschließend über Lissabon nach Paraguay.

Dem Missionar waren in seiner Reduktion San Javier die Mocobier anvertraut. Er war als Missionar in den Reduktionen keineswegs nur Seelsorger, sondern musste „Mädchen für alles" sein: er baute Kirchen und Altäre, legte Gärten an und übte viele andere handwerkliche Tätigkeiten aus. Pater Brigniel, ein alter Pionier der Guaraní-Mission, verbrachte seine letzten Lebensjahre bei Paucke in San Javier. Er hat einmal Paucke im Scherz herausgefordert und in dieser Rede die in der Reduktion vertretenen Handwerker aufgezählt: *Anstatt der Gab der Sprachen hat Ihnen Gott die Gab der Arbeiten und Handwerken mitgetheilet. Denn Sie sind ein Musicant, ein Wagner, Tischler, Baumeister, Akersmann, Kammenmacher, Mahler, ein Geigen-Passetel und Orgelmacher, ein Lederer, Staffierer, Schneider und dergleichen mehr. Aber dass Sie ein Schuhmacher wären, davon hab ich noch keine Prob. Die Ursach ist, weilen ich Sie schon seit Monathen mit Schu-*

hen ohne Sohlen herumgehen sehe. Paucke schreibt, wie er die Herausforderung annahm und schließlich selber Schuhe machte. In drei Tagen war das erste Paar fertig. Dabei hatte Paucke nie selber ein Handwerk erlernt, wohl aber den Handwerksleuten in Europa viel abgeschaut: *Gut war es gewesen, dass ich von meinen jungen Jahren an, als ich schon nach Indien abzureisen begehrte, mich beeflissen hatte, fürwitziger Weis die Handwerksleuth zu besuchen, und von jedem etwas abzulernen, sowohl durch Fragen als genauer Beobachtung ihrer Arbeit.* In der Reduktion von San Javier gab es schließlich: *25 Indianer, welche ohne meinen Beyseyn ganze Lastwagen verfertigten. 4 Knaben, welche durchbrochene Bildhauerarbeiten macheten. 6 Knaben, welche diese Arbeit vergoldet, fein polliert und mit gebrochenen Spiegelstüken unterleget. 2 Knaben, welche Kämme macheten. 8 Tischler und 4 Dräxler macheten ihre Sachen schon so gut, dass ich alle Thüren und Fenster-Rahmen für meine Kirch und neu aufgebautes Haus mit ihnen verfertigte. 3 junge Schmied-Knechten (Welche Brandeisen für die Viehherden herstellen). Auch die Frau-*

en wurden zur Arbeit angeleitet. Paucke teilte ihnen Wolle zu. Sie sollten Decken daraus verfertigen, sowohl zum Unterhalt der Reduktion als auch für ihre eigenen Männer. *In der Zeit dreyer Monathen hatte ich schon 73 verfertigte, und gut gearbeitete Decken in meinem Hauss, welche ich in die Stadt Paraguay überschikete, und davor 48 Centen paraguarisches Kraut (Mate-Tee), 15 Centen Tabak, mit etlichen Steine Zuker für das Volk erhielte.*

Florian Paucke beschreibt auch sehr anschaulich, wie er auf dem Weg zu seiner zukünftigen Missionsstation bei den Mocobiern einen Fluss „auf indianische Art" überqueren musste: *Das Schiff oder Fahrzeug bestand in einer rohen, ausgetrockneten Haut, welche an den vier Ecken gebunden wurde also, dass die Seiten spannhoch waren. Darein warfen die Indianer mein Sattelzeug und alles dasjenige, was ich zu Pferd hatte. Letztens musste ich mich auch darein setzen. In dieser Stellung schleppten mich die Indianer bis an das Ufer des Flusses, zogen mich weiters in das Wasser hinein und erforschten das Gleichgewicht, welches bei dieser Schifffahrt vonnöten ist, zu halten, damit dieses lederne Schiff nicht mehr auf eine Seite als auf die andere Seite hänge, sonst wäre der Untergang des Schiffes samt dem Schiffenden zu besorgen. Nachdem alles gleichgewichtig war und ich wie eine Mauer auf der Haut saß, band ein Indianer ein Ringlein an, warf sich nackend ins Wasser, fasste dieses Ringlein zwischen den Zähnen, schwamm über den Fluss und zog mein ledernes Schiff samt mir nach …*

Das Leben „seiner" Guaraní hielt Paucke in vielen Aquarellen fest und fügte sie seinem 1146 Seiten umfassenden „Tätigkeitsbericht" bei, den er folgendermaßen nannte: „Hin und Her! Hin süsse und vergnügt, Her bitter und betrübt. Das ist treu gegebene Nachricht durch einem im Jahr 1748 aus Europa in West-America, namentlich in die Provinz Paraguay abreisenden und im Jahre 1769 nach Europa zurückreisenden Missionarium: in welcher er besonders seinen in der Provinz Gran Chaco, unter denen Indianern Mocobier oder so genannten Guaycuru, achtzehnjährigen Aufenthalt, seine Arbeiten, benannter Indianer Heiden- und Christenthum, Zurückreise in Europa, wie auch Landeswitterung, Erdreich, Gewässer, Früchter, Wälder, Thiere, Vögel, Fische, kriechende und fliegenden Ungeziefer, sammt anderen fremden und artigen Beschaffenheiten erzählet." Er schuf damit eines der wesentlichsten Werke der frühen Landesgeschichte Paraguays. Als „Zwettler Codex 420" stellt diese Schrift eine der wichtigsten Quellen der Paraguaymission dar. 1829 erst veröffentlichte Pater Johann Frast aus dem Kloster Zwettl einen Teil von Pauckes Aufzeichnungen in Wien auf 164 Seiten, ebenso 1870 Pauckes Ordensmitbruder Anton Kobler, der das Manuskript *in besseres Deutsch* übersetzte und so eine freie Nacherzählung bot. 1908 hat wieder ein Jesuitenpater, Alois Bringmann, beide Bücher von Frast und Kobler kompiliert und auf 140 Seiten interessante Auszüge daraus veröffentlicht. Bringmann fügte seinem Buch bereits 35 der Illustrationen Pauckes bei. Nachdem bereits im Jahr 1900 in Buenos Aires „Memorias de P. Florian Baucke" erschienen waren, beschäftigte sich der südamerikanische Historiker Guillermo Furlong intensiv mit Pauckes Werk und veröffentlichte als Erster das Werk Pauckes, den „Zwettler Codex 420", vollständig in spanischer Sprache und gab alle 115 Textillustrationen originalgetreu wieder. 1959 und 1966 schließlich gab Etta Becker-Ottruba in der Reihe „Veröffentlichungen zum Archiv für Völkerkunde (Museum für Völkerkunde Wien)" in zwei Bänden den Codex Pauckes in wissenschaftlicher Bearbeitung heraus, so dass das Werk heute in seiner Bedeutung für die Völker- und Sprachenkunde Paraguays zugänglich ist.

Besondere Fähigkeiten entwickelte Paucke auf dem Gebiet der Musik. Musik war in den Reduktionen mehr als nur ein schöner Zeitvertreib. Musik erklang bei gemeinsamer Arbeit der Indios und in der Kirche. Fast alle europäischen Instrumente waren in Gebrauch und wurden bald in den Reduktionen selbst hergestellt. *Ich gelangete so weit, dass ich mich unterfienge, für meine Kirche eine kleine Orgel zu bauen durch einzige Beyhilf meiner Tischlern. Wann ich sie in eine Kirche der Stadt Santa Fe hätte verkaufen wollen, hätte ich 800 harte Thaler (wie mir etliche mahl sind angetragen worden) dafür erhalten.* Paucke war sehr talentiert, wie seine Zeitgenossen berichten. So komponierte er Melodien für eine Messe und Vesper zu Ehren des heiligen Ignatius, die oft aufgeführt wurde. Mit einem eigenen indianischen Jugendorchester spielte er diese Messe mit einer Meisterschaft, dass der Bischof in Buenos Aires feststellte, dass kein Domorchester in Spanien besser spiele. Pauckes Schüler spielten nicht nur in Buenos Aires vor Bischof und Statthalter, sondern gingen auch auf Tournee in andere Städte wie Santa Fé und Tucuman. Ein Zeitgenosse schreibt: *Viele vornehme Spanier konnten beim Anblick dieser Knaben, die vor wenigen Jahren noch nichts von Gotte gewusst hatten und ihn jetzt in seinem Tempel durch Musik verherrlichten, die Tränen nicht zurückhalten.* Außer Kirchenmusik übte der Pater aus der böhmischen Jesuitenprovinz seinen indianischen Musikern sogar deutsche Märsche, Volkslieder, Arien und Tänze ein.

Leider erlebte Paucke keine lange Freude. Als sich Spanien und Portugal über Gebiets- und Bevölkerungsabtretungen in Paraguay einigten, wurde der „Jesuitenstaat in Paraguay" schwer getroffen, Indios umgesiedelt und schließlich der Orden aufgelöst. 1769 musste auch Paucke Paraguay verlassen und wurde nach Europa abgeschoben. Hier ist er nach 1773, wahrscheinlich in Neuhaus in Böhmen, gestorben.

Anton Sepp von Seppenburg zu Salegg, 1655 geboren zu Kaltern in Südtirol, war vielseitig begabt. Er besuchte das Jesuitengymnasium in Innsbruck und kam später als Sängerknabe an den Kaiserhof nach Wien. Nach einer Englandreise trat er in den Jesuitenorden ein. Nach der Priesterweihe war er in Landsberg, Solothurn, Luzern, Landshut und Augsburg als Erzieher und Lehrer für Latein und Musik eingesetzt. Doch Sepps große Sehnsucht war die Mission, und er bat 1682 den Generaloberen, dorthin fahren zu dürfen, was ihm jedoch erst sieben Jahre später gewährt wurde. Endlich, im April 1691, kam er in Buenos Aires an. Pater Sepp nahm eine Kopie des von ihm hoch verehrten Gnadenbildes der Muttergottes von Altötting mit über den Ozean und stellte es in einer Kapelle auf, die er der Gnadenkapelle in Altötting nachbaute. Er hat selbst eine Reduktion gegründet und mit 3000 Indios besiedelt. Zum Zeichen für die Landnahme wurde auf einer Anhöhe über der Wasserquelle ein weit sichtbares Holzkreuz errichtet. Die Reduktion und deren Kirche erhielten den Namen des heiligen Johannes des Täufers, dessen Namen auch der Vater von Anton Sepp trug. In der kunstvoll ausgeschmückten Dorfkirche feierte Sepp die Gottesdienste, die er durch Gesang und Musik begleiten ließ. Zu diesem Zweck ließ er sich von europäischen Freunden Barockmessen, Vespern, Litaneien, Sammlungen von Kirchenliedern und Musikinstrumente schicken. Eine Orgel baute er sich selbst. An hohen Feiertagen durften die Indios beim Gottesdienst tanzen, zu Weihnachten vor der Krippe, die Pater Sepp für sie aufgestellt hatte. Pater Sepp war als Leiter der Reduktion, in der er 1733 auch starb, nicht nur Papst, sondern auch Kaiser im Dorf. Er war nicht nur Pfarrer der Getauften und Missionar der Ungetauften, sondern auch ein Könner in allen möglichen Sparten: er war Seelsorger, Wirtschafts- und Finanzgenie, Künstler und Handwerker in allen denkbaren Berufen. Als ehemaliger Sängerknabe war er gelernter Musiker. Von weither wurden ihm Indianer geschickt, damit er sie zu guten Musikern ausbilde.

Domenico Zipoli (Doménico di Sabatino di Angiolo Zipoli) kam am 16. Oktober 1688 in Prato in der Toscana zur Welt. Er wurde in die Zeit der großen Komponisten Europas, Vivaldi, Corelli, Pachelbel und Buxtehude, hineingeboren und hatte noch Anteil an den ersten Jahren der Musiker-Generation um Bach, Rameau und Telemann. Im Alter von 21 Jahren kam Zipoli nach Bologna, um Vorlesungen bei dem Musiktheoretiker Vanucci zu hören. 1709 ging er nach Rom, um dort unter der Leitung von Bernardo Pasquini zu arbeiten, der einer der angesehensten Virtuosen und Lehrer seiner Zeit war. Und er studierte in Neapel bei Alessandro Scarlatti, der dominierenden Persönlichkeit der italienischen Musik zur Zeit des Hochbarock. Zwischen 1709 und 1716, dem Jahr, in dem er seinem Leben eine Wendung gab, komponierte Zipoli die beiden Oratorien „Sant'Antonio" und „Santa Catherina Vergine e Martire", von denen nur die Librettos erhalten sind, eine achtstimmige (nicht erhaltene) Messe, zwei Kantaten, eine Sonate für Violine und die „Sonata d'Intavolatura", eine einzigartige Sammlung von Werken für Orgel und Cembalo. Dieses letzte Werk, das Zipoli in Europa schuf, zeigt eine perfekte Meisterschaft im Stil der Zeit und eine reife, ausgeprägte musikalische Persönlichkeit. Der musikalisch gestaltete feierliche Nachmittagsgottesdienst mit Psalmen, Hymnen und Lesungen, die sogenannte Vesper, gehörte auch zum festen Programm der Gottesdienste und der Kirchenmusik der Jesuiten. In dieser geistig-kirchlichen Tradition stand der italienische Barockmusiker Domenico Zipoli.

In seiner Heimat Italien war Zipoli eine hoffnungsvolle Zukunft als Musiker und Komponist offen gestanden. Doch er reiste Mitte 1716 völlig überraschend nach Sevilla und trat dort in das Noviziat des Jesuitenordens ein. Es sind keine Einzelheiten bekannt über seinen Entschluss, Jesuit zu werden; wahrscheinlich entstand er aus Lektüre und Gesprächen über die Begebenheiten der Mission in Paraguay. Zipoli gab als Novize in Sevilla viele Orgelkonzerte und bekam sogar die Stelle eines Kapellmeisters angeboten. Doch er suchte die Verbindung mit den Jesuiten in Paraguay und durfte bereits ein Jahr später, am 5. April 1717, mit einer Gruppe von 53 Männern als Missionar nach Südamerika gehen. Mit dem Historiker Lozano und den Architekten Primoli und Bianchi unternahm er eine Expedition zum Rio de la Plata und erreichte nach einer gefahrvollen Reise schließlich am 13. Juli 1717 den Hafen von Buenos Aires. Nach einer kurzen Ruhepause setzte die Gruppe die Fahrt zu Lande nach Córdoba im heutigen Argentinien fort. Hier befand sich das Noviziat der damaligen Jesuitenprovinz Paraguay und das Seminar mit der ersten Universität der Gegend. Zipoli lebte und arbeitete bis zu seinem Tod in Córdoba; seine Musik war bei den Guaraní-Indianern sehr beliebt.

In den wenigen Jahren bis zu seinem frühen Tod am 2. Januar 1726 schuf er auf der Basis des italienischen Barock eine Musik für die von den Jesuiten geleiteten Indianer-Dörfer, die Reduktionen. Er komponierte keine Konzerte zur Unterhaltung für Kenner und Musikliebhaber, sondern er vereinfachte die ihm geläufige musi-

kalische Form der Renaissance und des Barock und schuf eine Art Volksliturgie. Diese Liturgie feierten an Sonn- und Feiertagen die Indios zusammen mit den Jesuitenpatres in ihren Kommunen.

Erst 1959 wurde in Sucre in Bolivien eine dreistimmige Messe für Orgel und zwei Violinen entdeckt, die Domenico Zipoli zugewiesen wird. Jahre später gab die Entdeckung und Auswertung der Archive der Chiquitanos in Concepción den Blick frei auf das Leben und Werk dieses großen Komponisten, der zugleich Europäer und Südamerikaner war. Der Schweizer Architekt Hans Roth (1934–1999), damals noch Mitglied des Jesuitenordens, wurde 1972 von seinem Provinzial nach Bolivien geschickt, um dort den Ortsbischof bei der Renovierung einiger Kirchen der Reduktionen zu unterstützen, die im Schutz des Urwalds gut erhalten geblieben waren. In den Missionen San Rafael und Santa Ana fand er 5000 Musikmanuskripte, der wohl bedeutendste Fund in der hispano-amerikanischen Musikgeschichte.

Am 18. August 1997 wurde in der Basilika von Loyola in Spanien Zipolis Oper „San Ignacio" in Europa uraufgeführt. Sie war zu Beginn des 18. Jahrhunderts unter Mitwirkung des Jesuitenpaters Martin Schmid (1694–1772) entstanden und verarbeitet Melodien der Indios aus dem Gebiet des heutigen Bolivien. Das Werk schien 200 Jahre verloren zu sein; es tauchte erst

Beginn des Kyrie aus der „Missa di Potosi" von Domenico Zipoli, Kopie der „Missa a Quatro voces" des Domenico Zipoli in F-Dur von Potosi, 1784
Archivo Nacional del Bolivia Sucre
© SJ-Bild

kurz vor der Uraufführung im Archiv einer Missionsstation der noch jungen Diözese San Ignacio de Velasco in Bolivien auf. Die Aufführung in Spanien war eine 45 Minuten dauernde Bearbeitung des Orchesters Elyma unter der Leitung des argentinischen Dirigenten Gabriel Garrido. Im ersten Teil stellt sich der heilige Ignatius dem Teufel in den Weg und besiegt ihn. Im zweiten Teil sendet er Franz Xaver nach Fernost. Der Epilog hat die ergreifende Abschiedsszene zwischen Ignatius und Franz Xaver zum Inhalt.

Zipolis Musik schien bei den Indios besonders beliebt gewesen zu sein, denn er ist der einzige Komponist, dessen Name auf den Manuskripten zu lesen ist, wohl um seine Musik von der anderer Komponisten zu unterscheiden. Zipoli war es gelungen, die komplexe musikalische Sprache des europäischen Barock in Südamerika neu zu erarbeiten und zu vereinfachen, ohne das musikalische Interesse und die ästhetische Qualität aufzugeben. So übte er einen bedeutenden Einfluss auf die Pflege der Musik in den Reduktionen aus, wo die Barockmusik noch lange weiterlebte, als sie in Europa schon längst vergessen war.

Martin Schmid war ein unglaublich vielseitiger Mensch, höchst gebildet und sehr praktisch begabt. Er war Missionar, Musiker, Architekt, Lehrer indianischer Sprachen, Handwerker und Künstler. Für Schmid, am 26. September 1694 in Baar im schweizerischen Kanton Zug geboren, erfüllte sich sein größter Wunsch: Seine Ordensoberen schickten ihn in die Indianermission von Chiquitos im heutigen Ostbolivien, wo er bis zur Ausweisung aller Jesuiten aus dem spanischen Weltreich 1767 tätig war. Seinen Lebensabend verbrachte er in Luzern, wo er am 10. März 1772 starb.

… dass ich ein erfreuliches, und sogar ergötzliches Leben führe, mit einem Wort, dass ich singe, musiziere, spiele, ja sogar tanze und springe … Und gerade deswegen bin ich Missionar, weil ich singe, spiele und tanze, schrieb Martin Schmid 1744 an einen alten Weggefährten aus San Rafael in Chiquitos. 37 Jahre lang musizierte, sang und tanzte er und begründete so eine blühende musikalische Kultur im Herzen Amerikas. In seinen Kompositionen folgte er dem Vorbild Zipoli und verband konventionelle barocke Formen mit Melodien aus der Volksmusik; sie sind klar im Aufbau und unkompliziert. Er vermittelte den Indianern eine solche Liebe zur Musik, dass diese sie nach Schmids Abreise mehr als zwei Jahrhunderte lang als Tradition beibehalten haben.

Die Musik war das Wundermittel, das die Indianer anzog, so dass sie freiwillig in die neuen Siedlungen kamen. Schmid schrieb 1744: *Die Obern haben mir befohlen, die Musik in diese Missionen einzuführen. Alle Dörfer haben jetzt ihre Orgel, viele Geigen und Bassgeigen aus Zedernholz, Clavicordia, Spinette, Harfen, Trompeten, Schalmeien. Diese Indianerknaben sind ausgemachte Musikanten; sie statten alle Tage in den heiligen Messen mit ihrem Singen und Musizieren dem Herrgott das schuldige Dankeslob ab. Ich darf behaupten, dass sie mit ihrer Musik in jeder Stadt und Kirche zu eurer großen Verwunderung erscheinen könnten.*

Wie Martin Schmid selbst 1730 in einem Brief berichtet, hatte er den Auftrag, bei den Chiquitanos Musik zu unterrichten, da in ihren Missionen die vierstimmige Musik noch völlig unbekannt war. Auf der bestehenden schlichten musikalischen Organisation aufbauend, machte Schmid die Gottesdienste zu regelrechten musikalisch-liturgischen Ereignissen, an denen sich nicht nur das ganze Dorf mit gemeinsamen Gesängen beteiligte, sondern wo auch halbprofessionelle Chöre und Orchester zu hören waren. Die Liturgie wurde neu geordnet, erweitert und vielfältiger gestaltet. Jedes Jahr im November oder Dezember wurde ein vollständiger Kirchenkalender für das kommende Jahr erstellt, in dem die allgemeinen Kirchenfeste als auch die Feste der einzelnen Dörfer aufgeführt waren. Diese Leitfäden wurden dann an alle Missionare verschickt.

Jeden Morgen versammelte sich das ganze Dorf in der Kirche, um die Messe zu hören; wer drinnen keinen Platz fand, hielt sich in der Vorhalle auf. Alle Messen wurden von Chor, Orgel und Orchester begleitet. Die Musik begann mit Glocken, Trommeln und Flöten, die vom Turm her und vom Atrium der Kirche aus die Menschen zusammenrief. Während der Messe wurden auch Sonaten, Instrumental- und Orgelmusik gespielt, außerdem wurden manchmal ein Psalm und sicher eine Motette oder ein anderes Lied auf Spanisch oder Chiquitano gesungen.

Martin Schmid muss ein äußerst vielseitig begabter Mensch gewesen sein. Er war Priester, Seelsorger, Missionar, Lehrer, Verfasser eines Sprachlehrbuchs und von Predigten auf Chiquitano. Er organisierte den Festkalender und die Kirchenfeste neu. Er führte die europäische Kirchenmusik ein und errichtete mehrere Musikschulen. Er baute selbst Orgeln und andere Musikinstrumente. Er komponierte zahlreiche Musikstücke und bearbeitete viele andere. Er hatte Kenntnisse in Philosophie, Mathematik und Astronomie. Er baute als Uhrmacher Sand- und Sonnenuhren und reparierte die mechanischen Uhren. Er führte das Ziegelbrennen in Chiquitos ein und beherrschte auch den Zinn- und Bronzeguss. Er errichtete als Architekt drei außerordentliche Kirchen und wirkte bei einigen weiteren Bauten als Berater mit. Er stattete die Kirchen mit Keramikfiguren, Wandmalereien, geschnitzten Altären, Kanzeln und Beichtstühlen aus. Als Musiker führte er in Chiquitos die barocke Kirchenmusik ein, wirkte als Orgel- und Instrumentenbauer und als Komponist für indianische Orchester. Unter den in Chiquitos aufgefundenen Partituren gibt es zahlreiche anonyme Stücke für Tasteninstrumente (Orgel und Cembalo), die von Schmid komponiert oder bearbeitet wurden. In seinen Kompositionen folgte er dem Vorbild Zipoli und verband konventionelle barocke Formen mit Melodien aus der Volksmusik; sie sind klar im Aufbau und unkompliziert.

Wie konnte eine solche musikalische Blüte mit Indianern erreicht werden, die wenige Jahre zuvor noch keine europäische Musik gekannt hatten? Dieser Verdienst ist vor allem Martin Schmid zuzuschreiben. Er berichtet darüber selbst: *Ich singe daher, spiele auf Orgeln, spiele auf Harfen, Trompeten, Schalmeiern, Cembalos, Bassgeigen und Geigen. Auf all dem spiele ich, ja ich lehre auch die Kinder, die Söhne der Indianer, darauf zu spielen, obwohl ich sie vorher nicht zu spielen pflegte.*

Während ihrer 77jährigen Präsenz in Chiquitos (1691–1768) wandten die Jesuiten für ihre Kirchen verschiedene Baumethoden an, die von den am Ort vorgefundenen Materialien abhingen. Mit einer außergewöhnlichen Sensibilität brachten sie Materialien wie Stein, Backstein, Lehm, Holz, Glimmer und Farbpigmente ästhetisch zur Geltung. Grundlegendes Bauelement war das im Erdboden eingegrabene Holzskelett. Die im Boden verankerten Säulen gaben dem Gebäude die nötige Festigkeit und Stabilität, es konnte deshalb auf Querverstrebungen verzichtet werden, was den Kirchen ein würdevolles und großzügiges Aussehen verlieh. Zuerst wurde dann das Dach erstellt, um die Lehmwände während der Bauzeit vor den starken Regenfällen zu schützen. Diese eigenartigen und außergewöhnlichen Kirchen aus Holz und Lehm stellten eine gelungene Verschmelzung importierter barocker Bauformen mit lokalen Traditionen und Techniken dar. Martin Schmid perfektionierte dieses Bausystem bis ins kleinste Detail und steigerte dadurch den künstlerischen Ausdruck der Kirchenbauten. Bis gegen 1980 wurden die Kirchen in den Reduktionen weder von den führenden Kunsthistorikern Südamerikas beachtet, noch in populären Darstellungen über die Jesuitenmissionen erwähnt; viele ähnliche Kirchen wurden abgebrochen oder durch Umbauten entstellt. Ein Wandel setzte erst mit dem Schweizer Architekten Hans Roth ein, der die Kirchen Schmids restaurierte und ihnen damit zu der Beachtung verhalf, die 1990 in der Ernennung zu Unesco-Weltgütern gipfelte. Daneben realisierte Roth zahlreiche kirchliche Neubauten in der Region, die heute von Franziskanern aus Bayern und Österreich betreut werden. Und er konnte Notenhefte bergen, mit denen die Barockmusik der Jesuitenmissionen rekonstruiert werden konnte. Die von ihm geretteten Kirchen und Musikstücke haben unser Bild von der Architektur- und Musikgeschichte Südamerikas entscheidend verändert.

Harmonik und Architektur gehören eng zusammen, ergänzen sich, was die Jesuitenmission betrifft. Ignatius von Loyola, der selbst liturgischen Gesang schätzte und gern zu den Weisen seiner Heimat tanzte, hatte die Einführung des Gesanges im in der Alten Welt beheimateten Jesuitenorden abgelehnt. In der Praxis der Neuen Welt aber wurde die Musik zur Existenzfrage:

Innenraum der Kirche
von San Miguel in
Bolivien, um 1772 von
Johann Mesner SJ,
einem langjährigen
Mitarbeiter des Martin
Schmid SJ errichtet

Aufnahme nach Abschluss
der 1979 begonnenen
Restaurierung
© SJ–Bild

Ohne Musik keine Mission. Eines der Hauptziele der Jesuiten war die Ausbreitung der Schrift, einschließlich der Notenschrift. Gesangs- und Instrumentalmusik, verbunden mit dem Tanz, stellten die Ergänzung der Alphabetisierung dar. So wurde die Musik vom Mittel zum Zweck als Zweck in sich Bestandteil des Erziehungskonzeptes.

Verschollen geglaubte Musik wiederzuentdecken und mit neuem Leben zu erfüllen, das hat Luis Szarán, Dirigent, Komponist und Musikforscher aus Paraguay hautnah miterlebt. Dank seiner Arbeit erklingt seit einigen Jahren in Konzerten wieder jene alte Jesuitenmusik, die im 17. und 18. Jahrhundert in den Urwäldern Südamerikas entstanden ist. Der Fund vieler Musiknoten durch Hans Roth 1972 auf dem Dachboden einer noch existierenden Kirche in Bolivien war für Maestro Szarán der Beginn einer faszinierenden Entdeckungsreise in die Musikgeschichte der Jesuitenreduktionen. Unterstützt von der Jesuitenmission in Deutschland hat er die alten Archive in Südamerika und Europa durchsucht, Bücher und Partituren veröffentlicht, sowie Musiker in Paraguay und Europa für die alten Werke begeistert. Mittlerweile setzt sich Luis Szarán seit mehreren Jahrzehnten dafür ein, die Musik der Reduktionen, in der sich europäische Barockmusik mit indianischer Musikalität verbindet, vor allem auch für die Jugend in den Dörfern Paraguays zugänglich zu machen: *Wenn mich etwas zutiefst beeindruckt hat in diesen Jahren, dann war es das große Erbe der Jesuiten in dieser Region. Mehr als 150 Jahre bestanden die berühmten Reduktionen, und ihr Einfluss hat die Kulturen der Missionsdörfer bis heute zutiefst geprägt: Das Überleben der Guaraní-Sprache, der Stil eines solidarischen Lebens, den man hier in einer Weise lebt, wie sonst nirgendwo auf der Welt, und vor allem die Entwicklung einer musikalischen Intelligenz. Nicht nur alte Noten haben überlebt, auch die tiefe Musikalität der Menschen.*

Auf Anregung der UNESCO haben sich die Jesuitenmissionen Deutschlands und der Schweiz der Restaurierung der Überreste der Reduktionen angenommen. In Bolivien hat der früh verstorbene Architekt Hans Roth 20 Jahre lang viele der alten Kirchen restauriert. Insgesamt gehören mittlerweile zwölf der alten Reduktionen zum Weltkulturerbe.

IV.

Aufhebung 1773 und Wiederherstellung 1814

Schon die erste Schrift, die von protestantischer Seite von dem bedeutenden Theologen Martin Chemnitz 1562 gegen die Jesuiten erschien, machte die deutschen Fürsten darauf aufmerksam, dass *der Papst diese neue Sekte hauptsächlich zum Verderben der deutschen [protestantischen] Kirchen geschaffen habe.* Und der bekannte Stuttgarter Prediger Lucas Osiander verteidigte in seiner 1569 zu Tübingen erschienenen Schrift „Warnung vor der falschen Lehr und pharisäischen Gleisnerei der Jesuiten" die protestantische Anschauung, dass die Gesellschaft Jesu vom Teufel gegründet worden sei. Dieses Vorurteil wurde der Orden nicht mehr los. Das Wort „jesuitisch" bekam somit von Beginn an einen negativen Beigeschmack. Es wurde mit „verschlagen", „listig", „intrigant" gleichgesetzt. Man schrieb den Jesuiten neben unglaublicher Habgier und Reichtum häufig Unzucht mit Frauen und Knaben, Erbschleicherei, Verschwörungen, zwielichte Machenschaften, Giftmischerei und Meuchelmorde zu. Und man beschuldigte den Orden, eine schlechte Moral zu praktizieren, nämlich dass schlechte Mittel wie Mord und Betrug durch eine gute Absicht gerechtfertigt würden. Beweise dafür konnten aber nie erbracht werden.

Eine wichtige Rolle bei der negativen Beurteilung der Jesuiten spielten die „Monita secreta" des ehemaligen Jesuiten Hieronymus Zahorowski aus dem Jahr 1612, die zwei Jahre später in Krakau im Druck erschienen. Sie waren angeblich die geheimen Ordensstatuten für den internen Gebrauch, während die eigentlichen Satzungen nur eine Alibifunktion nach außen hätten. Die wahren Ziele des Ordens seien demnach Erbschleicherei, Mitmischen in der Politik und Einflussnahme auf Herrscherhäuser.

Wie erfolgreich derlei Polemik war, zeigt sich daran, dass bereits 1605 Rufe nach der Ausweisung der Jesuiten aus Deutschland laut wurden.

Im Laufe des 18. Jahrhunderts verdichtete sich der Antijesuitismus immer mehr, wurden die abgenutzten Vorwürfe gegen die Jesuiten wieder aufgenommen und vervielfacht. Alles, was die Jesuiten taten, wurde zum Schlechten ausgelegt und sie selbst zu Verbrechern gestempelt. Machtpolitische Auseinandersetzungen steigerten sich vor allem in Portugal und Spanien bis zur Vertreibung der Jesuiten. In Frankreich führte das Gedankengut der Aufklärung dazu, dass die Jesuiten als Staat im Staat bekämpft wurden und schließlich auch hier verboten. In den katholischen Ländern Mitteleuropas dauerte es etwas länger, bis die Kritik an den Jesuiten, vor allem an ihrem Bildungsmonopol und ihrem Schulwesen, immer heftiger wurde. Die Kulturentwicklung war schneller gewesen als der innere Fortschritt der Gesellschaft Jesu. Für den Papst erschien sie mehr eine Last, denn wie früher eine Hilfe. So gab Clemens XIV. dem Druck der katholischen Könige nach und bereitete im Jahr 1773 dem gut zwei Jahrhunderte dauernden Wirken der Jesuiten das Ende: Er hob den Jesuitenorden am 21. Juli 1773 auf.

Die Aufhebung der Gesellschaft Jesu, bis heute ein paradoxes Ereignis in der Geschichte der kirchlichen Orden, geschah durch das Breve „Dominus ac Redemptor". Sie wurde jedoch durch die Schließung der Ordenshäuser und die Vertreibung der Jesuiten aus Portugal (1759), Frankreich (1764), Spanien (1767), Parma und Neapel (1768), ebenso allen von jenen Ländern abhängigen Kolonien und Missionen vorbereitet und auf Grund dieses Tatbestandes durch diplomatischen Druck erzwungen.

Die Aufhebung des Ordens hatte zur Folge, dass alle Akten, Briefe und Rechnungslisten der Gesellschaft Jesu beschlagnahmt und der Ordensgeneral sowie seine Mitarbeiter verhaftet wurden.

Vertreibung der Jesuiten in Portugal

Die gesamte Macht Portugals lag in der Hand des königlichen Ministers Sebastino José de Carvalho e Mello, Marquez de Pombal. Dessen großer Traum war die Verwirklichung des Staatsabsolutismus. Und er war ein Anhänger des Gallikanismus, wobei ihm vor allem das englische Modell mit dem König als Oberhaupt der Kirche imponierte. Für ihn waren die Jesuiten, die als Verteidiger des Papsttums galten, die größten Gegner der neuzeitlichen Ideen. Sie standen aber auch seinem eigenen Machtstreben im Wege.

Bald schon fand sich ein Grund, gegen den Orden vorzugehen, ausgelöst durch seine unglückliche Politik in Südamerika: Verlockt durch Berichte über ungeheure Reichtümer in den Jesuiten-Missionen in Paraguay, hatte Pombal 1750 mit Spanien einen Vertrag geschlossen, dass das Gebiet im heutigen brasilianischen Staat Rio Grande do Sul an Portugal abgetreten wurde, das seinerseits das ihm gehörige Land am La Plata, das heutige Uruguay, Spanien übergab. Die in den Missionen ansässigen Indianer sollten auswandern, was bei diesen einen Aufstand hervorrief. Die Jesuiten hatten im Süden Brasiliens den so genannten „Jesuitenstaat" gegründet. Es handelte sich dabei um den Versuch, zusammen mit der Bekehrung der Indianer ein christliches Sozialsystem einzuführen und die Indianer so vor der Ausbeutung durch die Kolonialherren zu schützen. Die Bewohner lebten weitgehend von der Landwirtschaft, wobei der Boden und sein Ertrag Gemeingut waren. Die Jesuiten prägten eigene Münzen und trieben Handel. Und gegen Übergriffe von außen hielten sie eine kleine Armee. Das alles war Grund genug, um sie zu bezichtigen, dass nicht die Kolonisatoren, sondern sie die eigentlichen Sklavenhändler seien und durch ihr Tun das Unabhängigkeitsstreben der Ureinwohner nährten. Dazu kam, dass die Portugiesen auf dem eroberten Boden nicht den erhofften Reichtum vorfanden.

Um sich zu rächen, ließ Pombal von ihm verfasste oder bestellte antijesuitische Hetzpamphlete erscheinen und sie in Übersetzung auch in ganz Europa verstreuen, vor allem aber in Lissabon und Rom. In der Nacht zum 19. September 1757 konnte Pombal seinen ersten Sieg gegen den Orden verzeichnen: die Jesuiten wurden vom königlichen Hof verwiesen.

Am 4. September 1758 verbreitete sich das Gerücht, der König sei Opfer eines Attentats geworden. Tatsächlich war in der Nacht ein Anschlag auf den Wagen verübt worden, in dem der Monarch von einem nächtlichen Liebesabenteuer zurück fuhr. Pombals offizielle Erklärung war zunächst, Don José sei im Dunkeln die Treppe hinunter gestürzt. Doch einen Monat später machte er den Marquis von Tavora verantwortlich und ließ ihn mitsamt seiner Familie hinrichten. Und er benutzte den Hochverratsprozess, um die Jesuiten in die Sache zu verwickeln: sie sollten die Auftraggeber gewesen sein. Ergebnis war, dass bereits am 19. Januar 1759 alle Güter des Ordens in Portugal und seinen Provinzen in Übersee beschlagnahmt wurden.

Im September 1759 erfolgte der letzte Schlag: Die Jesuiten wurden aus Portugal und Übersee vertrieben mit der Androhung der Todesstrafe bei Rückkehr; ihr Eigentum wurde beschlagnahmt. Betroffen waren davon insgesamt etwa 1700 Jesuiten, wobei 900 aus den überseeischen Provinzen kamen. Nahezu 250 angesehene Patres wurden in den Kerker von St. Julian gebracht; erst nach dem Tod des Königs, 1777, erhielten die 162 Überlebenden die Freiheit wieder.

Mit der Vertreibung der Jesuiten ging eine Lähmung des Erziehungs- und Missionsbemühens in Portugal, West- und Ostafrika, Brasilien, Indien und im Fernen Osten einher. Pombal konnte zufrieden sein mit seinem Werk. Die Aufhebung der Gesellschaft Jesu 1773 feierte er mit Glockengeläute und Kanonenschüssen. Doch traf ihn selbst schon bald die gerechte Strafe durch die Tochter Don Josés, die nach dem Tod ihres Vaters 1776 den Thron bestiegen hatte. Sie ließ den Prozess gegen die Familie Tavora, den Pombal als Vorwand zur Vertreibung des Ordens missbraucht hatte, wieder aufrollen. Pombal wurde für schuldig erklärt und zum Tod verurteilt; nur sein hohes Alter führte zu seiner Begnadigung.

Vertreibung der Jesuiten in Frankreich

In Frankreich stieß das Vorgehen Pombals zwar auf Missbilligung, seinen Anschuldigungen schenkte man aber bereitwillig Glauben, denn schon lange warteten die antijesuitischen Gruppen, das Parlament von Paris, Jansenisten, Aufklärer, Ungläubige, auf einen günstigen Augenblick zum Zuschlagen. Unterstützt wurden sie von Jeanne Antoinette Poisson, Marquise de Pompadour, der Maitresse des Königs, die den jesuitischen Beichtvätern nicht verzeihen konnte, dass diese gegen ihr Verhältnis zum König waren. Und es half Choiseul dazu, der Minister des Königs und Günstling der Madame Pompadour. Der König selbst war den Jesuiten zwar wohl gesinnt, aber schwach und willenlos, so dass der Orden mit keiner Solidarität rechnen konnte.

Die Gelegenheit zum Schlag gegen die Jesuiten lieferten diese selbst, Unglück und eigene Schuld sollten die Katastrophe beschleunigen: Auf der westindischen Insel Martinique, einer französischen Kolonie, war seit 1742 Pater Antoine La Valette tätig; 1746 wurde er Leiter der wirtschaftlichen Angelegenheiten und sieben Jahre später Missionsoberer und Apostolischer Präfekt. Durch sein kaufmännisches Geschick konnte er die wirtschaftliche Notlage der Mission wesentlich verbessern. Mit dem durch Kredite beschafften Geld legte er auf der Nachbarinsel Dominique Kaffee- und Zuckerplantagen an, deren Ertrag er nach Frankreich verkaufte und so seine Schulden tilgte. Bald jedoch wurde er wegen verbotenen Handels mit dem Ausland angeklagt, doch La Valette konnte sich rechtfertigen.

Das Verhängnis begann mit dem Siebenjährigen Krieg zwischen Frankreich und England, als zwei Schiffe La Valettes mit Zucker und Kaffee im Wert von über 600 000 Livres von den Engländern gekapert wurden. Dazu kam, dass La Valettes Bankhaus der Brüder Lioncy et Gouffreys in Marseille Konkurs anmelden musste. Die Gläubiger verlangten nun von den Jesuiten die Zahlung der Schulden, aber auch noch weitere Gläubiger fanden sich ein, so dass sich die Gesamtsumme der Verbindlichkeiten bald auf viereinhalb Millionen belief. Statt sich mit La Valette solidarisch zu erklären und die Schulden zu begleichen, was den französischen Jesuiten möglich gewesen wäre, vertraten sie den Standpunkt, dass jede Niederlassung des Ordens wirtschaftlich selbstständig sei. Doch das Konsulargericht von Paris entschied 1760, dass die Jesuiten für alle Schulden La Valettes haftbar seien, da die Verwaltung des ganzen Ordens dem General unterstehe; und somit treffen auch die Verbindlichkeiten den General bzw. den ganzen Orden. Somit sollten die Gläubiger bei Nichtbezahlung durch den Missionsverwalter die übrigen Güter des Ordens zu ihrer Entschädigung erhalten. Und hier machten die Jesuiten den zweiten Fehler: Statt sich an den dem Orden relativ wohlgesinnten Kronrat wegen einer Berufung zu wenden, wandte sich der Pariser Provinzial, trotz der Bedenken vieler anderer Jesuiten und ohne den General in Rom zu fragen, an die ihnen feindlich gesinnte Große Kammer des Pariser Parlaments, deren Spruch das größte Ansehen besaß, in der Überzeugung, dass sich Recht immer durchsetzen werde. Doch das Parlament bestätigte nicht nur das Urteil des Konsulargerichts von Marseille mit der Begründung, dass der Ordensgeneral als oberster Verwalter aller Ordensgüter und deren einziger Eigentümer mit dem ganzen Ordensvermögen haftbar sei, sondern verwandelte die Zivilsache in einen Kriminalprozess und zog als erstes die bisher geheim gehaltenen Ordenskonstitutionen ein zur Prüfung und erklärte am 28. Mai 1761 den gesamten Orden für haftbar.

Pater La Valette gab nun zu, dass er, ohne Wissen der Ordensoberen, gegen die Ordensgesetze und das Kirchenrecht verstoßen habe. Er musste nach Europa zurückkehren und erhielt seine Entlassung aus der Gesellschaft Jesu.

Das Parlament befasste sich eingehend mit den Ordenskonstitutionen und erklärte am 6. August 1762 in seinem Endurteil mit 98 von 112 Stimmen, die Gesellschaft Jesu stehe mit dem Naturrecht und den französischen Gesetzen im Widerspruch und sei unwiderruflich aus Frankreich ausgeschlossen. Als Begründung hieß es, die Lehre der Jesuiten enthalte die Irrtümer Calvins und Luthers, sei gotteslästerlich, zügellos, beleidigend für die Heilige Jungfrau und alle Heiligen, ermutige zu Mord, Wucher, Rache und Grausamkeit, bedrohe die Sicherheit der Herrscher und stehe im Gegensatz zu den Entscheidungen der Kirche, des göttlichen Willens und des Friedens.

Der König war zwar von der Schuld der Jesuiten nicht restlos überzeugt, doch auf Drängen seines Ministers Choiseul und Madame Pompadours gab Ludwig XV. am 1. Dezember 1764 seine Zustimmung zur Auflösung des Jesuitenordens in Frankreich und seinen Missionen. 3000 Jesuiten waren betroffen, 84 Kollegien und weitere 64 Niederlassungen wurden geschlossen.

Vertreibung der Jesuiten in Spanien

Spanien folgte dem Beispiel Portugals und Frankreichs. Angeblich aus Gründen der Aufrechterhaltung der Ordnung ergingen Ende März 1767 königliche versiegelte Befehle an alle Statthalter, die erst am bestimmten Tag geöffnet werden durften. Jetzt lief alles mit äußerster Präzision ab: An ein und demselben Tag, dem 2./3. April, wurden die Häuser der Jesuiten geräumt und die Jesuiten selbst festgenommen, zum Hafen gebracht und in den Kirchenstaat abgeschoben. Die echten Gründe wurden nicht genannt, Vermutungen wurden bei Todesstrafe unterbunden. Um die vertriebenen Jesuiten ruhig zu stellen, wurde ihnen eine Pension bezahlt, die sie verlören, wenn sie im Ausland etwas über die Hintergründe veröffentlichten.

Drahtzieher dieser Blitzaktion war der neapolitanische Minister Tanucci, der einen großen Einfluss auf König Karl III. hatte, den vormaligen König von Neapel. War Tanucci einzelnen Jesuiten durchaus zugetan, so war für ihn der Gesamtorden eine Verkörperung des Bösen. Es gelang ihm, eine konzertierte Aktion der bourbonischen Mächte Frankreich, Spanien und Neapel zustande zu bringen, um zur endgültigen Vernichtung des Orden zu schreiten. Hatte Pombal noch mit antijesuitischen Schriften die Menschen überschwemmt, so setzte Tanucci auf diplomatische Mittel. Zwar erwies sich Clemens XIII. als unnachgiebig, doch vielleicht war sein Nachfolger dem immer stärker werdenden vereinten Druck nicht länger gewachsen?

Nach dieser Tat Karls III. war das Schicksal der Jesuiten in Parma und Neapel, die beide von Spanien abhingen, ebenfalls besiegelt.

Die Aufhebung des Ordens durch Papst Clemens XIV.

Es ist nie zu einem echten Prozess gegen die Jesuiten gekommen. Sie wurden ohne Gerichtsurteile bestraft. Auch wurde das Institut als solches niemals der Kritik unterzogen. Ganz im Gegenteil: Zu den Bestätigungen der früheren Päpste kam das bereits während der Verfolgung verfasste Dokument Clemens XIII. hinzu, in dem dieser noch im Januar 1765 feierlich erklärt: *Auch wir bestätigen dieses Institut ... und bekräftigen mit unserer apostolischen Autorität das, was unsere Vorgänger approbiert haben.* Und bei der Wahl von Lorenzo Ricci zum Ordensgeneral 1768 hatte derselbe Papst ihm die Weisung gegeben: *Schweigen, Ruhe, Gebet!*

Im Januar 1769 beantragten die bourbonischen Höfe, die sich in der Jesuitenfrage einig waren und den Orden aus ihren Ländern vertrieben hatten, beim Papst offiziell die Aufhebung der Gesellschaft Jesu. Doch Clemens XIII. starb einen Monat später. Wer sollte sein Nachfolger werden? Das Konklave war mit drei Monaten eines der längsten der neueren Kirchengeschichte. Am wichtigsten war, dass der kommende

Papst sein Möglichstes tun sollte, um die Wünsche der katholischen Mächte zu befriedigen und die Gesellschaft Jesu aufzuheben. Die Kardinäle wandelten diesmal also das Entscheidungsmerkmal „genehm" oder „nicht genehm" ab in: geneigt zur Aufhebung oder nicht. So erhielt der Franziskaner-Kardinal Lorenzo Ganganelli am 18. Mai 1769 in den zwei Wahlgängen der 27 Kardinäle 5 Erst- und 13 Zweitstimmen, zusammen 18 Stimmen. Damit war die Mehrheit für Ganganelli gesichert und die Wahlen wurden noch in derselben Nacht abgeschlossen. Am folgenden Tag, dem 19. Mai 1769, dreieinhalb Monate nach dem Tod Clemens XIII., bestieg Clemens XIV. den päpstlichen Thron.

Clemens XIV. strebte keineswegs von Anfang an die Aufhebung des Jesuitenordens an. Ganz im Gegenteil: Er versuchte mit einer vier Jahre dauernden Verzögerungstaktik die Lage zu retten. Er sagte, man müsse die Angelegenheit mit erfahrenen Kirchenrechtlern diskutieren, das Institut und die Dokumente der Jesuiten einer genauen Prüfung unterziehen. Er schlug indirekte Maßnahmen vor, wie keine neuen Novizen zuzulassen oder den General abzusetzen. Auch behandelte er die Jesuiten sehr hart, da er meinte, die Feinde würden sich damit zufrieden geben. Doch der Kampf gegen den Druck der Botschafter Portugals, Spaniens und Frankreichs war vergeblich. Schließlich war er so eingeschüchtert, dass der neue Botschafter Spaniens, José Moñino, ein leichtes Spiel hatte und dem Papst den Befehl abrang, das Aufhebungsdekret auszufertigen.

Dieses Dokument ist einzigartig in der Geschichte, denn es ist ein persönliches Werk des Don José Moñino y Redondo. Er galt als klug und als Mann, der sich zu benehmen weiß; aber auch seine Härte und seine Überzeugung, die Gesellschaft Jesu müsse unbedingt aufgehoben werden, waren bekannt. Er trug zum Zustandekommen des Breve „Dominus ac Redemptor" wesentlich bei. Er selbst redigierte die 18 Hauptpunkte, die das Dokument enthalten musste, und legte sie dem Papst vor, wobei er von einem „Opus supererogatorium" sprach. Er selbst bereitete unaufgefordert einen spanischen Entwurf vor, den der Beauftragte des Papstes, Msgr. Fran-

cesco Saverio Zelada, Sekretär der Konzilskongregation, dann nur ins Lateinische übersetzte anstatt selbst, seinem päpstlichen Auftrag gemäß, einen Vorschlag zu erarbeiten. Auf Betreiben Moñinos ließ Clemens XIV. das Aktenstück zunächst dem spanischen König zur Prüfung übermitteln, damit dieser es dann den übrigen katholischen Souveränen mitteilen konnte. Die Reaktion all dieser Herrscherhäuser war positiv. Am 21. Juli 1773 setzte Papst Clemens XIV. seine Unterschrift unter das Aufhebungsbreve. Den Namen Clemens hat nach ihm kein Papst mehr angenommen.

Aus dem Aufhebungsbreve geht klar hervor, dass die Aufhebung nicht als Strafe für eventuelle Vergehen der Gesellschaft Jesu erfolgte, sondern als Maßnahme zur Erhaltung des Friedens. Es wird die Gesellschaft Jesu aufgehoben, aber nicht das Institut verurteilt:

Durch die Gegenwart und Eingebung des göttlichen Geistes geleitet, auch von unserer Amtspflicht selbst angefachet, finden wir uns äußerst gedrungen, die sämtliche Christenheit mit Ruhe und Eintracht zu verbinden, sie gleichsam in unserm Busen zu erwärmen, zu stärken, und alles dasjenige, so weit es die Kräfte gestatten, ganz aus dem Weg zu schaffen, was dieselbe auch nur im geringsten benachtheiligen kann. Und da wir dann hiebey erkennen, daß die besagte Gesellschaft Jesu jene reichliche und ausgebreitete Früchte und Nutzbarkeiten, zu deren Erzeugung sie bestimmt, und von so vielen unserer Vorfahrer bestättiget war, nicht mehr hervorbringen mag; ja, daß die Wiederherstellung eines wahren dauerhaften Friedens in der Kirche, so lange diese Gesellschaft aufrecht bleibet, kaum, oder wohl gar auf keine Art, möglich ist: so werden wir aus diesen, eben darum äußerst wichtigen Ursachen bewogen, und auch aus anderen, uns von den Vernunftgesetzen, und dem Begrife der bestmöglichsten, uns obliegenden, Verwaltung der Kirche, an Handen gegebenen, tief in unserm Herzen verwahrt bleibenden Gründen, unwiderstehlich angetrieben; ... und erlassen also mit reifem Bedachte, mit klarer Bewußtheit, und aus apostolischer Machtsvollkommenheit, den Anspruch der Aufhebung der besagten Gesellschaft, wie wir dann auch wirklich diese Gesellschaft abschaffen und vertilgen;– vereiteln und abrogiren alle und jede ihrer

Ämter, Ministerien,
und Verwaltungen, Häu-
ser, Schulen, Kollegien, Hospitien;
und was immer für Örter, in welchem Lande, Rei-
che und Gebiete sie sich auch befinden, oder auf
was immer für eine Art sie ihr zugehören mögen.
Wir abrogiren und zernichten auch ihre Satzungen,
Gebräuche, Gewohnheiten, Dekrete und Constitu-
tionen, wenn solche auch gleich durch einen Eyd,
durch apostolische Bestättigung oder sonst auf ir-
gend eine andere Weise bekräftiget sind. ... Daher
erklären wir auch den Generalvorsteher, die Provin-
ziale, Visitatoren, und alle andere Obere der be-
sagten Societät auf immer für kassiret, und aller,
worinn immer bestehenden, Authorität gänzlich
entsetzt.

Als konkrete Folge der Aufhebung sollten Novizen und Laienbrüder entlassen, kranke und
alte Ordensmitglieder aber aus dem Vermögen
der ehemaligen Kollegien unterhalten werden.
Patres, die bisher als Priester und Beichtväter gewirkt hatten, konnten entweder einem anderen
Orden beitreten oder sich als Weltgeistliche weiter der Seelsorge der
Bevölkerung widmen.

1774 wurde zur Aufhebung des
Jesuitenordens eine päpstliche Gedenkmünze in
Rom geprägt: Sie zeigt auf der Vorderseite ein
Brustbild Papst Clemens XIV. im Profil, die Rechte zum Segen erhoben. Auf der Rückseite ist
Christus dargestellt mit den Heiligen Petrus und
Paulus, die drei Jesuiten forttreiben. *Numquam*
novi vos, discedite a me omnes (Ich habe euch nie
gekannt, weicht alle von mir), heißt es in der In-
schrift. Eine Anspielung auf die Richterszene im
25. Kapitel des Matthäus-Evangeliums. Dazu
der Anlass: *Exaugurationis Soc[ietatis] Iesv me-*
mor[iae] (Gedenken an die Aufhebung der Gesell-
schaft Jesu), mit einem Hinweis auf Psalm 117,
23: *So ist's durch den Herrn geschehn, ein Wunder*
in unseren Augen. Dass eine Gedenkmünze aus
diesem Anlass geprägt wurde, zeigt das große öffentliche Interesse an der Aufhebung des Jesuitenordens. Dieser war doch vor allem durch seine
Schulen und Prediger im täglichen Leben der
Menschen stets präsent gewesen.

Das Überleben der Gesellschaft Jesu

Lorenzo Ricci, der 18. und letzte Ordensgeneral der „alten" Gesellschaft Jesu war völlig überrascht, als er von der Kardinalskongregation das Aufhebungsbreve erhielt. Für ihn war es unmöglich, dass der Papst einen Orden aufheben könne, der ihm und der Kirche stets eine Stütze gewesen sei; ebenso könne der Papst doch nicht die von seinen Vorgängern bestätigten feierlichen Erlasse für die Jesuiten einfach umstoßen. Ricci wurde zunächst im englischen Kolleg unter Hausarrest gestellt, dann hielt man ihn in der Engelsburg gefangen. Ihm wurde der Prozess gemacht und er musste sich mehrerer Verhöre unterziehen. Er beteuerte stets seine und die Unschuld der gesamten Gesellschaft Jesu. Niemals wurde ein Urteil gefällt. Ricci starb am 24. November 1775 71jährig nach zwei Jahren Kerkerhaft.

Abweichend von der üblichen Praxis erhielt das Aufhebungsbreve erst nach seiner amtlichen Publikation seine Gültigkeit durch die Bischöfe. Dies hatte eigentlich nur dem Zweck gedient, das jesuitische Vermögen vor dem staatlichen Zugriff zu bewahren und dem päpstlichen Stuhl sicher einverleiben zu können. Aber zugleich trug es ungewollt zum Überleben des Ordens bei, denn ein kirchenrechtlich einwandfreies Fortbestehen des Ordens war in Ländern gewährleistet, die das Breve nicht verlesen würden.

Friedrich II. von Preußen und Katharina II. von Russland veröffentlichten das päpstliche Aufhebungsbreve nicht, so dass in ihren Ländern der Orden vorerst erhalten blieb. Der Preußenkönig schätzte die Jesuiten als Lehrer seiner katholischen Untertanen und vertrat somit die Meinung: *Da ich schon so verschiedene Tiere in meinem Reich habe, finde ich ein Vergnügen daran, auch einige Füchse dieser Art zu besitzen. Man unterhält im Zirkus für die Tierkämpfe Tiger und Löwen, warum sollte man nicht auch Jesuiten dulden?* Friedrich II. wollte durch seinen Widerstand vor allem die Jesuitenschulen in dem von ihm annektierten Schlesien retten. Er gab zwar 1776 den Widerstand gegen die Promulgation des Breves auf, ließ aber die Ex-Jesuiten ihre Kollegien als „Königlich-Preußisches Schuleninstitut" weiterführen, bis dieses 1800 aus Mangel an Mitgliedern einging. Durch die Teilung Polens 1772 waren in Weißrussland über 200 Jesuiten mit vier Kollegien und einer Reihe anderer Niederlassungen unter russische Herrschaft gekommen. Aus politischer Rücksicht auf die neuen Untertanen verbot Katharina II. gegen den Willen des Nuntius und später des Erzbischofs von Wohilev die Veröffentlichung des Breves und rettete dadurch einen Rest der Gesellschaft Jesu bis zu ihrer allgemeinen Wiederherstellung.

Wiederherstellung der Gesellschaft Jesu 1814

Als Beichtväter und Berater an Fürstenhöfen, als Lehrer an Schulen und Universitäten hatten Jesuiten bis zur Aufhebung 1773 erfolgreich gewirkt. Vor allem im Bildungswesen war nun eine große Lücke entstanden, so dass bald wieder Ex-Jesuiten für den Schuldienst herangezogen wurden. Das Bewusstsein, einen historischen Fehler begangen zu haben, wuchs ständig. Und so gehörte zu den Maßnahmen Papst Pius VII. als Neubegründer der kirchlichen Ordnung auch die Wiederherstellung der Gesellschaft Jesu. Während der

Orden in Weißrussland zuerst mit stillschweigender und dann mit ausdrücklicher Zustimmung der Päpste Pius VI. und Pius VII. unter einem gewählten Generalvikar weiter bestand, arbeiteten im westlichen Europa die „Gesellschaft vom Heiligsten Herzen Jesu" und die „Gesellschaft vom Glauben Jesu", 1799 unter der Leitung von Nicola Paccanari zur „Societas fidei Jesu" vereinigt, auf die Wiederherstellung des unterdrückten Ordens hin. 1801 erfolgte die offene Anerkennung des erhalten gebliebenen Zweiges des Ordens in Weißrussland durch das

Breve „Catholicae Fidei". Dann wurde vorsichtig der Orden in Italien wieder hergestellt und ein Provinzial ernannt, José Pignatelli, der damals Novizenmeister in einem Noviziat war, das Pius VI. in aller Stille autorisiert hatte und das 1799 in Colorno eingerichtet worden war. Darauf folgte die Wiederinstallation in den beiden Sizilien. Auf Weisung Paccanaris übernahmen 1805 zehn Mitglieder seiner Gemeinschaft unter Leitung von Sineo della Torre das ehemalige Jesuitenkolleg in Sitten in der Schweiz. Die kleine Gruppe erhielt auf ihr wiederholtes Gesuch hin 1810 vom Generalvikar Brzozowski die Aufnahme in die Gesellschaft Jesu und legte nach dem Noviziat 1812 die Ersten Gelübde ab. In dieser Gemeinschaft von vorläufig noch geheimen Jesuiten liegt der Ursprung der neuen Gesellschaft Jesu in Deutschland. Dann begann der Orden in Frankreich, Belgien und den Niederlanden neue Wurzen zu schlagen.

Kurz nach der Rückkehr aus seinem Exil in Fontainebleau erklärte Papst Pius VII. mit der Bulle „Sollicitudo omnium ecclesiarum" die unbeschränkte Bestätigung der Gesellschaft Jesu in der alten Form und für die ganze Welt. Die Bulle wurde am 31. Juli, dem Fest des heiligen Ignatius veröffentlicht; rechtskräftig wurde sie dann acht Tage später, am 7. August 1814.

Die Aufhebung des Jesuitenordens ist ein gutes Beispiel, wie das Papsttum dem Zeitgeist zu Diensten war. Die Gesellschaft Jesu hatte sich eigens dem Papstgehorsam verschrieben; dieser Papstgehorsam sollte sogar vor dem Ordensgehorsam die erste Stelle einnehmen. Und gerade der Papst hat den Orden geopfert, um des lieben Friedens willen. Doch dieses Nachgeben hat die grundlegenden Konflikte zwischen Papsttum und Staat nicht gelöst, wie die Zukunft zeigen sollte.

V.

Kulturkampf

Bismarcksches Jesuitengesetz

Für das 19. Jahrhundert ist bezeichnend, dass in ganz Europa der herrschende Liberalismus mit Hass und Furcht auf Rom und den neu erstarkenden Katholizismus blickte. Damit ging einher, dass mehr als je zuvor Jesuitenhass verbreitet war und viele Länder die Jesuiten vertrieben: Norwegen 1814, Russland 1820, Portugal 1834 und 1910, Spanien 1835, 1868 und 1932, Argentinien 1841, die Schweiz 1847, Italien 1848 und 1859, Österreich 1848, Kolumbien, Ecuador und Uruguay 1850 und 1861, Deutschland 1872, Frankreich 1880 und 1901.

Dazu kam der Altkatholizismus mit seinem Kampf gegen Rom und den Jesuitismus. Unter diesen Einflüssen gestaltete sich die politische Haltung des Fürsten und Reichskanzlers Otto von Bismarck (1815–1898) gegenüber Rom, dem Katholizismus und dem Jesuitenorden, der seit 1848 in Preußen schon großes Ansehen gewonnen und eine Reihe von Niederlassungen gegründet hatte. Bismarck betrachtete den Jesuitenorden als Vorkämpfer des Papsttums und des so genannten Ultramontanismus. Schon aus diesem Grund hielt er ihn für staatsgefährlich. Doch den Ausschlag gab seine Meinung von der so genannten vaterlandslosen, internationalen Gesinnung der Jesuiten. So erklärte er im Reichstag am 28. November 1885: *Die Gefahr, die gerade die Tätigkeit der Jesuiten für Deutschland, seine Einigkeit und seine nationale Entwicklung hatte, liegt nicht im Katholizismus der Jesuiten, sondern sie liegt in ihrer ganzen internationalen Organisation, in ihrem Lossagen und Loslösen von allen nationalen Banden und in ihrer Zerstörung und Zersetzung der nationalen Bande und der nationalen Regungen überall, wo sie dieselben bekommen können … Es ist der Kosmopolitanismus, die Neigung zur Vaterlandslosigkeit, die gerade der Jesuitenorden mehr als irgendein anderer durch seine Jugenderziehung fördert, indem er die Jugend von den nationalen Banden, vom Nationalgefühl losreißt. Das ist die Hauptsache, die ich gegen den Orden habe.*

Schon 1871, im Jahr der Reichsgründung, forderten erste Petitionen die Ausweisung der Jesuiten. Im Mai 1872 begannen darüber die Beratungen im Reichstag. Am 19. Juni 1872 nahm der Reichstag das gegenüber den ersten Vorlagen verschärfte Gesetz mit 183 gegen 101 Stimmen an. Es verfügte:

§1. Der Orden der Gesellschaft Jesu und die ihm verwandten Orden und ordensähnlichen Kongregationen sind vom Gebiet des Deutschen Reiches ausgeschlossen. Die Errichtung von Niederlassungen derselben ist untersagt. Die zurzeit bestehenden Niederlassungen sind binnen einer vom Bundesrat zu bestimmenden Frist, welche sechs Monate nicht übersteigen darf, aufzulösen.

§2. Die Angehörigen des Ordens der Gesellschaft Jesu oder der ihm verwandten Orden oder ordensähnlichen Kongregationen können, wenn sie Ausländer sind, aus dem Bundesgebiet ausgewiesen werden; wenn sie Inländer sind, kann ihnen der Aufenthalt in bestimmten Bezirken oder Orten versagt oder angewiesen werden.

§3. Die zur Ausführung und zur Sicherstellung des Vollzugs dieses Gesetzes erforderlichen Anordnungen werden vom Bundesrat erlassen.

Der Bundesrat, die zweite Kammer, stimmte dem Gesetz nicht nur zu, sondern fügte am 5. Juli 1872 noch die Verordnung bei: *Da der Orden der Gesellschaft Jesu vom Deutschen Reich ausgeschlossen ist, so ist den Angehörigen dieses Ordens die Ausübung einer Ordenstätigkeit insbesondere in Kirche und Schule sowie die Abhaltung von Missionen nicht gestattet.*

Dieses „Jesuitengesetz" ist die im Kulturkampf erwachsene Ausnahmebestimmung, durch die die Gesellschaft Jesu aus dem Deutschen Reich verbannt und ihren Mitgliedern jede Tätigkeit verboten wurde. Folge dieser Gesetzgebung war, dass die Gesellschaft Jesu 45 Jahre lang verbannt blieb und im Ausland Zuflucht suchen musste. So entstanden Niederlassungen deutscher Jesuiten in den Niederlanden, in Großbritannien und in Österreich. Die Tätigkeit des Ordens wandte sich den Missionen in fremden Ländern zu wie Indien, Afrika, Brasilien, Chile und Nordamerika. In Deutschland bewegte sich die Arbeit innerhalb der vom Bundesrat gezogenen Schranken.

Während die meisten Kulturkampfgesetze bis 1887 wieder außer Kraft gesetzt wurden, blieb das Jesuitenverbot weiter bestehen. Am 1. Dezember 1893 beschloss der Reichstag mit 168 Ja- gegen 145 Neinstimmen die Aufhebung des Gesetzes, doch der Bundesrat verweigerte die notwendige Zustimmung. Ein zweiter Antrag wurde vom Reichstag 1895 mit noch größerer Mehrheit angenommen. Gleiches wiederholte sich in den Jahren 1896 und 1899. Doch immer bestand der Bundesrat auf seiner Ablehnung. Erst am 19. April 1917 wurde das „Gesetz betreffend die Aufhebung des Gesetzes über den Orden der Gesellschaft Jesu vom 4. Juli 1872" vom deutschen Kaiser und dem Staatssekretär des Inneren unterzeichnet, nachdem Reichstag und Bundesrat ihre Zustimmung gegeben hatten, und am gleichen Tag trat das Gesetz in Kraft. Schon am 8. März 1904 war Artikel 2 des Kulturkampfgesetzes aufgehoben worden, wodurch den Jesuiten wenigstens das Recht der Freizügigkeit innerhalb Deutschlands wiedergegeben war. Tatsächlich hielten sich 1917 bereits 130 Jesuiten innerhalb des deutschen Reichsgebietes auf. Da jedoch bis 1917 die Errichtung eigener Niederlassungen verboten war, waren sie zumeist einzeln oder in kleinen Gruppen über ganz Deutschland verteilt. In größeren Städten hatten sie meist in Pfarrhäusern, Krankenhäusern und anderen kirchlichen Institutionen Wohnung gefunden.

Mit der Aufhebung des Jesuitengesetzes war für die Ordensmitglieder, die mittlerweile als Soldaten, Pfleger und Feldgeistliche dem Vaterland gedient hatten, der Weg erschlossen, um wieder in der Heimat arbeiten zu können. Als Bismarck das Kulturkampfgesetz erließ, mussten 755 Jesuiten in die Verbannung gehen. Als es 45 Jahre später aufgehoben wurde, kehrten 1207 Jesuiten aus der Verbannung zurück.

Jesuitenverbot in der Schweiz

Die Schweiz erlebte 1870–1848 im Kulturkampf eine politische Auseinandersetzung zwischen Radikalen und Konservativen. Dabei wurden auch die Gräben zwischen Protestanten und Katholiken neu aufgerissen. Unlösbar war damit die Agitation um Klöster und Jesuiten verbunden. Sprachen die Radikalen von einer *fürchterlichen Jesuitenexplosion*, so sahen die Katholisch-Konservativen in den Jesuiten *die sicherste Stütze und zuverlässigste Schutzmauer*. Nach dem Sonderbundskrieg erließ die Tagsatzung am 3. September 1847 den Ausweisungsbefehl gegen 250 Jesuiten, und in die Verfassung von 1848 kam Artikel 58, der jegliche Aufnahme von Jesuiten in der Schweiz verbot: *Der Orden der Jesuiten und die ihm affiliierten Gesellschaften dürfen in keinem Teile der Schweiz Aufnahme finden*. Die im Kulturkampf 1874 von Volk und Ständen angenommene Bundesverfassung, die bis zum Jahr 2000 Bestand haben sollte, wollte das Verbot mit Artikel 51 noch verschärfen: *…, und es ist ihren Gliedern jede Wirksamkeit in Kirche und Schule untersagt. Dieses Verbot kann durch Bundesbeschluss auch auf andere geistliche Orden ausgedehnt werden, deren Wirksamkeit staatsgefährlich ist oder den Frieden der Konfessionen stört*. Und mit Artikel 52 kam das sogenannte „Klosterverbot".

Erst am 23. Dezember 1971 verabschiedete die Regierung die „Botschaft des Bundesrates an die Bundesversammlung über die Aufhebung des Jesuiten- und Klosterartikels der Bundesverfassung". Sie beantragte die ersatzlose Streichung der beiden Artikel, da sie den Grundnormen der Bundesverfassung widersprechen. Am 20. Mai 1973 hatte das Schweizer Volksbegehren über die Aufhebung oder Beibehaltung des 125 Jahre alten Jesuitenverbotes durch eine eidgenössische Volksabstimmung zu befinden. Die Stimmbeteiligung betrug knapp 40 Prozent. Etwa 90 Prozent der Katholiken und 25 – 30 Prozent der Protestanten befürworteten die Revision.

Wiederaufbau nach dem Bismarckschen Jesuitengesetz

Nachdem das Jesuitengesetz aufgehoben und der Erste Weltkrieg beendet war, konnte sich die Gesellschaft Jesu wieder dem Aufbau ihrer Werke in Deutschland widmen.

Die Monatszeitschrift **„Stimmen der Zeit"** wurde zu einem Organ und ihre Redaktionsgruppe zu einem Zentrum der Auseinandersetzung mit den Zeitströmungen. Die „Stimmen der Zeit" spiegeln als älteste Kulturzeitschrift Deutschlands selbst ein Kapitel Kirchen- und Zeitgeschichte wider. Sie wurde 1871 unter dem Namen „Stimmen aus Maria Laach" gegründet und nahm zu den wichtigsten Fragen des religiösen, wissenschaftlichen und sozialen Lebens Stellung. Die erste Nummer erschien am 15. Juli 1871. Mit der Verbannung des Jesuitenordens aus Deutschland durch Bismarcks „Jesuitengesetz" von 1872 musste sich auch die Redaktion bald ins Exil begeben nach Belgien, Luxemburg und Holland. Während des Krieges, noch bevor das Ausnahmegesetz gefallen war, siedelte die Schriftleitung 1914 nach München über und nahm auch einen neuen Titel an: „Stimmen der Zeit". Den Nationalsozialisten war die Zeitschrift ein Dorn im Auge. Nach fortgesetzten Repressalien wurde das Redaktionsgebäude 1941 konfisziert und die Zeitschrift verboten. Zur Redaktion gehörte damals Alfred Delp, der am 2. Februar 1945 wegen seiner Mitarbeit im „Kreisauer Kreis" von den Nazis ermordet wurde. Im Oktober 1946 konnten die „Stimmen der Zeit" wieder erscheinen.

Peter Lippert wurde zum bekanntesten religiösen Schriftsteller dieser Zeit. Seit 1929 war er ein viel gehörter Radioprediger. Manche seiner Predigtreihen wurden in Büchern veröffentlicht.

Peter Lippert SJ in seinem Arbeitszimmer, München um 1920
© SJ–Bild

Die Auflagen seiner Werke geht weit in die Hunderttausende. Peter Lippert wurde am 23. August 1879 als Sohn einfacher, frommer Landleute in Altenricht bei Amberg geboren. Nach Absolvierung des Amberger Gymnasiums hatte er Aufnahme in das Regensburger Priesterseminar gefunden. 1899 trat er in die Gesellschaft Jesu ein. Er starb am 18. Dezember 1936 in Locarno und wurde in Immensee in der Schweiz begraben.

Schon in seinen Ausbildungsjahren ist seine hervorragende spekulative, aber auch seine ganz ungewöhnliche literarische Begabung, der Gelehrte sowohl wie der Künstler, offenbar geworden. So war es nur natürlich, dass er später zum Schriftstellerteam der Jesuitenzeitschrift „Stimmen der Zeit" nach München kam, das von

1912 ab sein Wohnsitz geblieben ist. Von hier aus entfaltete er seine vielfältige Tätigkeit. Gewaltige Wirkungen hatten seine vielen Vorträge und seine jahrelangen Sonntagspredigten im Bayerischen Rundfunk. Und der Schriftsteller hat durch eine stattliche Reihe glänzend geschriebener Artikel, auflagenreicher, zum großen Teil auch in fremde Sprachen übersetzter Bücher eine Leserschar um sich gesammelt, wie sie nur ganz wenigen christlichen Schriftstellern beschieden war.

Zu Beginn seiner schriftstellerischen Tätigkeit stand 1912 „Die Psychologie des Jesuitenordens". Dieses Buch des jungen Lippert über den Orden stellt ein starkes persönliches Zeugnis dar. Es bietet keine Theologie des Ordens. Aber es richtet sich an den Menschen und erschließt ihm die Welt des Glaubens und der Kirche. Neben dem 1924 erschienen Buch „Von Seele zu Seele", einer Sammlung von Briefen an gute Menschen, hat das 1929 erschienene Werk „Aus dem Engadin – Briefe zum Frohmachen" die weiteste Verbreitung gefunden und ist auch heute noch sehr gefragt.

Witze sind Begabung und Gabe des Sanguinikers, die des Melancholikers ist der Humor. Peter Lippert hatte volles Verständnis für humorvolle Situationen, war aber auf diesem Gebiet auch schöpferischer Meister. Davon und von Zügen der Selbstironie weisen seine Schriften genug Beispiele auf. Lippert las viel und gern. Aber er kümmerte sich ganz und gar nicht um fremde Urteile über ein Buch. Ihm kam es einzig darauf an, ob ein Buch seinen eigenen, an die Thematik gestellten Ansprüchen entsprach. Wie jeder echte Künstler war Lippert ein Subjektivist und darum ein unermüdlicher Verfechter der Freiheit des Einzelnen und der Persönlichkeitsrechte. Lippert war empfindlich für die Nöte der modernen Menschen. Seine ganze Sorge galt den unverstandenen und verlassenen Seelen mit ihren tausend Zweifeln und Ängsten. Sein Lebensgrundsatz war: *Beharrliche und treue Mitwirkung mit der Gnade meines Berufes, das ist mein größtes und wichtigstes Anliegen ... Wenn ich nur Arbeit, viel Arbeit bekomme! Das einzige Leben, das ich habe, soll mir der liebe Gott nicht umsonst gegeben haben.*

VI.

National-
sozialismus

Jesuiten und das Dritte Reich

Die nationalsozialistische Diktatur bekämpfte von Anfang an die Jesuiten neben Juden, Kommunisten und Freimaurern als Hauptfeinde. Sie ist über die Jesuiten hereingebrochen wie ein verheerender Sturm und hat viele ihrer Arbeiten zunichte gemacht. 1935 wurden die ersten Ordensangehörigen verhaftet. 1937 setzten die Hausdurchsuchungen auch bei den Jesuiten in größerem Stil ein; 1938/39 wurden Häuser der Jesuiten beschlagnahmt oder enteignet. Der nächste Schritt im Kampf gegen den Orden war die Erfassung aller Ordensmitglieder, ähnlich wie die Juden, in Spezialkarteien mit dem Ziel, dass bis 1942 kein Jesuit mehr im Lande sein sollte. Die Kartei konnte allerdings dadurch abgewehrt werden, dass die Provinziäle die Listen trotz aller Drohungen nicht auslieferten. 1941 wurden dann einige Häuser zwangsaufgelöst.

1943 versuchte man durch einen spektakulär inszenierten Devisenprozess gegen Pater Oswald von Nell-Breuning in München vor dem Sondergericht den Jesuiten zu schaden. Die so genannten „Devisen- und Sittlichkeitsprozesse" waren Hitlers „Geheimwaffe" gegen den Vatikan, da dieser öffentliche Gerichtsverhandlungen bei den staatlichen Manipulationsmöglichkeiten fürchten musste. Die Anklage warf dem Pater vor, er habe für seinen Orden Genehmigungen für Zinszahlungen nach Holland erschlichen. Der Staatsanwalt musste die Anklage zurückziehen, da nachgewiesen werden konnte, dass die ausländischen Schuldverpflichtungen echt waren. Trotzdem gab es keinen Freispruch, sondern das Urteil lautete auf drei Jahre Zuchthaus, 500 000,– Reichsmark Geldstrafe und Ersatzeinziehung in Höhe des ins Ausland gezahlten Zinsbetrages. Die Urteilsbegründung war,

Pater von Nell-Breuning habe die zur Zinszahlung verwendeten Beträge *aus Misstrauen gegen den nationalsozialistischen Staat* ins Ausland verschoben. Von Nell-Breuning musste die Haft nicht antreten. Die beiden deutschen, die Niederdeutsche und die Oberdeutsche Jesuitenprovinz aber mussten eine Million Reichsmark Strafe zahlen.

Alfred Rosenberg, einer der Hauptideologen des Nationalsozialismus, schrieb in seiner Kampfschrift „Der Mythus des 20. Jahrhunderts": *Der Orden der Jesuiten arbeitet … zielbewusst an der Zersetzung des nordisch-germanischen Abendlandes und nistet sich naturnotwendig überall dort ein, wo eine Wunde im Volkskörper bemerkbar ist. … Seit der Herrschaft des Jesuitismus kann kein nordischer Mensch bewusst Germane und zugleich Anhänger des Loyola sein.* – Damit war dem Jesuitenorden aus einem zweifachen Grund der direkte Kampf angesagt: Zum einen, weil er die nordisch-germanische Ideologie bekämpfte. Und zum anderen, weil er angeblich den Kampfgeist jener Institution unterwanderte, die diese Ideologie rücksichtslos durchzusetzen hatte: die Deutsche Wehrmacht. Darum erließ Adolf Hitler im Juni 1941 den Geheimbefehl, alle Jesuiten aus der Deutschen Wehrmacht zu entlassen und sie, gleich Wehrunwürdigen, als *nicht zu verwenden* zu erklären. Gleichzeitig erging an die Gestapo der Befehl, alle subversiven Kräfte aufzuspüren und auszurotten.

Nicht wenige Jesuiten wurden wegen ihrer seelsorglichen Tätigkeit von den NS-Behörden verfolgt, verbannt, oder in Konzentrationslager verschleppt. Einige von ihnen wurden hingerichtet. Im Jahr 1942 starben die ersten Jesuiten im KZ Dachau, andere Patres waren in anderen Lagern und Gefängnissen inhaftiert, von deutschen

Jesuiten über 20 Patres, von Jesuiten aus anderen Ländern Europas über 100.

Ein Terrorregime, das jede persönliche Freiheit aufhob und jegliche Ethik dem Volkstum unterordnete, musste den Widerstand der denkenden und erst recht der von religiösen Grundsätzen geprägten Menschen herausfordern. Die Jesuiten haben in der NS-Zeit diese Herausforderung angenommen und sich nicht von ihrem Weg abbringen lassen. So wurden sie zu einem Wegweiser durch eine oft kaum durchschaubare Welt.

Durch Provinzial Augustin Rösch kam im Oktober 1941 in Berlin der Kontakt der Münchner Jesuiten mit dem „Kreisauer Kreis", der Widerstandsgruppe um den Grafen Helmuth James von Moltke, zustande. Auf Grund dieser Verbindung entwickelte sich München neben Berlin und Kreisau zum dritten Treffpunkt der „Kreisauer". Damit steht in der Stadt München neben der „Weißen Rose" ebenbürtig der Widerstand des „Kreisauer Kreises", der auch seine Opfer aufzuweisen hat: acht Männer von den zwanzig engsten Mitgliedern wurden hingerichtet. Die Jesuiten, vor allem Alfred Delp, brachten die Impulse der Päpstlichen Sozialenzyklika „Quadragesimo anno" (1931) in die Gespräche ein mit den Forderungen nach der sozialen Gerechtigkeit, nach der Sozialpflichtigkeit des Eigentums, nach einem Familienlohn, nach Mitbestimmung der Arbeiterschaft. Die Entwürfe des „Kreisauer Kreises" wurden noch während des Krieges immer wieder versteckt, so dass viele Texte auf diese Weise die nationalsozialistische Herrschaft überstanden haben.

Der „Kreisauer Kreis" entstand 1941. Als alle Bereiche des öffentlichen Lebens gleichgeschaltet waren, die Bevölkerung durch Bespitzelung, Einschüchterung und blanken Terror weithin gefügig gehalten wurde, und es weithin den Anschein hatte, das deutsche Volk habe sich mit seiner Unfreiheit abgefunden, lud Graf Moltke regelmäßig kompetente Fachleute auf sein Gut in Niederschlesien ein, um mit ihnen Überlegungen für den Tag X anzustellen. Dieses Planen für eine „Zeit danach" war, darüber waren sich alle Beteiligten im Klaren, gleichbedeutend mit dem Zweifel an der Ewigkeit des Dritten Reiches und somit Hochverrat. Ab 1942 nahm Pater Alfred Delp, der schon immer in seinen Predigten und Artikeln versucht hatte, die Menschen auf die christentumsfeindlichen Tendenzen in der nationalsozialistischen Weltanschauung aufmerksam zu machen, regelmäßig an diesen Beratungen als Experte für soziale Fragen teil.

Am 28. Juli 1944 ließ die Gestapo Pater Delp verhaften. Da sein Name in einem Notizbuch Stauffenbergs gestanden hatte, wollte man ihn mit dessen Attentat in Verbindung bringen. Das Angebot, man lasse ihn frei, wenn er bereit sei, aus dem Jesuitenorden auszutreten, lehnte er ab. So wurde gegen ihn und die „Kreisauer" vom 9. bis 11. Januar 1945 vor dem Volksgerichtshof verhandelt.

Die Topographie des Widerstandes der Jesuiten lag von Anfang an im Schutz und im Schatten der katholischen Kirche. Oftmals war es auch eine Topographie des Terrors. Das Netz der Gestapo zog sich weit über Deutschland hin, und ihr Terror konnte unterschiedliche Formen des Schreckens annehmen. War für Pater Mayer gerade das der Schrecken, dass es ihm gut erging, denn er wurde 1940 im Kloster Ettal konfiniert und damit mundtot gemacht, so musste Delp sein Engagement mit dem Leben bezahlen. Er wurde wegen Hoch- und Landesverrates vom Volksgerichtshof zum Tod verurteilt, wie auch Helmuth James von Moltke und Franz Sperr.

Wie sehr die Jesuiten unter dem Nationalsozialismus zu leiden hatten, machen die Zahlen deutlich: Von 380 deutschen Patres, die dem Zugriff der Nazis ausgesetzt waren, wurden 226 aus ihren Häusern vertrieben. Ingesamt hatten 80 Jesuiten (davon 25 aus der Erzdiözese München-Freising) unter den Übergriffen der Nazis zu leiden. Diese bestanden aus: Predigtverbot und -überwachung, Verhör, Verhaftung, Schutzhaft, Entzug der Unterrichtserlaubnis, Passverweigerung, Telefon- und/oder Postüberwachung, Hausarrest, Redeverbot, Beschlagnahme von Briefen, Schriften und Akten, Verwarnung, Zimmerdurchsuchung, Wehrunwürdigkeit, Aberkennung der deutschen Staatsbürgerschaft, Landesverweis.

Drei Jesuiten wurden hingerichtet: Pater Alois Grimm enthauptet in Berlin-Brandenburg am 11. September 1944, Pater Johann Steinmayr enthauptet in Berlin-Brandenburg am 18. September 1944, und Pater Alfred Delp erhängt in Berlin-Plötzensee am 2. Februar 1945. Pater Johann Schwingshackl starb am 27. Februar 1945 in München-Stadelheim in der Nacht vor seiner Hinrichtung. Zwölf Jesuiten wurden in Konzentrationslager verbracht, drei davon starben im KZ Dachau. Die Gesellschaft Jesu hielt unter den 40 Orden und Kongregationen, die in Dachau vertreten waren, den „Rekord". Von 1941 an, als Dachau dazu bestimmt wurde, das Lager zu werden, in das alle Priester und Ordensleute in besonders gekennzeichnete Baracken überführt werden sollten, wurden bis zum Ende April 1945 96 Jesuiten aus 13 verschiedenen Provinzen registriert. Davon waren 15 Jesuiten aus dem Deutschen Reich, drei aus Holland, fünf aus Frankreich, zwei aus Belgien, drei aus Böhmen, 68 aus Polen. Es starben von ihnen insgesamt 31 Fratres und Patres an Hunger, an Erschöpfung, an Misshandlung, auch aufgrund der medizinischen Experimente der Malaria- und Phlegmone-Station; zwei wurden Opfer der Euthanasie; 26 mussten mehrjährige oder kürzere Gefängnisstrafen absitzen; dreizehn kamen bei Kriegseinwirkungen ums Leben; 79 kehrten nicht mehr aus dem Krieg heim, sie waren gefallen, gestorben oder vermisst.

Was die Nationalsozialisten vom Jesuitenorden hielten, kam während des Prozesses gegen die „Kreisauer" vor dem Volksgerichtshof deutlich zum Vorschein. Der Präsident des Volksgerichtshofes, Dr. Roland Freisler, sagte zu Helmuth James Graf von Moltke: *Ein Jesuitenpater, und ausgerechnet mit dem besprechen Sie Fragen des zivilen Widerstandes! Und den Jesuitenprovinzial kennen Sie auch! Und der war auch einmal in Kreisau! Ein Jesuitenprovinzial, einer der höchsten Beamten von Deutschlands gefährlichsten Feinden, der besuchte den Grafen Moltke in Kreisau! Und da schämen Sie sich nicht! Kein Deutscher kann doch einen Jesuiten auch nur mit der Feuerzange anfassen. Leute, die wegen ihrer Haltung von der Ausübung des Wehrdienstes ausgeschlossen sind …!* – Der gleiche Präsident nannte als tiefsten Grund einer unversöhnlichen Konfrontation, dass der Nationalsozialismus und das Christentum eines gemeinsam haben: sie fordern den ganzen Menschen.

Rupert Mayer

Sechzig Jahre nach dem Ende eines Regimes, das Millionen von Menschen Not und Tod gebracht hat, ist der kritische und protestierende Großstadtseelsorger Pater Rupert Mayer nicht in Vergessenheit geraten. Er, der seit 1912 in München wirkende Seelsorger der Zugereisten, der 15. Nothelfer der Stadt in den Hungerjahren, die Stimme der Katholiken in dieser unruhigen Großstadt seit Mitte der Zwanziger Jahre, war einer der Ersten, der öffentlich dem nationalsozialistischen Staat in München widersprach.

Rupert Mayer, am 23. Januar 1876 in Stuttgart geboren, wollte unmittelbar nach seinem Abitur in die Gesellschaft Jesu eintreten, doch seinem Vater schien diese Entscheidung verfrüht. Sein Sohn sollte zuerst Priester in einer Diözese werden. Am 1. Oktober 1900 trat Rupert Mayer dann in den Jesuitenorden ein.

Am 8. Januar 1912 traf Rupert Mayer am „Tatort" seines Lebens ein: in München. Pater Mayer ging in seiner Arbeit strategisch voran, und zwar auf drei Arbeitsfeldern:

Das erste waren die Katholischen Arbeitervereine, die in München, wohl auch in Nachwirkung der Sozialenzyklika Leos XIII. „Rerum novarum", in Fülle entstanden waren. Pater Mayer kümmerte sich in persönlichen Kontakten bei Hausbesuchen um das katholische Leben in München und um die sozialen Nöte der Arbeiter und ermunterte sie immer wieder zu einem christlich geprägten Leben. Ein zweites Arbeitsfeld war der Aufbau der Gemeinschaft der „Schwestern von der heiligen Familie", die sich seit 1914 Schritt um Schritt entwickelte. Diese Schwestern wollten sich der jungen Mädchen vom Land annehmen, damit sie nicht Opfer der Großstadt und ihrer Unsitten würden. Die

Schwestern gründeten Heime für ledige Frauen und trugen auch Sorge um die Arbeiterfamilien. Pater Mayer betreute diese Gemeinschaft zusammen mit zwei weiteren Geistlichen vor allem in ihrer religiösen Bildung. Ein drittes Arbeitsfeld entsprach so recht dem Naturell Pater Mayers: Die Auseinandersetzung mit den modernen Ideen und Bewegungen. Um immer wieder Widerspruch gegen Irrtümer und Lügen zu erheben, besuchte er die öffentlichen Vorträge und Versammlungen, der Rechten wie der Linken, der Anhänger Ludendorffs wie der Freimaurer, und mischte sich ein, meldete sich zu Wort, widersprach. Er wurde allmählich zur Stimme der Katholiken in München.

Mit dem Kriegsbeginn im August 1914 sollte sich bald das Leben des Großstadtseelsorgers Mayer ändern. Im August 1914 wurde er Feldgeistlicher im 1. Bayerischen Armeekorps und wirkte seelsorglich im Feldlazarett. Beim Überqueren einer Brücke im Sulta-Tal in Rumänien wurde Rupert Mayer am 30. Dezember 1916 durch eine Granate schwer verletzt; sein linkes Bein musste oberhalb des Knies amputiert werden.

Am ersten Adventssonntag 1921 übernahmen die Jesuiten wieder die seelsorgliche Betreuung der St. Michaelskirche in München, die sie zwischen 1583 und 1597 erbaut hatten und die bis zur Aufhebung der Gesellschaft Jesu, 1773, ihre Kirche gewesen war. Einige Patres, die bereits über München verteilt wohnten, zogen nach der Aufhebung des Jesuitengesetzes am 19. April 1917 zusammen in das Jesuitenhaus hinter der Kirche. Auch Rupert Mayer nahm im Januar 1922 seine Wohnung im Ordenshaus, in dem er bis zu seinem Tod wohnte. Mit diesem Neubeginn fand Pater Mayer ein zentrales Wirkungsfeld in der Öffentlichkeit Münchens. Regelmäßig stand er auf der Kanzel und verkündete die großen Wahrheiten des christlichen Glaubens in seiner Art: überzeugend, zu Herzen gehend, praktisch, für ein alltägliches Leben. Was er auf der Kanzel verkündete, setzte er selbst in die Tat um, indem er sich für die Beseitigung von Not und Elend einsetzte. Durch seine unermüdlichen sozialen Aktivitäten wurde er zum „15. Nothelfer der Münchner". Zum caritativen Tun kam

seine pastorale Begleitung im Beichtstuhl und in unzähligen Gesprächen in den Sprechzimmern des Jesuitenhauses von St. Michael hinzu.

Bei der Seelsorge nutzte Pater Mayer zuerst die Möglichkeit einer alten religiösen Institution: Die 1630 gegründete Marianische Männerkongregation, eine Vereinigung engagierter Katholiken. Bereits Ende November 1921 war er von Kardinal Faulhaber zum Präses der „Marianischen Bürgerkongregation" (MK) ernannt worden. Die Wirksamkeit Pater Mayers brachte bald Früchte in der wachsenden Zahl der Mitglieder, die etwa 8000 Männer erreichte. Die auf Pfarrgruppen in München verteilte große Gemeinschaft wurde von Pater Mayer spirituell geformt. Er hielt Vorträge in den Pfarrheimen und im so genannten Konvent, bei dem während des Gottesdienstes immer wieder die Ansprache des Präses den Höhepunkt bildete.

Wer so in der kirchlichen Öffentlichkeit wie Pater Mayer stand, wurde zum Adressaten vieler Bitten. Die Not einer Großstadt ist vielfältig: Waisen und Witwen, Arbeitslose und Verarmte, Kranke und Alleingelassene, Menschen in seelischen Nöten, Jugendliche vor Lebensfragen, Eltern in Ehefragen und mit Problemen mit ihren Kindern usw. Pater Mayer half, wo er nur immer konnte. Und er war dabei sehr erfinderisch: Er gab Gutscheine aus für Brot aus einer nahen Bäckerei; er verteilte Lebensmittel an verarmte Familien; er ließ zum Verteilen in der Hungersnot eineinhalb Tausend Zentner Kraut in den Innenhof von St. Michael schaffen. Er schrieb unzählige Briefe: Um einen Arbeitsplatz für einen Arbeitslosen zu erbitten, um wieder einmal eine Spende zu erbetteln. Und er konnte bei all dem sehr hartnäckig sein.

Pater Mayer änderte nach der Machtergreifung seine Seelsorge nicht. Wie bisher entsprach er den Erwartungen seiner Zuhörer auf klare Worte in seinen Predigten. Nachdem im April 1935 ein Geheimbefehl der Gestapo München die besondere Beobachtung der Jesuiten angeordnet hatte, ging es danach in kleinen Schritten auf den Konflikt zu. Im Januar 1936 musste sich Pater Mayer erstmals im Gestapo-Hauptquartier in München wegen seiner Predigten rechtfertigen. Im Juni 1937 wurde er von der

Am zweiten Weihnachtsfeiertag und am 1. und 2. Januar 1938 stand Pater Mayer wieder auf der Kanzel von St. Michael. Als er von der Gestapo gefragt wurde, ob er auch am 6. Januar zu predigen beabsichtige, bejahte er dies. Deshalb wurde er ein zweites Mal verhaftet und ins Gefängnis Landsberg eingeliefert. Er hatte als Strafgefangener die Nummer 9469.

Der Friede nach der Entlassung sollte nicht von langer Dauer sein: Aufgrund seelsorglicher Verschwiegenheit verweigerte Pater Mayer zu einer Frage jede Aussage. Deshalb wurde er am 3. November 1939 das dritte Mal verhaftet und wieder ins Wittelsbacher Palais gebracht. Am 23. Dezember 1939 wurde er in das KZ Sachsenhausen-Oranienburg, in der Nähe Berlins, gebracht.

Die Gestapo befürchtete, Pater Mayer könne bei seiner schwachen Gesundheit im KZ Sachsenhausen ums Leben kommen. Ein Märtyrer Mayer passte keinesfalls in das Konzept der Gestapo, zumal der so genannte Burgfrieden mit den Kirchen gerade in den erfolgreichen Kriegsjahren nicht gestört werden sollte. So wurde Pater Mayer am 6. August 1940 in das Benediktinerkloster Ettal, in der Nähe von Garmisch-Partenkirchen, gebracht.

Als am 6. Mai 1945 die amerikanischen Truppen der 7. Armee in Ettal einzogen, konnte Pater Mayer nach München zurückkehren, wo er mit seiner Arbeit fortfuhr, als sei er nie weg gewesen. Und doch hatte sich so vieles verändert: Greifbar nicht nur in der Zerstörung der Stadt, sondern auch in den hoffnungslosen Gesichtern der Menschen.

Am 1. November 1945, am Fest Allerheiligen, feierte Pater Mayer am Morgen in der Kreuzkapelle der St. Michaelskirche die heilige Messe. Er predigte über die Bedeutung der Eucharistie im Leben der Heiligen. Er kam auf Jesus Christus zu sprechen und sagte: *Der Herr, der Herr*, und da traf ihn ein Hirnschlag.

Am 3. Mai 1987 sprach Papst Johannes Paul II. im vollbesetzten Olympiastadion in München den Jesuitenpater Rupert Mayer selig. Sein Grab in der Unterkirche des Bürgersaals in München ist eine viel besuchte Wallfahrtsstätte.

Rupert Mayer SJ bei der Fronleichnamsprozession, München 1938
© SJ-Bild

Gestapo verhaftet. Die Anklage, die gegen Pater Mayer im Prozess vor dem Sondergericht erhoben wurde, lautete: Verletzung des Kanzelparagraphen (§ 130 StGB) und Verstoß gegen das „Heimtückegesetz" vom 20. Dezember 1934. Am Nachmittag des 23. Juli 1937 wurde Pater Mayer zu sechs Monaten Haft wegen Kanzelmissbrauchs und Verstoßes gegen das Heimtückegesetz verurteilt.

Rupert Mayer

Alfred Delp

Im Pfarrhaus St. Georg in München-Bogenhausen fanden 1942/43 die Gespräche zwischen dem „Kreisauer Kreis" und dem „Sperr-Kreis" statt, der Widerstandsgruppe, die sich um den ehemaligen bayerischen Gesandten in Berlin, Franz Sperr gesammelt hatte. Dieser Treffpunkt wurde gewählt, da Pater Alfred Delp, der seit Frühjahr 1942 im „Kreisauer Kreis" engagiert war, ab Juni 1941 Kirchenrektor von St. Georg war. Pater Delp war in St. Georg ein ähnlich kritischer Prediger wie Pater Mayer. Seine Predigten wurden zu einem Geheimtipp unter regimekritischen Katholiken.

Alfred Delp wuchs in Lampertheim bei Mannheim auf. Nach seiner Geburt am 15. September 1907 in Mannheim und Taufe am 17. September in der katholischen Oberen Pfarrei siedelte die Familie kurze Zeit später nach Hüttenfeld um, 1914 nach Lampertheim.

Als ein überaus wichtiges Jahr im Leben Alfred Delps muss das Jahr 1921 gelten. Nachdem er, obwohl katholisch getauft, in die evangelische Schule in Lampertheim eingeschult worden war, wurde er am 28. März 1921 mit allen Schülern seines Jahrgangs konfirmiert. Doch im zeitlichen Umfeld dieser Konfirmation kam es zu einem Konflikt mit dem protestantischen Pastor, der den vierzehnjährigen Alfred zutiefst verletzte und ihn an die Seite des katholischen Ortspfarrers Johannes Unger führte. Nach einem ausführlichen Gespräch und einer Zeit der Vorbereitung empfing Alfred am 19. Juni die hl. Kommunion. Am 28. Juni wurde er gefirmt. Diese Wende, oft fälschlicherweise als Konversion bezeichnet, brachte Delp auf einen neuen Weg seines Lebens mit vielen Chancen. Er wurde zum sozialen Aufsteiger. Gerade deshalb behielt er sein ganzes Leben lang eine große Sensibilität für die soziale Frage und für die Ökumene.

Delp schloss seine Schulzeit 1926 mit einem sehr guten Abitur ab und trat kurz danach in die Gesellschaft Jesu ein. Er setzte sich in seinem Philosophiestudium in Pullach bei München vor allem mit Martin Heidegger auseinander. Er bewunderte an der Heideggerschen Philosophie deren große Einfühlsamkeit in den modernen Menschen, kritisierte aber an ihr, dass dieser Philosophie die Mitte fehle, dass also im Letzten das „Woraufhin" des Menschen, Gott, nicht im Blick sei. Er sagte, man finde den Menschen nicht, weil man Gott nicht suche, und man suche Gott nicht, weil man keine Menschen habe. Delp gab seiner Auswertung den bemerkenswerten Buchtitel: „Tragische Existenz" (1935). Damit meinte er: am Ende stehe der Mensch vor dem Nichts und könne nur heroisch diese aufreizende Vergeblichkeit aushalten.

Im Juli 1939 trat Delp auf Anordnung seines Provinzials in die Redaktion der Monatszeitschrift der Jesuiten, „Stimmen der Zeit", ein. Dieser Entscheidung gingen zwei gescheiterte Planungen Delps voraus: Als er sich an der philosophischen und staatswissenschaftlichen Fakultät der Universität immatrikulieren wollte, wurde dies abgelehnt mit der Begründung, als Jesuit könne er sowieso nicht promovieren; als er dann mit den Soldaten als Feldseelsorger in den Krieg ziehen wollte, erhielt er vom katholischen Feldbischof der deutschen Wehrmacht eine Absage, da man keine weiteren Ordensgeistliche auf einem solchen Posten wünsche.

Neben der Redaktionstätigkeit war Delp bei Vorträgen und seelsorglichen Aufgaben weit über München hinaus engagiert und strahlte dabei Zuversicht und christlichen Optimismus aus. Während des so genannten Klostersturms am 18. April 1941 wurde überraschend auch das Haus der „Stimmen der Zeit" durch die Gestapo enteignet. Die Jesuitenpatres wurden vertrieben. Pater Delp wurde daraufhin im Juni 1941 Kirchenrektor der kleinen Kirche St. Georg in München-Bogenhausen. Er musste bald ein neues Arbeitsfeld finden, da die Zeitschrift kurz darauf verboten wurde.

Delp predigte nun regelmäßig in der St. Georgskirche. Seine Predigten wurden zu einem Geheimtipp für kritische Katholiken; sie wurden vervielfältigt und unter der Hand weiter gegeben, vor allem seiner klaren Aussagen zu Staat und Gesellschaft wegen. Er kritisierte scharf die Propaganda für die Euthanasie. Er engagierte sich in Gruppenstunden unter den Jugendlichen von

Bogenhausen; er stand den Bombengeschädig-
ten bei, sobald die Angriffe der Alliierten Luft-
flotte auf München einsetzten; er kümmerte
sich ab 1941 um die verfolgten Juden, besorgte
Nahrungsmittel, eröffnete Fluchtwege und war
für die Flüchtlinge eine Adresse. Die Tage Delps
waren mit der seelischen und materiellen Hilfe
für die Mitmenschen ausgefüllt.

Der kleine Weiler Wolferkam bei Riedering
am Simssee, nordöstlich von Rosenheim, wurde
ab Sommer 1941 für Delp ein Ort der Zuflucht
und der Erholung. Er fand in den Bauernfamili-
en herzliche Aufnahme, half bei der Feldarbeit
mit, segelte auf dem Simssee und bestieg die
Berge der nahen Alpen. Seine Texte aus dieser
Zeit legen offen, dass es ihm gelang, Gott in
allen Dingen zu finden, auch und gerade in der
Herrlichkeit der Schöpfung. In seinem Urlaubs-
tagebuch vermerkt er: *Ich war in den Bergen und
hab mich in die Welt des Herrgotts verkuschelt. Es
war schön und ich werde bald wieder gehen. Es war
wirklich schön. Viele Bilder werden bleiben. Auf der
Spitze. Um uns die aufgeblätterte Welt Gottes und
der Menschen. Da fiel mir wie ein Auftrag mein
ursprünglicher Auftrag zu segnen und zu heilen,*
*immer segnen und heilen, ein. Ich hab einen großen
Segen gebetet und dann allem Land und allem Volk
einen Segen Gottes gegeben. Und jetzt genieße ich
wieder. Gleich wieder am See, der abends so milde
und farbig ist. So in der Sonne schwimmen und
nachher im Segelboot so frei und still und nur den
Elementen verpflichtet dahinschweben, ach es ist
dann so viel vergessen und vorbei und das Herz
atmet wieder. Gott ist gut und seine Welt ist schön.*

Dass die Wolferkamer zu wahrhaften Freun-
den geworden waren, erwies sich dann, als es
darum ging, gefährliche Arbeitspapiere für den
„Kreisauer Kreis" zu verstecken. Die Bauern
fühlten sich durch Delps Vertrauen hoch geehrt.
Die kleinen Briefe aus der Haftanstalt Berlin-
Tegel bezeugen später bleibend, wie sehr diese
Menschen Delp ans Herz gewachsen waren.

Der entscheidende Mann im Widerstand der
katholischen Kirche gegen den Nationalsozialismus war, zumindest ab 1941, Augustin Rösch
(1893–1961), Provinzial der Oberdeutschen
Jesuitenprovinz (ab 1935). Von München aus
organisierte er die Strategie der Ordensleute, als
es darum ging, auf den von Martin Bormann inszenierten Klostersturm einheitlich zu reagieren.

Wenn ein Jesuit von der Gestapo bedrängt, verhört oder verhaftet wurde, suchte er sofort die Zentrale der Gestapo auf und erhob entschieden Einspruch. Pater Rösch war auch der erste Kontaktmann zum „Kreisauer Kreis", zu jener Widerstandsgruppe, die sich um den Grafen Helmuth James von Moltke gebildet hatte. Anfang Oktober 1941 begegneten sich beide in Berlin. Gleich zu Beginn ergab sich eine schicksalhafte Übereinstimmung in der Beurteilung der militärischen Lage wie in der Konzeption der Abwehr und Erneuerung. Pater Rösch sagte damals seine Mitarbeit in der Widerstandsgruppe zu.

Pater Delp und Pater Lothar König waren Freunde. Pater Rösch führte beide in den „Kreisauer Kreis" ein. Delp sollte in den sozialen Fragen und beim Entwurf einer neuen Sozial- und Gesellschaftsordnung beraten; König, Professor für Kosmologie am Berchmanskolleg in Pullach, nahm gleichsam die Stelle eines politischen Beraters von Rösch ein. Er arbeitete neben Pater Rösch im so genannten „Ausschuss für Ordensangelegenheiten" bei der deutschen Bischofskonferenz mit, bei jenem geheimen Unternehmen, das die deutschen Bischöfe auf einen Konfrontationskurs mit der nationalsozialistischen Regierung bringen wollte.

Der Widerstandskreis um Helmuth James Graf von Moltke, der im August 1944 von der Gestapo „Kreisauer Kreis" genannt wurde, empfing seinen Namen vom Gut des Grafen von Moltke in Niederschlesien bei Schweidnitz. Dort traf sich Moltke ab 1940 mit seinen Freunden, um über die Gestaltung eines neuen Deutschland nach dem Ende des Kriegs und des Nationalsozialismus nachzudenken. Drei große Tagungen fanden in Kreisau statt: das erste Treffen vom 22. bis 25. Mai 1942, an dem Pater Rösch teilnahm und bei dem vor allem Probleme um Staat und Kirche geklärt wurden; beim zweiten Treffen vom 16. bis 18. Oktober 1942 beriet Pater Delp in Fragen der Sozial- und Gesellschaftsordnung mit. Beim dritten Treffen vom 12. bis 14. Juni 1943 brachte Pater Delp seine Ideen ein, als es um die so genannten Landverweser und die Bestrafung der Rechtsbrecher ging. Die Beratungen dieser etwa 10 Männer aus allen Schichten und Konfessionen wurden am Ende in Grund-

satzerklärungen zusammengefasst. Diese Programme sollten die Grundlagen eines anderen Deutschland werden, das auf den beiden Säulen Kirchen und Arbeiterschaft ruhte. Die Besprechungen fanden im übrigen nicht im Schloss, sondern im nahe gelegenen Berghaus statt. Diese Treffen des Widerstandskreises wurden von der Gestapo erst nach dem 20. Juli 1944 während der strengen Verhöre entdeckt.

Aufgrund der noch vorliegenden Ausarbeitung Delps lassen sich folgende Details für eine Neuordnung im Widerstand festhalten:

1. *Die Revision der Eigentumsverteilung.* Bei dieser Frage steht das Privateigentum, dessen Bedeutung nicht bestritten wird, unter dem Imperativ der Sozialpflichtigkeit und das Eigentum im Großkapital gerät unter die Forderung einer Überführung in gemeinschaftliches Eigentum. Delp schwebte dabei kein Staatskapitalismus sozialistischer Prägung vor, sondern eine Verantwortung für das Eigentum in Arbeiterhand.

2. *Der Friede zwischen Kapital und Arbeit erfordert eine Lohn-und Einkommensreform.* Der Arbeiter soll aus seiner Besitzlosigkeit (dem Charakteristikum des Proletariats) durch Mitbesitz, Mitbestimmung, Mitverwaltung heraustreten. Der Gedanke an eine Genossenschaft führt zum Entwurf der „Betriebsgewerkschaft". Diese steht also nicht nur gegen die zentralistischen Gewerkschaften, deren Unheil man im Dritten Reich ausreichend erfahren hatte. Sie machte auch eine Option für die Verantwortung der Arbeiter möglich. „Entproletarisierung des Proletariats" hieß es in den päpstlichen Rundschreiben.

3. *Eine organische Ausgleichswirtschaft* sollte durch die Gegenläufigkeit von Planung und Föderalismus zustande kommen. Sie sollte immer auf das Prinzip „Subsidiarität" zurückgebunden sein. Darin erwies sich, wie sehr Delp in seinen Ansichten auch dem Solidarismus von Heinrich Pesch SJ verpflichtet war.

4. *Die Vollbeschäftigung* in wirtschaftlicher Stabilität kann allerdings nur erreicht werden, wenn die Arbeitsteilung gemildert und das soziale Bewusstsein, in seiner inneren Reform,

erneuert wird. Damit griff Delp wieder den ethischen Appell einer Sozialreform auf.

5. *Um die Arbeitsteilung* zu erreichen, entschied sich Delp für eine Umwandlung der Großindustrie in Mittel- und Kleinbetriebe. In dieser Forderung hing er wohl einer sozialromantischen Vorstellung an, die sich mit Technik und Industrie noch nicht angefreundet hatte.

6. *In der Erneuerung der sozialen Gesinnung* drängte sich deutlich ein moralisches Programm auf. Wie kann es gelingen, Selbstverantwortung in kleinen Gemeinschaften zugunsten des Gemeinwohls einzuüben und zu organisieren? Alles das, was heute „Bürgernähe" und „Bürgerinitiative" heißt, war mit diesen Zielvorstellungen zumindest angezielt.

Delp griff im Wesentlichen auf die Grundaussagen der Enzyklika „Quadragesimo anno" zurück. Er formulierte sie für Menschen aus, die mit katholischer Soziallehre wenig vertraut waren und setzte über alles neue Begriffe wie „personaler Sozialismus" oder „Die Dritte Idee". Damit brachte er sein Anliegen ein und trug auch zu einem Konsens im „Kreisauer Kreis" bei.

Nach dem 20. Juli 1944, über den Delp nur ungenügend informiert war, rieten ihm seine Mitbrüder, sich zu verstecken. Er ging aber auf diesen Ratschlag nicht ein, denn er wollte seine Freunde in Bogenhausen in den Bombennächten nicht allein lassen, er wollte am 15. August endlich seine Letzten Ordensgelübde ablegen und er war im Übrigen der Meinung, dass sie im „Kreisauer Kreis" nichts Unrechtes getan hätten. So kam, was kommen musste: Delp wurde am Morgen des 28. Juli 1944 nach der Frühmesse in St. Georg von der Gestapo verhaftet.

Vom 9. bis 11. Januar fand der Prozess vor dem Volksgerichtshof in Berlin gegen die „Kreisauer" statt. Er stellte nach allgemeiner Einschätzung einen Ersatz für einen geplanten Prozess gegen die Kirchen dar. Der Prozess wurde vom Präsidenten des Volksgerichtshofes, Dr. Roland Freisler, persönlich geleitet, der am ersten Tag sofort mit Delp begann. Was ihn bewogen habe, solche Pläne zu machen. Delp antwortete, dass viele Menschen menschenunwürdig leben müss-

ten, dass sie den Verhältnissen erlägen und weder beten noch denken würden. Es bedürfe der Veränderung der Verhältnisse. Auf die weitere Frage, ob er meine, dass der Staat geändert werden müsse, antwortete Delp kurz: *Ja*. Damit hatte er sich um seinen Kopf gebracht.

Der Prozess fand vom 9. bis 11. Januar 1945 statt. Es wurde noch am 11. Januar folgendes Urteil verkündet:
Im Namen des Deutschen Volkes:
Helmuth Graf Moltke wusste von Goerdelers Verrat. Zwar lehnte er seine Mitarbeit ab, aber er meldete sein Wissen nicht. Er selbst, im Defätismus befangen, bildete einen Kreis, der für den Fall eines Zusammenbruches unseres Reiches mit Nicht-Sozialisten die Macht ergreifen sollte. Durch dies alles ist er für immer ehrlos geworden. Er wird mit dem Tode durch den Strang verurteilt.

Der Jesuitenpater Alfred Delp arbeitete eng und intensiv mit Helmuth Graf von Moltke zusammen ... Sicher gehört Alfred Delp zu denen, die immer wieder behaupten, das Reich ihrer Kirche sei nicht von jener Welt. Das hinderte ihn aber nicht, sich mit lauter Nichtnationalsozialisten, darunter offenkundigen Staatsfeinden, in derartige konspirative Gespräche und Planungen mitten im Krieg einzulassen, sie selbst aktiv vorwärtszutreiben und dabei seine Wohnung sogar als Schlupfwinkel für die Verschwörerbesprechungen zur Verfügung zu stellen. Er tritt mit dem Anspruch auf, ein gebildeter Mann zu sein! ... Wenn er trotzdem im Kriege dieses Verrats sich schuldig gemacht hat, so bezeugt das seine vollkommene Ehrlosigkeit und erzwingt zum Schutze des Reiches das Todesurteil gegen ihn.

In einem Kassiber nach der Verurteilung schreibt Delp über den Prozess: ... *Als die Verhandlung mit mir eröffnet wurde, spürte ich bei der ersten Frage die Vernichtungsabsicht. Die Fragen waren schön geordnet, auf einem Zettel präpariert. Wehe, wenn die Antworten anders ausfielen als erwartet. Das war dann Scholastik und Jesuitismus. Überhaupt ist das so, dass ein Jesuit mit jedem Atemzug ein Verbrechen tut. Und er kann sagen und beweisen und tun, was er will: er ist ein Schuft und es wird ihm nichts, gar nichts geglaubt ... Unser eigentliches Vergehen und Verbrechen ist unsere Ketzerei gegen das Dogma: NSDAP – Drittes*

Reich – Deutsches Volk: leben gleich lang. Die drei sterben miteinander. Man wird Herrn Freisler einmal daran erinnern müssen, wie gut es wäre, wenn jetzt jemand Moltkes Nachkriegspläne und Abwehrpläne durchführen würde. Und wie viele von den Männern, die er gerichtet hat, jetzt fehlen … Manchmal kommt eine Wehmut über mich, wenn ich an das denke, was ich noch tun wollte: Denn jetzt bin ich ja erst Mensch geworden, innerlich frei und viel echter und wahrhafter.

Am 2. Februar 1945 wurde Pater Alfred Delp in Berlin-Plötzensee am Galgen hingerichtet. Sein Richter Roland Freisler überlebte ihn nur einen Tag. Er wurde am 3. Februar 1945 bei einem Bombenangriff von einstürzenden Trümmern erschlagen.

Jesuiten und Juden (während des Holocaust)

Die Satzungen der Gesellschaft Jesu machten der Aufnahme bekehrter Juden oder von Abkömmlingen christlich gewordener Juden anfangs keine Schwierigkeiten. Ignatius selbst hatte keinerlei Bedenken, Judenabkömmlinge, wenn sie die nötige Eignung besaßen, in den Orden aufzunehmen, auch dann nicht, wenn sie erst kurz zuvor zum Christentum übergetreten waren. Unter den leitenden Jesuiten der ersten Generation aus Spanien gab es mehrere Nachfahren von Juden. So stammte der zweite Ordensgeneral, Diego Laínez, von Judenchristen ab. Unter den nächsten Nachfolgern des Ignatius als Ordensgeneral war die Zahl der Judenabkömmlinge innerhalb der Jesuiten in Spanien und Portugal verhältnismäßig groß, sodass die Könige und die Inquisition bei der Ordensleitung eine Änderung der Aufnahmebedingungen herbeiführen wollten. Der Druck der öffentlichen Meinung in Spanien zwang schließlich Ordensgeneral Claudius Aquaviva 1592 zum Verbot, dort so genannte Neuchristen in den Orden aufzunehmen. Und die fünfte Generalkongregation zu Rom erließ 1593 ein allgemeines Ordensgesetz, wonach für alle Zukunft kein Abkömmling eines Juden mehr zugelassen werden durfte. Die Ausführung dieses Dekretes brachte allerdings so viele Schwierigkeiten mit sich, dass die sechste Generalkongregation 1608 zwar das Dekret bestehen ließ, aber beschloss, dass bei gutchristlichen Familien kein Nachweis des Kandidaten über den fünften Grad der Abstammung hinaus erbracht werden musste. In dieser Fassung blieb das Ordensgesetz bis zu Beginn des 20. Jahrhunderts bestehen. Von Bedeutung war das Dekret allerdings fast nur für die einst judenreichen Länder der iberischen Halbinsel. Deshalb wurde es von einem gleichen, die maurische Abstammung betreffenden, Gesetz begleitet. Im 17. Jahrhundert musste also mit Naturnotwendigkeit das Geschlecht der Neuchristen in der Gesellschaft Jesu aussterben. Dazu kam, dass der Orden mit dem fortschreitenden Wachstum alle Nationen und Rassen in sich aufnahm, und somit dieses Ausscheidungsgesetz keine Bedeutung mehr hatte. 1923 wurde die Gesetzgebung des Jesuitenordens nochmals geprüft und festgesetzt, dass die Abstammungsprüfung eines Kandidaten nur bis zum vierten Grad zurück erfolgen sollte, und auch nur in der männlichen Linie.

Jesuiten wurden oft von jüdischen Schriftstellern angegriffen, so in dem Roman „Le juif errant" (10 Bände, Paris 1844/1845) von Eugène Sue. Oder der Geschichtsschreiber H. Sternberg behauptet in seiner „Geschichte der Juden in Polen unter den Piasten und Jagiellonen" (Leipzig 1878), dass die Jesuiten namenloses Elend über die Juden in Polen gebracht hätten. Doch gab es bereits Judenverfolgungen in Polen, bevor die Jesuiten dorthin kamen. Die wohl schlimmste, der Kosakenaufstand 1648, richtete sich in gleicher Weise gegen Jesuiten und Juden. Damals starb auch ein Missionar der Jesuiten, Andreas Bobola.

Unter den Vorkommnissen der Neuzeit, bei denen man den Jesuitenorden der Feindschaft gegen die Juden bezichtigte, erlangte die sogenannte „Dreyfusaffaire" große Berühmtheit, der Prozess des jüdischen Artilleriehauptmannes Alfred Dreyfus, der 1894 wegen Landesverrates zu lebenslänglicher Deportation verurteilt wurde. Infolge der zweifelhaften Art der Beweise gab es fünf Jahre später eine Revision des Prozesses, die zwar abermals zu einer Verurteilung des Angeklagten führte, aber nur zu zehn Jahren Gefängnis, und ihm schließlich Begnadigung gewährte. 1906 erlangte er endgültig Freispruch und Rehabilitierung. Der jüdische Schriftsteller Max Nordau vertrat die Meinung, dass das Ganze eine von Jesuiten angezettelte Verschwörung sei. Und die Jesuitengegner machten dazu den Umstand geltend, dass ein großer Teil der höheren Offiziere des französischen Heeres Jesuitenschulen besucht hätten. Die „Dreyfusaffaire" wurde als *ein ausschließlich jesuitisches Verbrechen* eingeordnet, wie das „Hamburger Fremdenblatt" am 25. August 1898 aus dem Bericht des Pariser „Aurore" zitierte. Die „Dreyfusaffaire" war eine der großen Krise der Dritten Republik und endete mit einer weiteren Festigung der republikanischen Staatsform und dem Block der Radikalen und Sozialisten über die nationalistische und antisemitische Rechte und über die Klerikalen. So kam es 1899–1909 zur Aufhebung der Orden und zur Trennung von Kirche und Staat mit dem Abbruch der Beziehungen Frankreichs zum Vatikan.

War in den ersten zwei Jahrhunderten eine antijüdische Haltung innerhalb der Gesellschaft Jesu zu beobachten, so unterstellten nach der Wiederzulassung der Gesellschaft Jesu 1814 die Gegner ihr einmal philosemitische, das andere Mal antisemitische Tendenzen, was eben gerade ins Konzept passte. So warfen Gegner in Frankreich der italienischen Jesuitenzeitschrift „Civiltà Cattolica", der wichtigsten internationalen Stimme der Jesuiten, Antisemitismus vor (der in den Artikeln zur „Dreyfusaffaire" auch unverkennbar war). Und Kaiser Wilhelm äußerte sich Bismarck gegenüber: *Juden und Jesuiten halten immer zusammen.* Kaum ein Pamphlet gegen die Gesellschaft Jesu kam ohne die Behauptung aus, der Orden sei *ein Sammelbecken für reiche Judensprösslinge.* Diese Aussagen durften nach 1945 nicht mehr benutzt werden.

Die Frage, ob die Gesellschaft Jesu philo- oder antisemitisch sei, hielt lange an. Noch in den sechziger und siebziger Jahren des 20. Jahrhunderts wurde in Publikationen behauptet, dass getaufte Juden erst seit 1946 Jesuiten werden könnten. Tatsache ist: Söhne konvertierter jüdischer Eltern konnten immer Jesuiten werden, doch war ein besonderer Antrag notwendig. Dass diese nicht grundsätzlich abgelehnt wurden, beweisen die jüdischen Namen jener Patres aus den deutschen Ordensprovinzen, die unter dem Nationalsozialismus das Reichsgebiet verlassen mussten.

In der Zeit des **Holocaust** gehörten neben Rupert Mayer, Friedrich Muckermann und Augustin Rösch auch Alfred Delp zu jenen Jesuiten, die der Vernichtungspolitik gegenüber den Juden Widerstand leisteten. Er setzte sich ab 1941 für verfolgte Juden ein und war für die Flüchtlinge „eine Adresse". Sie wurden von Delp versteckt. Er besorgte ihnen Quartier, Lebensmittel, Medikamente und Bekleidung und organisierte die weitere Flucht auf Schleichwegen in die rettende Schweiz. Diese Organisationen waren streng geheim, jeder der jeweiligen „Helfer" kannte nur das nächste Ziel. So sollte verhindert werden, dass im Fall der Aufdeckung eines Helfers durch die Gestapo die gesamte Organisation enttarnt wurde. Der angesehene amerikanische Jesuit Bernard R. Hubbard notierte anlässlich seines Deutschlandbesuches unmittelbar nach dem Krieg: *Zu meiner Erleichterung erzählte man mir, dass zwei- oder dreihundert jüdische Flüchtlinge in unseren Häusern in München versteckt, mit Kleidung und Nahrung versorgt, betreut wurden und man ihnen dann behilflich war, sich heimlich in die Schweiz und nach Frankreich in Sicherheit zu bringen.*

Was für Deutschland zutraf, galt auch von den Jesuiten in den anderen europäischen Ländern. Dass der Jesuit Kardinal Augustin Bea auf dem Zweiten Vatikanischen Konzil soviel dazu tun konnte, um der neuen Politik der katholischen Kirche gegenüber den Juden Gestalt zu geben, kann als Höhepunkt der Bemühungen darum angesehen werden, was viele Jesuiten während der finsteren Tage des Holocaust unter Lebensgefahr zu tun versuchten, nämlich zu helfen, um jüdische Flüchtlinge vor dem KZ zu retten.

VII.

Das Zweite Vatikanische Konzil

Die Gesellschaft Jesu und ihre Arbeit in Deutschland waren auch in der **Nachkriegszeit** eingebunden in die gesellschaftlichen, politischen und kirchlichen Situationen. Die unmittelbaren Nachkriegsjahre 1945–48 wurden einmal geprägt von der Besetzung Deutschlands durch die „Vier Mächte", die in ihren jeweiligen Zonen die Verwaltung des Staates und die Kontrolle des Lebens übernommen hatten. In der Phase nach 1948 vollzog sich, zunächst in Abhängigkeit von den Besatzungsmächten und dann in wachsender Kooperation mit ihnen, der Aufbau eines eigenen politischen und staatlichen Lebens, was auch Einfluss auf das kirchliche Leben hatte.

Das **Zweite Vatikanische Konzil**, das von der katholischen Kirche als das 21. Ökumenische Konzil angesehen wird, fand vom 11. Oktober 1962 bis zum 8. Dezember 1965 statt. Es befasste sich auch mit der Erneuerung des Ordenslebens und stellte in seinen Dekreten folgende Punkte heraus:

1. Eine stärkere Kooperationsbereitschaft, *die Zusammenarbeit aller Mitglieder eines Instituts*, da der einzelne, auf sich gestellt, wenig erreicht.

2. Den kollegialen Führungsstil, der in der Vergangenheit kaum etwas galt: *Die Oberen sollen ihre Untergebenen in geeigneter Weise befragen und hören*, denn Untergebene können durchaus klarer als Vorgesetzte erkennen, was getan werden muss.

3. Die sorgfältige Schulung im profanen und religiösen Bereich, damit der Anschluss an den Fortschritt der Erkenntnisse nicht verloren geht: *Die Mitglieder sollen sich ihr ganzes Leben hindurch ernsthaft um die geistliche, wissensmäßige und praktische Weiterbildung bemühen; die Oberen sollen ihnen dazu nach Kräften Gelegenheit, Hilfsmittel und Zeit geben.*

4. Die Anpassung *an den Charakter und an die Sitten der Bewohner eines Landes wie auch an die örtlichen Gebräuche und Lebensbedingungen*, damit das Christentum nicht als etwas Fremdes angesehen wird und eine fade Uniformiertheit entsteht.

Die Konzilsväter sprachen von der Notwendigkeit, *dass sich die Kirche auf die gleiche Weise einpflanzen muss, wie Christus sich in der Menschwerdung von der konkreten sozialen und kulturellen Welt der Menschen einschließen ließ, unter denen er lebte* (Ad gentes 10). Papst Paul VI. fügte in seiner Missionsenzyklika hinzu: Inkulturation dürfe keine oberflächliche, gleichsam dekorative Anpassung sein, es gehe vielmehr darum, *die Kultur des Menschen im vollen und umfassenden Sinn zu evangelisieren* (Evangelii nuntiandi 20). Die Kirche hat so nach langem Zögern den alten, oft mit Misstrauen betrachteten und als falsche Anpassung verdächtigten Begriff „Inkulturation" neu entdeckt und gut geheißen.

Auf dem Zweiten Vatikanischen Konzil war die Gesellschaft Jesu gleich den anderen großen Orden der Kirche mit einer stattlichen Zahl von Bischöfen vertreten. Ihre Diözesen und Apostolischen Vikariate lagen ausnahmslos in den Missionsgebieten. Diese rund 50 Jesuitenbischöfe gehörten zu der großen Gruppe von Konzilsvätern, die die Fragen und Anliegen der jungen Völker Asiens und Afrikas oder die Probleme Südamerikas aus eigener Anschauung kannten und auf dem Konzil dafür eintraten. Zu den häufigsten Rednern gehörte der Pole Adam Koslowiecki, der fünf Jahre im KZ Dachau gewesen war. Nach seiner Befreiung hatte er um den Einsatz in der polnischen Mission der Patres in Nordrhodesien gebeten, wo er nun Erzbischof von Lusaka war. Der ehemalige Bischof von Hiroshima, Johannes Ross, war zusammen mit Kardinal Augustin Bea der einzige deutschsprachige Jesuitenbischof unter den Konzils-vätern. Der einzige Jesuit, der im Konzil Sitz und Stimme hatte, ohne Bischof zu sein, war der Generalobere Johann Baptist Janssens. Als Ordensgeneral wurde er wie alle anderen Ordensgeneräle zur Kirchenversammlung berufen und gehörte als eines der vom Papst ernannten Mitglieder der Konzilskommission für die Ordensleute an.

Kardinal Augustin Bea (1861–1968) war zweifellos der bekannteste unter den Jesuitenbischöfen. Durch die geschickte und umsichtige Leitung des „Sekretariats für die Förderung der Einheit der Christen", wie es offiziell hieß, wie auch durch seine Reisen und Vorträge hatte er einen wichtigen, wenn nicht den entscheidenden Beitrag zu dem neuen ökumenischen Klima geleistet, das in der Kirche und auf dem Konzil entstanden war. Das Konzil hatte ihm hier Bedeutendes zu verdanken. Wenn man von der Aufgeschlossenheit des Konzils für alle Fragen der Einheit und von seiner Verständigungsbereitschaft gegenüber den anderen Christen spricht, muss man immer auch auf Kardinal Bea verweisen. Er ist geradezu die Verkörperung dieser Einstellung des Konzils geworden.

Die Jesuitentheologen spielten als offizielle Konzilstheologen oder als private Berater einzelner Bischöfe im gesamten Konzilsgeschehen eine wichtige Rolle. **Karl Rahner** nahm am Zweiten Vatikanischen Konzil als „Peritus", als offizieller Konzilstheologe, berufen durch Papst Johannes XXIII. teil. Er gehörte zur theologischen Kommission und war einer der maßgebenden Berater der deutschen Bischöfe. Sein ganzes Denken und Wirken ist mit dem Neuaufbruch durch das Konzil untrennbar verbunden. Viele Ideen, die Allgemeingut in der Kirche und im Konzil geworden sind, hat er eigentlich als Erster durchdacht und formuliert.

Neben seinem theologischen Wirken stehen seine geistlichen Schriften, die ein unmittelbar berührendes Zeugnis seiner persönlichen Frömmigkeit geben. So notwendig ihm das solide wissenschaftliche Arbeiten erschien, ohne die Praxis der Verkündigung, ohne ein direktes Hineinwirken in die Öffentlichkeit von Kirche und Welt fühlte er sich nicht wohl.

Karl Rahner (1904–1984) trat nach dem Abitur in den Jesuitenorden ein, wurde 1936 in Innsbruck zum Doktor der Theologie promoviert und ein Jahr später habilitiert. 1964 wurde er Nachfolger von Romano Guardini auf dem Lehrstuhl für Christliche Weltanschauung und Religionsphilosophie in München. Rahner zählt zu den bedeutendsten Theologen des 20. Jahrhunderts. Sein Denken hat die Theologie und die Religiosität unserer Zeit stark mitgeprägt. Seine über 4000 Publikationen wurden in alle europäischen Sprachen übersetzt, mannigfaltige Ehrungen und Auszeichnungen wurden ihm zuteil. Rahner war Mitglied der Internationalen Theologenkommission in Rom, der Glaubenskommission der Deutschen Bischofskonferenz und der Synode der Bistümer Deutschlands. Er war Mitglied des Ordens Pour le mérite und der British Academy.

Karl Rahner SJ mit Joseph Kardinal Ratzinger (dem heutigen Papst Benedikt XVI.) bei der Synode in Würzburg (1971–75)
© SJ-Bild

Pedro Arrupe SJ,
28. Generaloberer
(1965 – 1983), 1976
© SJ-Bild

1965 trat die **31. Generalkongregation** der Gesellschaft Jesu zusammen. Erstmals fand eine Generalkongregation während eines Konzils statt. Sie wählte den Basken Pedro Arrupe, der bis dahin Provinzial in Japan gewesen war, am 22. Mai 1965 im dritten Wahlgang zum Generaloberen des Ordens. Ein weiteres Unikum war die Tatsache, dass die Generalkongregation zwei Sitzungsperioden abhielt (7.5. – 15.7.1965 und 6.9. – 7.11.1966). Das Zweite Vatikanische Konzil war gerade zu Ende gegangen. Eine Reihe von drastischen Veränderungen stand bevor. Sie wurden zum Prüfstein für Arrupe und sein Amt. Die Generalkongregation bemühte sich um eine Neuorientierung im Sinne des Zweiten Vatikanischen Konzils und leistete beachtliche Arbeit: Sie legte unter anderem Dekrete über die Erneuerung des Instituts, die Ausbildung, das religiöse Leben, das Apostolat und die Leitung vor. Vom Papst erhielt der Orden den Auftrag, sich mit dem Atheismus auseinanderzusetzen.

Pedro Arrupe (1907 – 1991) war nach einem fünfjährigen Medizinstudium in den Jesuitenorden eingetreten und hatte seine Studien im Aus-

land absolviert, da die spanische Regierung die Aufhebung des Ordens verfügt hatte. 1938 kam er auf den Spuren des Pioniers der Jesuitenmission, Franz Xaver, im Land seiner langjährigen Sehnsucht an, wo er fast 30 Jahre lang als Missionar wirkte: Japan. In Yamaguchi, wo Franz Xaver eine Christengemeinde gegründet hatte, trat er in die geistigen Fußstapfen des Heiligen, denn er studierte die Sprache und Kultur der Menschen, denen er das Christentum bringen wollte: Er betrieb Zen-Meditation, übte sich im Bogenschießen und Pinselschreiben und lernte die Teezeremonie. Für Arrupe war ebenfalls klar, dass die Voraussetzung für die Mission der Menschen das Verstehen ihrer Persönlichkeit und Kultur ist.

Ein schreckliches Ereignis forderte Arrupe 1945 zum Äußersten, als er in Nagatsuka, einem sieben Kilometer vom Zentrum von Hiroshima entfernten Haus Novizenmeister war. Am 6. August 1945, um 8:15 Uhr, war Arrupe mit einem anderen Pater gerade in seinem Arbeitszimmer, *als ein Feuerblitz wie ein Magnesiumstrahl den blauen Himmel zerschnitt. Im selben Augenblick kam ein kontinuierliches, dumpfes Geräusch auf uns zu, eher dem Tosen eines Wasserfalls zu vergleichen als der Explosion einer Bombe. Das Haus zitterte und schwankte. Die Fensterscheiben zerbrachen, die Türen sprangen aus den Angeln, und die japanischen Wände gingen in Stücke, als würden sie von einer riesigen Hand eingedrückt.* Pater Arrupe wusste in diesem Moment noch nicht dass es sich um die Atombombe handelte. Nach der ersten Verwirrung stieg er mit seinem Mitbruder auf den Gipfel des nahen Hügels und sah die brennende Silhouette von Hiroshima: *Es brannte wie ein neues Pompeji.* Nachdem er die ersten Anweisungen für die Hausgenossen gegeben hatte, von denen glücklicherweise keiner tödlich getroffen war, machte er sich auf in die Stadt. Er sah das Inferno und überlegte sofort, wie er helfen könne. Es kam dann zur Einrichtung eines Notspitals im eigenen Haus, in dem gegen 200 Patienten mit den wenigen Mitteln, die zur Verfügung standen, gepflegt wurden.

Die Erfahrungen der japanischen Kultur bewirkten, dass Arrupe manches in unserer Religionspraxis in seiner zeitbedingten Bedeutung besser durchschauen und auf eine Erneuerung hinarbeiten konnte. So ist ihm die Zusammenarbeit zwischen Jesuiten und Mitgliedern anderer Gemeinschaften und anderer Kirchen zu einem Imperativ geworden. Er sprach von einer *übertriebenen Auffassung von der Treue zur eigenen Kirche oder Konfession auf Kosten der Nächstenliebe*, von einem *zu engen Wahrheitsbegriff, wobei persönliche Meinungen manchmal leichthin mit göttlicher Offenbarung verwechselt wurden*, von einem *irregeleiteten Eifer bei der Verbreitung des Evangeliums, der manchmal Mittel anwandte, die nicht im Einklang mit eben diesem Evangelium stünden.* Er fragte: *Worauf können sich diese (gegenseitigen) Beziehungen richten?* Und er nannte als gemeinsame Anliegen die Nöte der großen menschlichen Gesellschaft. So wollte er auch, dass Christen und Juden sich das gemeinsame geistliche Erbe in brüderlichem Gespräch neu überlegten: *Unser Bemühen, und zwar unser gemeinsames Bemühen muss es sein, anderen Menschen und Zivilisationen die Tiefen des geistlichen Lebens bewusst werden zu lassen, die in dieser westlichen Zivilisation vorhanden sind, mit welcher sie in Kontakt kommen. Sie dürfen nicht nur unser Geld und unsere Maschinen und unseren technischen Verstand kennen lernen, sie dürfen nicht nur mit den weltlichen und oft völlig materialistischen Philosophien in Berührung kommen, die in unserer Zivilisation verbreitet sind.*

1958 wurde Arrupe zum ersten Provinzial der japanischen Ordensprovinz ernannt. Er verstand es, die Erkenntnisse zu nutzen und Zeichen zu deuten. Seine Erfahrungen mit Menschen und Problemen dieser für Europäer fremden Welt zeigten ihm notwendige, neue und gangbare Wege für das Christentum. Dieser weltweite Blick hat Arrupe befähigt, 1965 das Amt des Generaloberen zu übernehmen. Er zeichnete sich in seinem Leitungsamt durch große Offenheit für die Entwicklungen der Kirche aus dem Geist des Zweiten Vatikanischen Konzils aus. Er ermutigte den Orden zu neuen Arbeitsfeldern im Dienst für „Glaube und Gerechtigkeit" und weckte Hoffnung weit über die Grenzen des Ordens und teilweise der Kirche hinaus.

Als Generaloberer hat Arrupe viele Reisen unternommen, um die Jesuiten in aller Welt zu besuchen und zu ermutigen. Er erfuhr unvorstellbare Armut, aber auch unvergleichlichen Reichtum. Bei all diesen Erfahrungen der Länder und Kulturen blieb er der Kirche leidenschaftlich ergeben. Seine letzte Sorge als Ordensgeneral galt dem **Jesuiten-Flüchtlingsdienst**, den er 1980 angesichts der vietnamesischen Bootsflüchtlinge gegründet hatte. Der Jesuit Refugee Service (JRS) ist als internationale Hilfsorganisation mit dem Ziel, Flüchtlinge und Migranten zu begleiten, ihnen zu helfen und ihre Rechte zu verteidigen, derzeit in über 50 Ländern vertreten. Der Schwerpunkt liegt in der Arbeit mit denjenigen Flüchtlingen, deren Situation besonders schwierig ist und die nicht im Mittelpunkt des Medieninteresses stehen. Konkrete Projekte sind: Seelsorge in Abschiebungshaftanstalten, Rechtshilfe, Soziale Betreuung von „Geduldeten", Härtefallberatung, Lobbyarbeit zu Migration und Illegalität, Stellungnahme zu Ausländerrecht und Ausländerpolitik, Öffentlichkeitsarbeit.

In der **Nachkriegszeit** sind die Anstöße, die vom Zweiten Vatikanischen Konzil für das kirchliche Leben ausgingen, ohne die Mitarbeit einiger Jesuiten kaum vorstellbar. Insbesondere ist hier Augustin Bea zu nennen, der der ökumenischen Bewegung in der katholischen Kirche zu neuem Aufschwung verhalf und sich auch bei Nichtkatholiken großes Ansehen erwarb. Auf dem Gebiet der Spiritualität wirkte Peter Lippert als Schriftsteller und durch Radiopredigten. Der tief innerliche geistliche Führer Wilhelm Eberschweiler wird bis auf den heutigen Tag von vielen Gläubigen verehrt. In der „liturgischen Bewegung", die in die Liturgiereform des Zweiten Vatikanischen Konzils mündete, spielte der Innsbrucker Jesuit Josef A. Jungmann durch seine historischen Arbeiten eine überragende Rolle. So haben Jesuiten das Zweite Vatikanische Konzil stark beeinflusst und mitgeprägt. Dies gilt vor allem auch für die dort vollzogene Öffnung der katholischen Kirche für die Probleme der modernen Gesellschaft, die größere Sensibilität für Fragen der Menschenrechte und des Fortschritts.

Eine Minderheit im Orden sah in den Erneuerungen nach dem Konzil die Ursachen für die Krise, in der sich Kirche und Orden seit 1968 befanden. Sie warf Arrupe Nachgiebigkeit vor. Dieser beschloss die Einberufung einer Generalkongregation. Die **32. Generalkongregation** vom 1. Dezember 1974 bis zum 8. März 1975 bekundete ihre Loyalität zu ihrem Generaloberen, bestätigte die Anordnungen der 31. Generalkongregation, erneuerte die Treue gegenüber Lehramt und Papst und erließ mehrere Dekrete zur Antwort der Gesellschaft Jesu auf die Anforderungen der Zeit. So engagierte sich die Gesellschaft Jesu nun weltweit besonders für die Armen. Besonders stark wirkte der Orden unter der Devise „Option für die Armen" in Lateinamerika. Initiiert wurde diese Aktion durch das Dekret „Glaube und Gerechtigkeit", das von der 32. Generalkongregation beschlossen worden war. Um die Armut zu bekämpfen, förderten die Jesuiten die Alphabetisierung und Elementarschulbildung.

Zwei Ereignisse bestimmten **nach 1945** das Selbstverständnis der Gesellschaft Jesu: Das Zweite Vatikanische Konzil (1963–65) und die 32. Generalkongregation (1974–75). Das Zweite Vaticanum betonte die Weltverantwortung aller Ordensgemeinschaften und ermutigte sie zur Erneuerung im Sinne ihrer jeweiligen Gründer. Damit war der Jesuitenorden zurückverwiesen auf Ignatius von Loyola und die von ihm verfassten Ordensatzungen. Die 32. Generalkongregation trug zu einer Neuorientierung des Ordens bei und stellte sich mit dem Dekret „Glaube und Gerechtigkeit" bewusst auf die Seite der Macht- und Besitzlosen, forderte zur Aufdeckung und zum Abbau ungerechter Strukturen auf und zur verantwortungsbewussten Mitarbeit in der Kirche.

Seitdem hat sich der Aufgabenbereich der Jesuiten noch erweitert. Dazu gehört in der christlichen Welt die besondere Sorge des Ordens für die Nicht-mehr-Glaubenden. In den nichtchristlichen Ländern soll der Glauben verkündet werden, um ihn in die jeweils heimische Kultur und Lebensweise des Menschen zu integrieren. In all ihren Tätigkeiten versuchen die Jesuiten die Zeichen der Zeit zu deuten und eine christliche Antwort darauf zu finden. Sie tun dies im Geist jenes Grundsatzes, den Ignatius für sich selbst und seine Mitbrüder gewählt hatte: *Setzt euch so ein, als ob alles von eurem Bemühen abhinge. Vertraut dabei aber so auf Gott, als ob alles von ihm entschieden würde.*

VIII.

Jesuiten heute

Zum Zeitpunkt des Todes des Ordensgründers Ignatius von Loyola 1556 gab es etwa 1000 Jesuiten. In ihrer Blütezeit in der Mitte des 18. Jahrhunderts (1749) zählte die Gesellschaft Jesu 22 589 Mitglieder. Den Höchststand erreichte der Orden 1965 mit 36 038 Mitgliedern. Heute zählt die Gesellschaft Jesu weltweit über 19 000 Mitglieder (Stand 1.1.2007: 19 216). Die Jesuiten leben in einer Vielzahl von Assistenzen, Provinzen und Vizeprovinzen, die wegen ihrer unterschiedlichen Geschichte, ihrer unterschiedlichen Größe und der meist völlig unvergleichbaren gesellschaftlichen und kirchlichen Situation schwer in ein Schema zu pressen sind.

Die Spannungen zwischen den Völkerschaften und verschiedenen Religionsgemeinschaften haben auch zu vielen Opfern unter den Jesuiten seit der Gründung des Ordens geführt. Das **Martyrium** war zunächst eine Konsequenz der Missionstätigkeit, später der religionsfeindlichen Verfolgungen der neuzeitlichen Welt. Die ersten der mehr als 300 ermordeten Jesuiten im 20. Jahrhundert waren die Franzosen Modestus Andlauer, Remigius Isoré, Paulus Denn und Leo Ignatius Mangin. Sie starben in China zwischen 1900 und 1901 beim so genannten „Boxer-Aufstand". Sie alle wurden 1955 selig gesprochen. Die religionsfeindlichen Verfolgungen erhielten ihr berühmtestes Opfer im mexikanischen Seligen Miguel Augustin Pro, der 1927 erschossen wurde. In den folgenden Jahrzehnten, zwischen 1932 und 1946, hat das kommunistische Regime Chinas mit Sicherheit elf bis fünfzehn Jesuiten „verschwinden" lassen. In Spanien erreichte die Verfolgung Dimensionen einer Tragödie: es starben 122 Jesuiten. Dabei ist zu bedenken, dass die Jesuiten 1932 des Landes verwiesen wurden, weshalb es nicht noch mehr Opfer gab.

Das Naziregime eliminierte 82 Jesuiten, von denen viele im KZ Dachau oder im KZ Auschwitz umkamen. Die meisten davon waren Polen, die anderen Deutsche, Österreicher, Tschechen, Slowaken, Slowenen, Franzosen und Niederländer. Die alliierten Japaner töteten weitere Jesuiten: drei Kanadier in China, dreizehn Niederländer in Indonesien und sieben Spanier in Mikronesien.

Nach dem Zweiten Weltkrieg waren die kommunistischen Regime Chinas, der Sowjetunion und ihrer Verbündeten hinter dem „Eisernen Vorhang", die viele Priester und Ordensleute umbrachten, ohne Spuren zu hinterlassen. Sicher weiß man dies von 44 Jesuiten, von denen dreizehn in China, zehn in Polen, fünf in Albanien und sieben in Jugoslawien auf grauenhafte Weise ermordet wurden.

Seit Mitte der Sechzigerjahre des 20. Jahrhunderts nahmen in der Welt, vor allem aber in Lateinamerika, die gewalttätigen Regime mit antikommunistischer Ideologie sehr zu. Einige verbanden sich mit dem Rauschgifthandel und der Korruption, um sich an der Macht zu halten. Oft interpretierten diese die Stimme der Katholiken zugunsten der Gerechtigkeit als eine marxistische Infiltration in der Kirche und bedienten sich dieses Vorwandes, um zahlreiche Ordensleute und Laien umzubringen. Ein Jesuit wurde auf den Philippinen umgebracht und dreizehn in Lateinamerika, sieben von ihnen in El Salvador.

Die letzten Jahre des 20. Jahrhunderts waren gekennzeichnet durch rassistische und nationalistische Gewalt. Siebzehn Jesuiten fielen diesen Ursachen in Afrika zum Opfer, sieben davon in Zimbabwe und drei in Ruanda. Weitere elf starben in Asien, unter ihnen vier im Libanon und fünf in Indien. Bei den grausamen Unterdrückungs-, Massentötungs- und Vertreibungsmaßnahmen der moslemischen indonesischen Milizen gegen die mehrheitlich katholische Bevölkerung Osttimors im Herbst 1999 wurde auch der deutsche Jesuit Karl Albrecht in Indonesien ermordet, der einer der engsten Mitarbeiter von Bischof Carlos Filipe Ximenes Belo war, der für seine Verdienste zur Selbstbestimmung Osttimors 1996 mit dem Friedensnobelpreis ausgezeichnet worden war. Durch die Besetzung Osttimors durch indonesisches Militär und den damit verbundenen Völkermord war es für den Jesuitenorden von Bedeutung, nicht-indonesische Mitbrüder nach Osttimor zu senden. So war Pater Albrecht schon 60jährig 1990 bereit, von Djakarta, wo er seit 1958 lebte und arbeitete, eine neue Sprache zu lernen und nach Dili in Osttimor zu gehen. Ihm lagen immer die unter dem politischen Druck und der Not leidenden Menschen am Herzen. So übernahm er einige Monate vor seiner Ermordung die Leitung des Jesuiten-Flüchtlingsdienstes (JRS) und hatte noch mit der Aktion „Ärzte für die Dritte Welt" mehrere Projekte geplant, um den kranken und Not leidenden Timoresen zu helfen.

Heute wie zu Zeiten der Ordensgründung helfen Jesuiten zentral vor Ort. Die **Zielsetzung und die wesentlichen Aufgaben** des Ordens für die Gegenwart wurde von der 34. Generalkongregation 1995 neu formuliert:

Der Einsatz gilt *dem Dienst am Glauben*. Die Jesuiten wollen den Menschen so das Evangelium verkünden, dass sie an die Botschaft Jesu glauben können und darin die Erfüllung ihres Lebens finden.

Der Einsatz gilt *dem Kampf für die Gerechtigkeit*. Zusammen mit vielen anderen kämpfen die Jesuiten für mehr Gerechtigkeit in der heutigen Welt. Die Aufmerksamkeit und Liebe der Jesuiten gilt in besonderer Weise den Armen und Schwachen.

Der Einsatz geschieht *im Dialog*. Die Jesuiten suchen den Dialog zwischen den verschiedenen christlichen Kirchen, mit den Gläubigen anderer Religionen, mit allen Menschen guten Willens, die sich für Gerechtigkeit und Menschenwürde einsetzen.

Der Einsatz geschieht *im Kontext der jeweiligen Kultur*. Der Einsatz der Jesuiten für Glaube

und Gerechtigkeit greift die positiven Werte der jeweiligen Kultur auf, scheut jedoch nicht die kritische Distanz zu dieser Kultur.

Und die Jesuiten sind sich heute im Klaren, wie Artikel 47 der 34. Generalkongregation formuliert:

Kein Dienst am Glauben ohne
Förderung der Gerechtigkeit,
Eintritt in Kulturen,
Offenheit für andere religiöse Erfahrungen.

Keine Förderung der Gerechtigkeit ohne
Glauben mitzuteilen,
Kulturen umzuwandeln,
mit anderen Traditionen zusammenzuarbeiten.

Keine Inkulturation, ohne
sich über den Glauben auszutauschen,
mit anderen Traditionen in Dialog zu treten,
sich einzusetzen für Gerechtigkeit.

Kein Dialog ohne
den Glauben mit anderen zu teilen,
Kulturen zu untersuchen,
Sorge zu tragen für Gerechtigkeit.

Und Artikel 131 der 34. Generalkongregation bekräftigt:

Von der Gesellschaft Jesu muss der von der Kirche geforderte „vierfache Dialog" gepflegt werden:

a. *Der „Dialog des Lebens", in dem Menschen in einer offenen und nachbarschaftlichen Atmosphäre zusammenleben wollen, indem sie Freud und Leid, ihre menschlichen Probleme und Beschwernisse miteinander teilen.*

b. *Der „Dialog des Handelns", in dem Christen und Nichtchristen für eine umfassende Entwicklung und Befreiung der Menschen zusammenarbeiten.*

c. *Der „Dialog der religiösen Erfahrung", in dem Menschen, die in ihrer eigenen religiösen Tradition verwurzelt sind, ihren spirituellen Reichtum teilen, z. B. was Gebet und Kontemplation, Glaube und Suche nach Gott oder dem Absoluten angeht.*

d. *Der „Dialog des theologischen Austausches", in dem Spezialisten ihr Verständnis ihres jeweiligen religiösen Erbes vertiefen und die gegenseitigen Werte zu schätzen lernen.*

Die apostolischen Arbeiten, die traditionell zum Apostolat der Gesellschaft Jesu gehören, sind die

Aula der Hochschule für
Philosophie München,
1998
© SJ-Bild

genüber der Welt, wie Gott sie erschaffen hat, ist alles wert, erforscht und studiert zu werden. Unbestritten ist ihr Versuch, Schüler zu kritischen und weltaufgeschlossenen Menschen zu erziehen. Ziel ist die Erziehung und Bildung des ganzen Menschen. Es geht nicht um bloße Wissensvermittlung, sondern um ganzheitliche Herzensbildung. Im Mittelpunkt stehen nicht Karriereplanung und Management, sondern soziale Kompetenz und Verantwortung für andere. Und Jesuiten sind in vielen wissenschaftlichen Disziplinen auf der Höhe der Zeit, damit das Neue den Blick auf Gott nicht verschließt, sondern eröffnet. Heute arbeiten etwa 25 Prozent der Ordensmitglieder zusammen mit einem großen Anteil von Laien im Bereich der Pädagogik in aller Welt. Der „Kontinent der Erziehung" dabei ist Amerika, wo die meisten Jesuiten in Schulen und Universitäten tätig sind.

Die **Hochschulen** der Jesuiten gelten seit jeher als Zentren der theologischen und philosophischen Lehre. An ihr wird nicht nur der eigene Ordensnachwuchs ausgebildet, sondern auch der Priesternachwuchs vieler Diözesen. In den letzten Jahrzehnten haben sich die Fakultäten der Jesuiten im deutschsprachigen Raum zunehmend auch für ordensexterne Studierende geöffnet und bieten Studiengänge mit staatlich anerkannten Abschlüssen an. An den Hochschulen wurde und wird nicht nur ausgebildet, sondern auch geforscht. Derzeit lehren Jesuiten im deutschsprachigen Raum an der Katholisch-Theologischen Fakultät der Universität Innsbruck, an der Hochschule für Philosophie in München und an der Philosophisch-Theologischen Hochschule St. Georgen in Frankfurt am Main. Die meisten vom Orden getragenen Hochschulen, Fakultäten oder Institute in Europa sind universitäre Institutionen, die auf Theologie und Philosophie, bisweilen auch andere Disziplinen spezialisiert sind. Die großen Universitäten des Ordens in den USA, in Lateinamerika oder Japan umfassen auch andere geisteswissenschaftliche oder naturwissenschaftliche Fächer, die zum Teil auch von Jesuiten gelehrt werden.

In Zeiten neuer Erkenntnisse und vielfacher Orientierungslosigkeit der Menschen, nicht zuletzt der Gläubigen, hat die religiöse **Erwachse-**

theologische Forschung, die Exerzitien, die Führung der Kollegien und die Begleitung von Vereinigungen. Das 20. Jahrhundert brachte aber auch Herausforderungen mit sich und öffnete neue Felder: die Pfarreien, der Dienst an Flüchtlingen und Vertriebenen, die Massenmedien, der interreligiöse Dialog und das soziale Engagement.

Schon seit seiner Gründung hat sich der Jesuitenorden der **Bildung und Erziehung** von Jugendlichen verpflichtet. Diesen Auftrag seines Gründers Ignatius von Loyola vollzieht die Gesellschaft Jesu bis heute unter hohem Einsatz in den verschiedensten Bereichen der Jugendarbeit mit den je angemessenen Methoden. In Kollegien überall auf der Welt übernimmt der Orden dabei die Verantwortung für junge Menschen in den entscheidenden Jahren ihrer Entwicklung vom Kind zum jungen Erwachsenen. Diese Verantwortung erstreckt sich nicht nur auf einen Teilbereich, wie die schulische Ausbildung oder religiöse Prägung allein, sondern auf die Erziehung und Bildung des ganzen Menschen. Ausgehend von einer positiven Grundeinstellung ge-

nenbildung erhöhte Bedeutung erhalten. Die ursprünglichen Exerzitienhäuser, die der Orden unterhält, sind mehr und mehr auch geistliche Bildungshäuser geworden. Doch die Hektik unserer Zeit führt auch wieder vermehrt zu **Exerzitien**. Diese wollen über das eigene Leben mehr Klarheit geben, den Menschen neu auf Gott hin ausrichten und bei Lebensentscheidungen helfen. Exerzitien heißt „Übungen"; Übungen, die helfen, Gott im eigenen Leben zu entdecken, *Gott in allen Dingen finden*. Exerzitien sind religiöse Übungen, die Menschen in ihrem Suchen nach Gott voranbringen wollen. In den Exerzitien liest der Exerzitand täglich bestimmte Bibelstellen und fragt sich danach, welche Saiten diese Stellen bei ihm zum Schwingen bringen. Das Leben Jesu lesend, liest der Exerzitand sein eigenes Leben. Das Exerzitienbuch des Ignatius weist ihm dabei den Weg und Exerzitien geschehen in strengem Schweigen. Gesprochen wird nur zwischen Exerzitand und Exerzitienbegleiter, während der Eucharistiefeier und dann, wenn der Exerzitienbegleiter einen Impuls hält. Neben diesen klassischen ignatianischen Exerzitien, die von einer bis zu vier Wochen dauern, werden inzwischen auch neue Formen angeboten, wie Exerzitien im Alltag, Exerzitien auf der Straße, Film-Exerzitien oder Online-Exerzitien.

Bei den Film-Exerzitien spielen all die Impulse der klassischen Exerzitien ebenfalls eine tragende Rolle. Besonders im Vergleich zu anderen Exerzitien ist nur der Umstand, dass der Impuls des Exerzitienbegleiters größtenteils durch einen Film ersetzt wird. Eine passende Abfolge von Filmen unterstützt und vertieft dabei jenen Aufbruch zum neuen Leben, den die ignatianischen Exerzitien anzielen.

Die Online-Exerzitien sind jeden Tag ein fester Punkt, um Gott im Alltag zu begegnen. Sie sind eine Hilfe bei dem Versuch, mit Gott ins Gespräch zu kommen. Und sie sind eine Anregung, das eigene Verhältnis zu Gott zu klären. Da der Alltag in der Regel durch den Rhythmus Arbeit und Erholung geprägt ist, wollen die Online-Exerzitien kein weiterer Stressfaktor sein, sondern einen Impuls geben, um spontan im Alltag mit Gott zu reden. Der tägliche Impuls ist kurz genug, um ihn im Kopf zu behalten, um

sich auf dem Nachhauseweg, in der Mittagspause oder wann auch immer damit zu beschäftigen. Der Inhalt ist eine kleine Anregung, um ins Gespräch mit Gott zu kommen: ein kurzer Gedanke, ein Gebet, eine Bibelstelle. Einmal pro Woche erfolgt der Austausch mit dem Begleiter per E-Mail.

Jesuiteneigene und von Jesuiten geleitete Institutionen wollen den Menschen Informationen und Hilfestellungen geben durch gezielte Aus- und Weiterbildung, Förderung des sozialen und kulturellen Austausches, Anregung zum Dialog und Vermittlung von Werten. Zu den Sozialen Institutionen zählt das Komitee **Ärzte für die Dritte Welt**. Dieses Komitee wurde 1983 von dem Jesuit Bernhard Ehlen ins Leben gerufen und bemüht sich, durch Planung, Organisation und Durchführung von freiwilligen ärztlichen Hilfseinsätzen in medizinischen Notstandsgebieten der so genannten Entwicklungsländer einen Beitrag zu mehr Gerechtigkeit und Frieden zu leisten. Alle Mitarbeiter des Komitees sind in den Projekten freiwillig und unentgeltlich tätig.

Schon seit Beginn engagieren sich die Jesuiten in den **Medien**. So hat Ignatius von Loyola eine der ersten Druckerpressen für den Orden erworben. Und würde Petrus Canisius, der Mann des Wortes und vor allem der Schrift, heute leben, so würde er sich sicher des Computers bedienen, um seine persönlichen Gedanken und Informationen zu speichern. Er war schon damals der Meinung, dass wer nicht in den Medien präsent ist, auch nicht mehr im Bewusstsein der Menschen ist. Seit einigen Generationen sind die Jesuiten stark im Apostolat des gedruckten Wortes engagiert. Fast jede Jesuitenprovinz hat ihre religiös-kulturelle Zeitschrift. Eröffnet wurde der Reigen der **Kulturzeitschriften**, die, auch wenn sie nicht sehr große Verbreitung haben, doch das Denken der Katholiken in verschiedenen Ländern tief beeinflussten, im 19. Jahrhundert in Europa von „La Civiltà Cattolica" (Italien 1850), „Études" (Frankreich 1856), „The Month" (England 1864) und „Stimmen der Zeit" (Deutschland 1865). Zu den gängigen Zeitschriften gehören noch „Geist und Leben" und „Theologie und Philosophie" in Deutschland, „Zeitschrift für Katholische Theologie" in

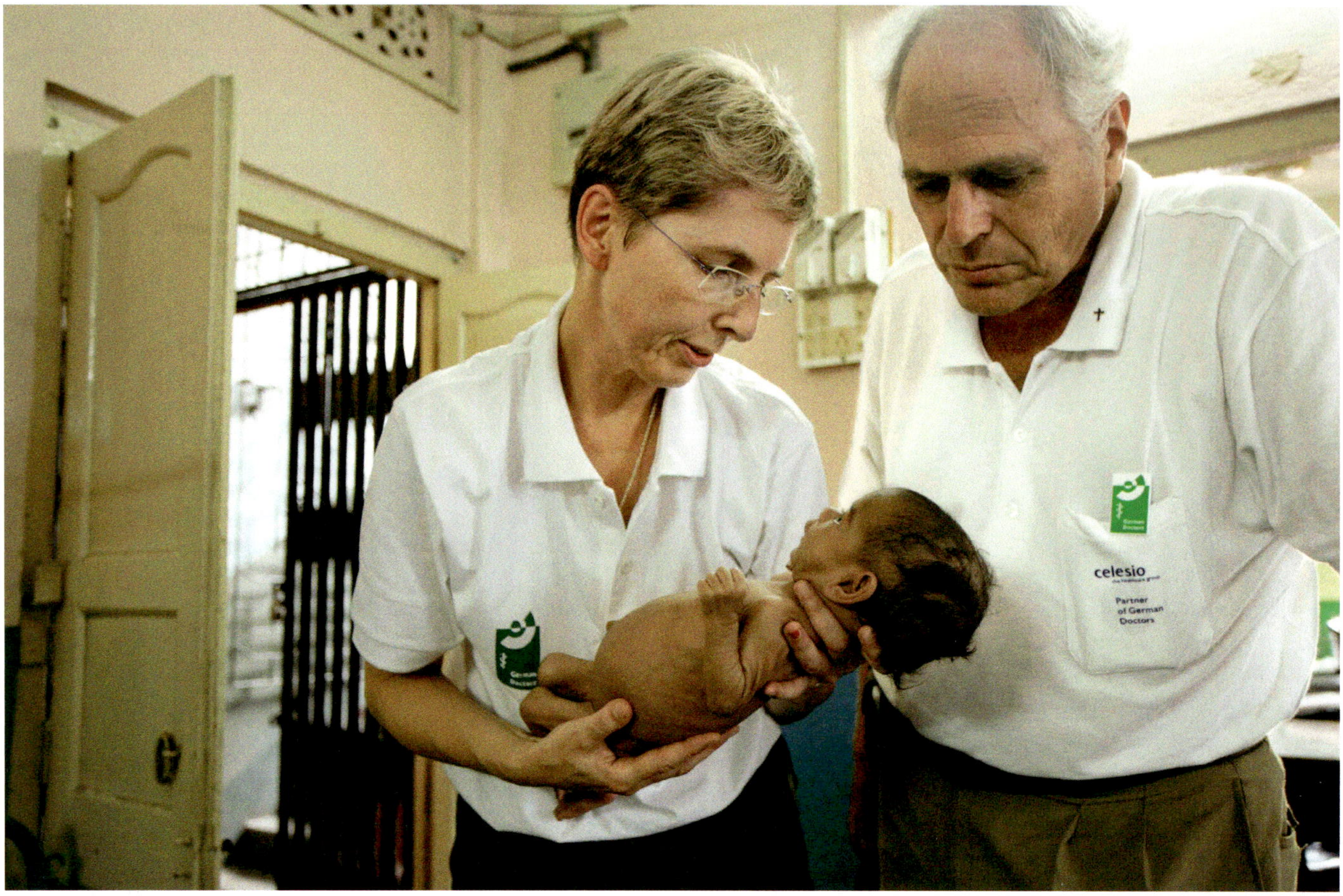

Komitee Ärzte für die Dritte Welt: Bernhard Ehlen SJ und die Ärztin Dr. med. Elisabeth Kauder mit einem Säugling in Kalkutta, 2005
© SJ-Bild

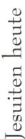

Österreich, „Choisier" und „Orientierung" in der Schweiz oder „Signum" in Schweden.

Die „Stimmen der Zeit" regen im Geist des Zweiten Vatikanums zu einem offenen Dialog zwischen Kirche und Gesellschaft an. Außer theologischen und kirchlichen Themen beschäftigen die komplexen Probleme der modernen Gesellschaft einen Großteil der Artikel: soziale, politische, naturwissenschaftliche Probleme, Literatur, Kino und Kunst. Die monatlich erscheinende Zeitschrift bemüht sich, den Lesern zu helfen, inmitten der Pluralität von Meinungen und des herrschenden Relativismus eine persönliche und differenzierte Sicht der Welt zu finden.

Die „Civiltà Cattolica" setzt sich zum Ziel, den Dialog zwischen Glaube und moderner Welt durch eine kulturelle Vermittlung offen zu halten. Die auf Wunsch von Pius IX. gegründete Zeitschrift ist einer Gruppe von Jesuiten anvertraut, die sich um Redaktion und Leitung kümmert. Die Themen werden mit wissenschaftlicher Strenge behandelt, aber in einer Weise, dass sie auch für Nichtfachleute von Interesse sein können. Von Anfang an erhält die Zeitschrift eine besondere Beziehung des Einklangs mit dem Heiligen Stuhl aufrecht, der durch das Staatssekretariat die Artikel billigt.

Die Jesuitengruppe, die „Choisier" gründete, wollte in dem kulturellen Panorama der Schweiz eine Zeitschrift christlicher Inspiration anbieten. Nach fast einem halben Jahrhundert kann man feststellen, dass die Zeitschrift nach wie vor dem Anfangsplan treu ist. Das Redaktionsteam setzt sich zusammen aus Jesuiten und Laien, Männern und Frauen, die jeden Monat eine Reihe von Analysen, Reflexionen und Informationen mit dem Ziel anbieten, den Lesern zu helfen, ihre Entscheidung zu treffen, über Themen, die die Spiritualität, die Kultur, einschließlich Philosophie, Theologie, Literatur, Erziehung und

Radio Vatikan:
Im Studio der deutsch-
sprachigen Sektion,
2006
© SJ-Bild

Sozialpolitik berühren. Da zum Leserkreis Katholiken und Protestanten gehören, räumt die monatlich erscheinende Zeitschrift dem ökumenischen und interreligiösen Dialog einen besonderen Stellenwert ein.

Zu den Zeitschriften kommen oftmals **Magazine**, die kostenlos an Interessierte versandt werden und in jeder Ausgabe unter einem anderen Themenbegriff über den Orden und seine Tätigkeiten informieren.

Das 20. Jahrhundert bringt auf dem Gebiet der sozialen Kommunikation viel Neues. Zunehmend arbeiten Jesuiten auch im Bereich von Radio, Fernsehen und Film mit. In der Filmwelt ist als erster der Schweizer Jesuit **Josef Joye** (1852–1919), „Abbé Joye", zu nennen, der mit Ausnahme seiner Provinzialsjahre in Basel wirkte, wo er ein erfolgreicher Jugendseelsorger war. Seine Vorträge und Vorlesungen illustrierte er mit Hilfe der Laterna magica und stellte eigen-

händig über 16 000 Bildplatten zur Vorführung her. Um die Jahrhundertwende begann er sich Filme zu besorgen und gab ab 1901 in der Schweiz regelmäßig Vorführungen. Im Jahr 1911 umfasste seine Sammlung ungefähr 2000 Filme und stellt heute das reichste Archiv der Welt über die ersten Jahrzehnte des Films dar. Probleme mit der Erhaltung des leichtverderblichen Materials haben ihn überzeugt, diesen Schatz dem nationalen englischen Filmarchiv zur Verwahrung zu überlassen.

Im Februar 1931 gründete Papst Pius XI. **Radio Vatikan** und übertrug dem Jesuitenorden die Leitung. Der Papst beauftragte den italienischen Erfinder Guglielmo Marconi damit, den Sender technisch aufzubauen und stelle ihm zur Unterstützung den Jesuiten Giuseppe Gianfranceschi, Physiker, Rektor der Gregoriana und Präsident der Päpstlichen Akademie der Wissenschaften zur Seite. Damit gehört Radio Vatikan zu einer der ältesten Rundfunkstation der Welt. Radio Vatikan berichtet über die Situation von Politik und Kirche weltweit. Infolge der guten Infrastruktur der katholischen Kirche erfährt der römische Sender oftmals früher von wichtigen Ereignissen als andere Agenturen. Im deutschsprachigen Raum hat der vatikanische Sender durchschnittlich eine halbe Million Hörer pro Abend. Radio Vatikan, der bedeutendste unter den von der Gesellschaft Jesu betreuten Sendern, aber nicht der einzige, hat als „Sender des Papstes" den Auftrag, die Lehre der katholischen Kirche zu verbreiten, über die Tätigkeiten des Vatikans zu berichten, das Leben der Katholiken in aller Welt widerzuspiegeln und Fragen der Zeit aus dem Glauben zu beantworten. Die Programmdirektion ist aufgegliedert in rund 35 Sprachredaktionen, die je nach Sendezeit zwischen drei und sechs Mitglieder haben. Insgesamt sendet Radio Vatikan aber in 47 Sprachen. Die Sendungen sind über Mittel- und Kurzwelle in Europa und über Kurzwelle in allen Teilen der Welt zu hören, außerdem auch über Satellit und im Internet.

Aber auch das **Internet** ist heute eine nicht mehr wegzudenkende Form der Dokumentation, Kommunikation und Information, aber auch der Außendarstellung des Ordens. Das Dekret 15 der 34. Generalkongregation (1995), „Medien: eine neue Kultur", ist in seinem ganzen Ansatz von dem Grundsatz geleitet, dass *die Medien nicht eine Domäne einiger weniger professioneller Jesuiten sind, sondern eine wesentliche apostolische Dimension unseres gesamten Apostolats.* Inzwischen stehen immer mehr Jesuiten, die in den verschiedenen Apostolaten tätig sind, per E-Mail oder Internet miteinander in Verbindung und haben zum Teil auch eigene Homepages. Die neuen sozialen Kommunikationsmittel spielen inzwischen eine zentrale Rolle im Apostolat der Jesuiten. Eine im wesentlichen durch Medien vermittelte gesellschaftliche Kommunikation setzt voraus, dass Information, Bildung und Unterhaltung allen Menschen in gleicher Weise offen stehen.

Von den eigentlichen Missionsgebieten abgesehen sind die Jesuiten durch 400 Jahre in der direkten **Pfarreiseelsorge** zurückhaltend gewesen.

Sie waren dagegen auf der Kanzel, im Beichtstuhl oder Sprechzimmer, im Kranken- und Gefängnisdienst, in der Vereinsarbeit, als Arbeiterpriester, Schwesternseelsorger oder Religionslehrer seelsorglich tätig. Die Gründe, weswegen Ignatius und die frühe Gesellschaft Jesu die Pfarrei von ihrer Arbeit in der Kirche ausschlossen, war zum einen die Wahrung der Beweglichkeit der Jesuiten, und zum anderen die Armut der Gesellschaft Jesu, da eine Pfarrei die Verwaltung von Gütern mit sich brachte, durch die sie sich erhielt. Doch mit der Zeit verloren diese Gründe ihre Gültigkeit, da sich die Pfarreien gewandelt hatten: Es fehlen ihnen heute die Güter, abgesehen von den Beiträgen der Pfarrangehörigen für die Erhaltung. Und die Ernennung der Pfarrer und Kapläne gilt nur auf Zeit, da es keine privaten Pfarreien mehr gibt. Dies und der Priestermangel trugen dazu bei, dass mancherorts die Jesuiten auch eine Pfarrei als eine geeignete Plattform des Apostolats der Gesellschaft Jesu sahen. Um 1965 bestanden bereits an die 1200 Jesuitenpfarreien. Gemäß einem Dekret der 31. Generalkongregation (1965/66) betrachtete der Orden die Pfarrseelsorge *nicht mehr als den Grundsätzen der Ordenssatzung widersprechend.* Es solle aber nur der Generalobere, unter Berücksichtigung aller Umstände, entscheiden, ob Pfarreien anzunehmen oder aufzugeben sind, da man es für verfehlt hielte, den Großteil der Ordenspriester in die Gemeinden zu schicken. Heute sind Jesuiten in vielen Pfarreien bundesweit als Priester und Seelsorger engagiert.

Die **Missionsbegeisterung** früherer Zeiten ist längst vorbei. Zum einen war die Mission damals fast die einzige Möglichkeit, fremde Länder kennen zu lernen. Zum anderen ging mit der christlichen Religion fast automatisch die Kolonialisierung einher, dass neben Missionsstationen, Krankenhäusern und Schulen auch Handelsgesellschaften entstanden, so dass Überbringung des Glaubens auf der einen mit Ausbeutung der Einheimischen auf der anderen Seite einher ging. Die einheimische Kultur und Religion wurde nicht ernst genommen, wie es einmal Franz Xaver gefordert und geprägt hatte.

Die Missionare unserer Zeit haben verstanden, dass Missionieren sich nicht auf das Taufen beschränken darf, sondern den ganzen Menschen, der aus Seele und Leib besteht, sehen muss. Mission ist auch: Sorge für den sozialen Fortschritt, Einsatz für Gerechtigkeit für die Armen, Hilfsbedürftigen und Unterdrückten. Missionsarbeit sieht heute, je nach den Bedürfnissen eines Landes, sehr verschieden aus. Hilfe ist immer Hilfe zur Selbsthilfe, zur Selbstverwaltung und Selbstverantwortung. Mission soll die einheimische Bevölkerung nicht abhängig, sondern mündig machen. Grundstrukturen für die Missionierung sind bei den Jesuiten heute wie auch schon zu Zeiten des Ordensgründers Ignatius von Loyola der Respekt vor den Menschen anderer Kulturen und ihrer Sitten, Sprachen und Denkweisen.

Das Engagement des Ordens verlagert sich immer mehr aus Europa und Nordamerika nach Lateinamerika, Afrika, Asien und Ozeanien. In Europa und Nordamerika leben heute noch etwas über 9000, in den anderen Kontinenten bereits um 10 000 Jesuiten. Von den insgesamt über 19 000 Jesuiten leben und wirken in Asien rund 5600 Jesuiten, 4000 davon allein in Indien, in Afrika 1400, in Lateinamerika und der Karibik 3000 Jesuiten. Die meisten davon stammen aus den Ländern selbst, nur ein geringer Teil sind noch auswärtige Missionare. Allein aus dieser Tatsache lässt sich ein Wandel in der Ausrichtung des Ordens erkennen. Die Jesuiten aus den früheren so genannten Missionsgebieten sind nun die Erstzuständigen für die Evangelisierung ihrer Völker. Die Jesuitenmissionare aus anderen Ländern und Kontinenten kommen als ihre Mitarbeiter. Jesuitenmission hat daher heute die Form internationaler Zusammenarbeit angenommen. Und dies gilt nicht nur für die ehemaligen „Missionskontinente", sondern auch für die immer dringlicher werdende Mission in Europa.

Die tiefste Schicht einer Kultur ist die Religion oder zumindest die Frage nach der Transzendenz. Zum jesuitischen Dienst am Glauben der Menschen gehört deshalb notwendig auch der **interreligiöse Dialog**. Im Anschluss an ein vatikanisches Dokument beschreibt die 34. Generalkongregation (1995) diesen Dialog als Dialog des Lebens, der Tat, der religiösen Erfahrung

und des theologischen Austausches. Abschließend weist das Dekret über den interreligiösen Dialog darauf hin, dass die Jesuiten in einer vom Pluralismus gekennzeichneten Welt eine besondere Verantwortung haben, den interreligiösen Dialog zu fördern: *Die Kultur des Dialogs sollte ein bezeichnendes Merkmal unserer Gesellschaft werden, die in die ganze Welt gesandt ist, um für die größere Ehre Gottes und das Heil der Menschen zu arbeiten.*

Inkulturation, dieses Wort steht in besonderer Verbindung zur heutigen Arbeit der Gesellschaft Jesu, wurde es doch bereits in der 32. Generalkongregation (1974/75) ausführlich behandelt. Das Ergebnis war das Dekret über die „Inkulturation des christlichen Glaubens und Lebens". Pedro Arrupe, General der Gesellschaft Jesu bis 1983, widmete der Thematik „Inkulturation" am 14. Mai 1978 ein längeres Schreiben in dem er darauf hinwies, dass, wie der Begriff „Inkulturation" aus der Erfahrung der Generalkongregation geboren wurde, so auch sein Inhalt zutiefst dem ignatianischen Geist entspricht. Inkulturation gehört zur Eigenart der Gesellschaft Jesu, zu ihrem modus procedendi. Dass eine Beziehung zwischen „Inkulturation" und „Mission" (im Sinne des äußeren Missionswerkes) besteht, kann nicht übersehen werden. Das Dekret der Generalkongregation formuliert die Aufforderung zur Inkulturation *eingedenk der langdauernden und verdienstvollen missionarischen Tradition der Gesellschaft Jesu.* Pedro Arrupe nennt in seinem Brief die großen Missionare des Ordens Franz Xaver und Matteo Ricci als klassische Beispiele der Inkulturation.

Zusammenarbeit mit Laien: Der Abschluss des Dekretes 13 der 34. Generalkongregation über die „Zusammenarbeit mit Laien in der Sendung" bringt es auf den Punkt: Es ist letztendlich der gemeinsame Glaube von Jesuiten und Laien, der beide Gruppen stützt und zu einem positiven, kreativen und erfolgreichen Zusammenwirken innerhalb des Apostolates der Jesuiten führt und die Mitarbeiterinnen und Mitarbeiter zu Partnerinnen und Partnern für eine gemeinsame neue Zukunft werden lässt: *Zusammenarbeit mit Laien ist sowohl ein konstitutives Element unserer Weise des Vorangehens als auch*

*ein von der Gnade geschenkter Aufruf zur persön-
lichen, gemeinschaftlichen und institutionellen Erneuerung. Sie lädt uns ein zum Dienst am Apostolat der Laien, zur Partnerschaft in der Sendung
und zur Offenheit für schöpferische Wege in der
künftigen Zusammenarbeit. Der Geist ruft uns als
„Menschen für und mit anderen" auf, mit den
Laien zu teilen, was wir glauben, was wir sind und
was wir haben, in schöpferischer Gefährtenschaft,
„zur Hilfe für die Seelen und zur größeren Ehre
Gottes".*

Die Wege in die Zukunft sind gekennzeichnet
dadurch, dass die Jesuiten bei all ihren Tätigkeiten, vor allem in der Erziehung, auf die *wesentliche Gleichheit von Frauen und Männern* achten
und gegen jegliche Ausbeutung, Gewalt und Dis-
kriminierung von Frauen angehen. Auch soll auf
*eine angemessene Präsenz von Frauen in Arbeiten
und Institutionen der Gesellschaft Jesu* geachtet
werden, wobei auch die Tätigkeit in der Ausbildung der Jesuiten einbezogen ist. Und es soll *eine
wirkliche Beteiligung von Frauen an Beratungs-
und Entscheidungsprozessen* in Einrichtungen
des Ordens geben.

Mit Schreiben vom 2. Februar 2006 hat der
derzeitige Generalobere der Gesellschaft Jesu,
Peter-Hans Kolvenbach, die **35. Generalkongregation**
der Gesellschaft Jesu für Januar 2008 nach Rom
einberufen. Dieses höchste Beschluss fassende
Gremium der Gesellschaft Jesu setzt sich zusammen aus den Provinziälen und bis zu zwei Dele-
gierten aus jeder der weltweit 91 Provinzen. Bei
ihr liegt die oberste Gesetzgebungs- und Kon-
trollgewalt des Ordens und ihr obliegt die Wahl
des Generaloberen auf Lebenszeit. Im Gegensatz
zu den meisten anderen Orden wird bei den Jesuiten nur dann eine Generalkongregation einberufen, wenn der Generalobere verstorben ist oder
wenn wichtige Fragen anstehen, die auf Weltebe-
ne geklärt werden müssen.

Zur Einberufung einer Generalkongregation
haben **Peter-Hans Kolvenbach** (geb. 1928 in Nijmegen), der in Beirut Philosophie, Linguistik
und Armenisch studiert und doziert hat, seit
1981 das Päpstliche Orientalische Institut in
Rom leitete und 1983 zum 29. Ordensgeneral
gewählt wurde, zwei wichtige Gründe bewogen:
Zum einen haben es Kirche und Gesellschaft
heute mit Problemen und Phänomenen wie etwa
Globalisierung, Auswanderung, Säkularisierung,
Dialog der Kulturen oder Relativismus zu tun,
die ein aufmerksames und kreatives Studium erfordern, die alle Nationen betreffen und somit
in den apostolischen Planungen neue Ausrich-
tungen und Änderungen erfordern. Zum anderen ist er der Meinung, dass er 2008 nach 25
Jahren als Generaloberer zurücktreten sollte.

Allen Jesuiten war und ist gemeinsam eine zeit-
gemäße, wagefreudige Seelsorge, die sich in einer
Selbstverpflichtung zum handfesten Engagement für soziale Gerechtigkeit äußert. *Mensch,
habe Mut, dich deines Verstandes zu bedienen und
dein Leben in Verantwortung vor Gott zu gestalten.*
So ließe sich das **jesuitische Grundgesetz** zusam-
menfassen. Nachfolge wird hier direkt verstanden, in und für die Welt.

Zeittafel

(mit besonderer Berücksichtigung des Deutschen Sprachraums)

Gesellschaft Jesu	Kirchen- und Weltgeschichte
1491 Ignatius wird auf Schloss Loyola geboren	
1492	Christoph Columbus entdeckt Amerika
1498	Vasco da Gama entdeckt den Seeweg nach Indien
1503	Leonardo da Vinci malt die „Mona Lisa"
1506 Franz Xaver wird auf Schloss Xavier geboren; Peter Faber wird in Le Villaret geboren	Christoph Columbus stirbt
1510	Die Portugiesen erobern Goa
1517	Thesenanschlag Luthers in Wittenberg
1519	Karl V. wird zum Deutschen Kaiser gewählt
1520	Luther bricht mit Rom
1521 Belagerung von Pamplona; Verwundung und Bekehrung des Ignatius	Reichstag von Worms; Bann Luthers
1522 Ignatius in Manresa; „Exerzitienbuch" entsteht	Durch erste Weltumseglung der Beweis, dass die Erde eine Kugel ist
1524	Bestätigung des Theatinerordens
1525	Bauernkriege
1528 Ignatius tritt Studium in Paris an, wo er die ersten Gefährten gewinnt	Bestätigung des Kapuzinerordens
1530	„Augsburger Konfession"
1532	„Nürnberger Religionsfriede"
1534 Ignatius und seine Gefährten legen Gelübde auf dem Montmartre ab	Heinrich VIII. von England bricht mit Rom; Zwingli stirbt; Luther vollendet Bibelübersetzung
1540 Papst Paul III. bestätigt die Gesellschaft Jesu durch die Bulle „Regimini militantis Ecclesiae"	
1541 Ignatius wird zum ersten Generaloberen des Ordens gewählt; Franz Xaver bricht als erster Jesuitenmissionar nach Asien auf	
1542 Gründung des ersten Jesuitenkollegs in Coimbra	
1543 Petrus Canisius tritt als erster Deutschsprachiger in den Jesuitenorden ein	Nikolaus Kopernikus veröffentlicht eine Schrift über das heliozentrische Weltbild; Japan wird von Portugiesen entdeckt

Gesellschaft Jesu	Kirchen- und Weltgeschichte
1544 Köln wird erste Jesuitenniederlassung in Deutschland	
1545	Beginn des Konzils von Trient (bis 1565)
1546	Martin Luther stirbt
1548 Bestätigung der „Geistlichen Übungen"	
1549 Franz Xaver missioniert in Japan; Errichtung der indischen Ordensprovinz; Canisius beginnt seine Tätigkeit in Deutschland	
1551 Gründung des „Römischen Kollegs" (heute „Gregoriana")	
1552 Franz Xaver stirbt in Sancian, vor den Toren Chinas; Matteo Ricci wird geboren; Gründung des „Deutschen Kollegs" („Germanicum") in Rom	
1553 Errichtung der brasilianischen Ordensprovinz	
1555 Errichtung der französischen Ordensprovinz	„Augsburger Religionsfriede"; Nostradamus veröffentlicht seine Prophezeiungen
1556 Errichtung der Oberdeutschen und der Norddeutschen Ordensprovinz; Ignatius von Loyola stirbt	Abdankung Karls V.
1562	Hugenottenkrieg in Frankreich
1563 Errichtung der österreichischen Ordensprovinz	
1564	Galileo Galilei wird geboren
1567 Die ersten Jesuiten in Peru	
1577 Die ersten Jesuiten in Japan	
1582 Matteo Ricci begründet die Chinamission	Gregor XIII. führt neuen Kalender ein
1583 Einweihung der Jesuitenkirche Il Gesú in Rom	
1587	Maria Stuart wird hingerichtet
1597 Canisius stirbt	
1599 Die Studienordnung („Ratio studiorum") ist vollendet	
1601 Matteo Ricco wirkt am chinesischen Kaiserhof in Peking	„Regensburger Religionsgespräch"
1606 Robert de Nobili versucht in Asien eine neue Missionsmethode einzuführen	
1609 Ignatius von Loyola wird selig gesprochen	
1610 Gründung des „Jesuitenstaates in Paraguay"	Verurteilung der Kopernikanischen Lehre durch das Heilige Offizium in Rom
1611 Die ersten Jesuiten in Kanada	Gustav II. Adolf wird König von Schweden
1616 Verfolgung der Jesuiten in Japan	
1618	Dreißigjähriger Krieg (bis 1648); Prager Fenstersturz

	Gesellschaft Jesu	Kirchen- und Weltgeschichte
1619		Ferdinand II. wird zum Kaiser gewählt
1622	Heiligsprechung des Ignatius von Loyola und des Franz Xaver	
1629	Zweite Missionswelle in China unter Adam Schall von Bell	
1633		Galilei wird in einem Inquisitionsprozess zum Widerruf gezwungen
1661	Zwei Jesuitenmissionare erreichen die Hauptstadt Tibets	
1673	Jacques Marquette entdeckt und erforscht zum ersten Mal das Stromgebiet des Mississippi	
1675	Die Jesuitenmission in China zählt 300 000 Christen	
1678		Erstes automatisches Planetarium
1683		Belagerung Wiens durch die Türken
1692		Kaiser Kang-xi gewährt völlige Religionsfreiheit in China
1693	Beginn des Ritenstreites	
1724		Christenverfolgung in China
1750		Abschaffung der Hexenprozesse in Deutschland
1756		Der Siebenjährige Krieg beginnt (bis 1763)
1757	Vertreibung der Jesuiten aus Portugal und dessen Kolonien	
1764	Vertreibung der Jesuiten aus Frankreich	
1767	Vertreibung der Jesuiten aus Spanien, Neapel-Sizilien und Parma	
1773	Aufhebung der Gesellschaft Jesu durch Clemens XIV.; Zarin Katharina verbietet die Durchführung des Aufhebungsbreves; Friedrich II. holt Ex-Jesuiten als Lehrer nach Preußen	Letzte Hexenverbrennung in Deutschland
1776		Unabhängigkeitserklärung der Vereinigten Staaten
1778	Pius VI. duldet stillschweigend das Weiterbestehen des Ordens in Russland	
1789		Beginn der Französischen Revolution
1801	Pius VII. bestätigt offiziell den Orden im Zarenreich; Der Litauer Franz Xaver Karew wird Ordensgeneral	
1803		Säkularisation in Deutschland
1804		Pius VII. krönt Napoleon in Paris zum Kaiser
1806		Ende des Heiligen Römischen Reiches
1814	Allgemeines Wiederherstellen des Ordens durch Pius VII.	Napoleon I. dankt ab

	Gesellschaft Jesu	Kirchen- und Weltgeschichte
1815		„Heilige Allianz" zwischen Russland, Österreich und Preußen
1829	Johann Philipp Rothaan wird Ordengeneral	
1835	Vertreibung der Jesuiten aus Spanien	
1847	Vertreibung der Jesuiten aus der Schweiz	
1848	Vertreibung der Jesuiten aus Österreich	Marx und Engels veröffentlichen das „Kommunistische Manifest"
1854		Pius IX. verkündet Dogma der „Unbefleckten Empfängnis Mariens"
1870		Pius IX. verkündet Dogma von der Unfehlbarkeit des Papstes „ex cathedra"; Erstes Vatikanisches Konzil
1871		In Versailles wird das Deutsche Reich gegründet
1872	Bismarck beginnt „Kulturkampf"gegen die katholische Kirche: Vertreibung der Jesuiten aus dem Deutschen Reich	
1900		Boxer-Aufstand in China; Weltausstellung und Olympische Spiele in Paris
1909	Gründung des „Päpstlichen Bibelinstituts" in Rom und Übernahme durch die Gesellschaft Jesu	
1910		Weltausstellung in Brüssel
1914		Ausbruch des Ersten Weltkriegs (bis 1918)
1917	Aufhebung des Jesuitenverbotes in Deutschland	Oktober-Revolution in Russland
1919		Friedenskonferenz in Versailles
1923		Mussolini an der Macht in Rom
1925	Heiligsprechung des Petrus Canisius und Erhebung zum Kirchenlehrer	
1927		Christenverfolgung in Mexiko
1929		Weltwirtschaftskrise durch Kurssturz an der New Yorker Börse (Höhepunkt 1933)
1933	Die Jesuiten werden neben Juden, Kommunisten und Freimaurern ausdrücklich zum Haupt- und Reichsfeind erklärt	Adolf Hitler wird deutscher Reichskanzler
1937	Rupert Mayer wird wegen seiner mutigen Predigten von einem Sondergericht zu Gefängnis verurteilt	Machtergreifung Hitlers in Deutschland
1939		Ausbruch des Zweiten Weltkriegs (bis 1945)
1940	Die Geheime Staatspolizei erteilt den Auftrag für die karteimäßige Erfassung aller Jesuiten	
1941	Geheimerlass der Wehrmacht und Anordnung des Führers, alle Jesuiten als wehrunwürdig zu entlassen	
1944		Das Attentat von Claus Graf von Stauffenberg auf Hitler misslingt

	Gesellschaft Jesu	Kirchen- und Weltgeschichte
1945	Alfred Delp wird vom Volksgerichtshof zum Tod verurteilt	Zusammenbruch des Dritten Reichs; USA-Atombomben auf Nagasaki und Hiroshima
1949		Gründung der Bundesrepublik Deutschland
1956	Aufhebung des Jesuitenverbots in Norwegen	Aufstand in Ungarn
1960		Beginn des Vietnam-Krieges
1961		Bau der Berliner Mauer
1962		Eröffnung des Zweiten Vatikanischen Konzils durch Johannes XXIII. (bis 1965); USA starten unbemanntes Raumschiff zur Venus
1965	Die Zahl der Ordensmitglieder hat ihren Höchststand: 36 038	Volksrepublik China zündet zweite Atombombe
1967		Israel besiegt in einem Sechs-Tage-Krieg seine arabischen Nachbarn
1968		Prager Frühling
1973	Aufhebung des Jesuitenverbots in der Schweiz	
1974		Nahost-Krise (bis 1975)
1978	In Simbabwe werden drei deutsche Jesuitenmissionare von Aufständischen ermordet	Kardinal Karol Woityla wird zum Papst gewählt: Johannes Paul II.
1981	Der Papst greift in die Ordensleitung ein und bestimmt einen Delegaten (Paolo Dezza)	
1983	Die 35. Generalkongregation tagt und wählt Peter-Hans Kolvenbach zum Ordensgeneral	
1985		Michail Gorbatschow beginnt seine Perestroika-Politik
1987	Seligsprechung Rupert Mayers im Münchner Olympiastadion	
1989		Zusammenbruch des Kommunismus in der Sowjetunion und in Europa; Fall der Berliner Mauer
1990		Deutsche Vereinigung
2000		Heiliges Jahr
2001		Internationaler Terrorismus; Terroranschläge in den USA
2003		Krieg im Irak (Dritter Golfkrieg)
2004	Zusammenlegung der Oberdeutschen und der Norddeutschen Provinz zur Deutschen Provinz der Jesuiten	Flutkatastrophe in Südasien
2005		Joseph Kardinal Ratzinger wird zum Papst gewählt: Benedikt XVI.

Generalobere der Gesellschaft Jesu

1. **Ignatius von Loyola**
   19.4.1541 – 31.7.1556
   Spanier, Heimat: Guipuazcoa
   Amtsdauer: 15 Jahre, 3 Monate
   Gest. 1556 im Alter von 65 Jahren

2. **Diego Laínez**
   2.7.1558 – 19.1.1565
   Spanier, Heimat: Almazán in Kastilien
   Amtsdauer: 6 Jahre, 6 Monate
   Gest. 1565 im Alter von 53 Jahren

3. **Franz Borja**
   2.7.1565 – 1.10.1572
   Spanier, Heimat: Gandía in Valencia
   Amtsdauer: 7 Jahre, 3 Monate
   Gest. 1572 im Alter von 62 Jahren

4. **Everard Mercurian**
   23.4.1573 – 1.8.1580
   Belgier; Heimat: Marcour
   Amtsdauer: 7 Jahre, 3 Monate
   Gest. 1572 im Alter von 66 Jahren

5. **Claudius Aquaviva**
   19.2.1581 – 31.1.1615
   Italiener; Heimat: Neapel
   Amtsdauer: 34 Jahre
   Gest. 1615 im Alter von 72 Jahren

6. **Muzio Vitelleschi**
   15.11.1615 – 9.2.1645
   Italiener; Heimat: Rom
   Amtsdauer: 29 Jahre, 3 Monate
   Gest. 1645 im Alter von 82 Jahren

7. **Vincenzo Caraffa**
   7.1.1646 – 8.6.1649
   Italiener; Heimat: Neapel
   Amtsdauer: 3 Jahre, 5 Monate
   Gest. 1649 im Alter von 65 Jahren

8. **Francesco Piccolomini**
   21.12.1649 – 17.6.1651
   Italiener; Heimat: Siena
   Amtsdauer: 1 Jahr, 6 Monate
   Gest. 1651 im Alter von 69 Jahren

9. **Luigi Gottifredi**
   21.1.1652 – 12.3.1652
   Italiener; Heimat: Rom
   Amtsdauer: 2 Monate
   Gest. 1652 im Alter von 57 Jahren

10. **Goswin Nickel**
    17.3.1652 – 31.7.1661
    Deutscher; Heimat: Coslar bei Jülich
    Amtsdauer: 12 Jahre, 4 Monate
    Gest. 1664 im Alter von 82 Jahren

11. **Giovanni Paolo Oliva**
    31.7.1661 – 26.11.1681
    Italiener; Heimat: Genua
    Amtsdauer: 20 Jahre, 5 Monate
    Gest. 1681 im Alter von 81 Jahren
    (Schon seit 7.6.1661 Generalvikar mit dem
    Recht der Nachfolge)

12. **Charles de Noyelle**
    5.7.1682 – 12.12.1686
    Belgier; Heimat: Brüssel
    Amtsdauer: 4 Jahre, 5 Monate
    Gest. 1686 im Alter von 71 Jahren

13. **Thyrso Gonzales**
    6.7.1687 – 27.10.1705
    Spanier; Heimat: Arganda in Leon
    Amtsdauer: 18 Jahre, 3 Monate
    Gest. 1705 im Alter von 84 Jahren

14. **Michelangelo Tamburini**
    31.1.1706 – 28.2.1730
    Italiener; Heimat: Modena
    Amtsdauer: 24 Jahre, 1 Monat
    Gest. 1730 im Alter von 82 Jahren

15. **Frantisek Retz**
    30.11.1730 – 19.11.1750
    Böhme; Heimat: Prag
    Amtsdauer: 20 Jahre
    Gest. 1750 im Alter von 78 Jahren

16. **Ignazio Visconti**
    4.7.1751 – 4.5.1755
    Italiener; Heimat: Mailand

Amtsdauer: 3 Jahre, 10 Monate
Gest. 1755 im Alter von 73 Jahren

17. Luigi Centurione
30.11.1755 – 2.10.1757
Italiener; Heimat: Genua
Amtsdauer: 1 Jahr, 10 Monate
Gest. 1757 im Alter von 69 Jahren

18. Lorenzo Ricci
21.5.1758 – 16.8.1773
Italiener; Heimat: Florenz
Amtsdauer: 15 Jahre, 2 Monate
Gest. 1775 im Alter von 75 Jahren

1773 – 1814 (Aufhebung des Ordens) in
Russland:

Stanislaus Czerniewicz
Litauer; Generalvikar 1782 – 1785

Gabriel Lenkiewicz
Litauer; Generalvikar 1785 – 1798

Franz Xaver Karew
Litauer; Generalvikar 1799 – 1802

Gabriel Gruber
Österreicher; General für Weißrussland und
Neapel 1802 – 1805

Tadeusz Brzozowski
Pole; General für Weißrussland und Neapel
1805 – 1814

19. Tadeusz Brzozowski
7.8.1814 – 5.2.1820
Pole; Heimat: Ermland
Amtsdauer: 5 Jahre, 6 Monate
Gest. 1820 im Alter von 71 Jahren

20. Luigi Fortis
18.10.1820 – 27.1.1829
Italiener; Heimat: Verona
Amtsdauer: 8 Jahre, 3 Monate
Gest. 1829 im Alter von 81 Jahren

21. Jan Philipp Roothaan
9.7.1829 – 8.5.1853
Niederländer;
Heimat: Amsterdam
Amtsdauer: 23 Jahre, 10 Monate
Gest. 1853 im Alter von 68 Jahren

22. Pieter Bechx
2.7.1853 – 4.3.1887
Belgier; Heimat: Sichem in Brabant
Amtsdauer: 33 Jahre, 8 Monate
Gest. 1887 im Alter von 93 Jahren

23. Anton Maria Anderledy
4.3.1887 – 18.1.1892
Schweizer; Heimat: Berisal bei Brig
Amtsdauer: 8 Jahre, 11 Monate
Gest. 1892 im Alter von 73 Jahren
(Schon seit 24.9.1883 Generalvikar mit
dem Recht der Nachfolge)

24. Luis Martin
2.10.1892 – 18.4.1906
Spanier; Heimat: Melgar in Burgos
Amtsdauer: 13 Jahre, 6 Monate
Gest. 1906 im Alter von 60 Jahren

25. Franz Xaver Wernz
8.9.1906 – 19.8.1914
Deutscher; Heimat: Rottweil in
Württemberg
Amtsdauer: 7 Jahre, 11 Monate
Gest. 1914 im Alter von 72 Jahren

26. Wlodimir Ledochowski
11.2.1915 – 13.12.1942
Pole; Heimat: Loosdorf in Niederösterreich
Amtsdauer: 27 Jahre, 10 Monate
Gest. 1942 im Alter von 76 Jahren

27. Jean Baptist Janssens
15.9.1946 – 5.10.1964
Belgier; Heimat: Mecheln
Amtsdauer: 18 Jahre, 1 Monat
Gest. 1963 im Alter von 74 Jahren

28. Pedro Arrupe
22.5.1965 – 3.9.1983
Spanier; Heimat: Bilbao
Amtsdauer: 20 Jahre, 4 Monate
Gest. 1991 im Alter von 88 Jahren

29. Peter-Hans Kolvenbach
seit 13.9.1983
Niederländer; Heimat: Nijmegen

Jesuiten in Zahlen

Jahr	Mitglieder
1556	1000
1563	3500
1574	3905
1600	8219
1616	13112
1749	22589
1773	ca. 23000
1814	ca. 600
1844	4136
1853	5200
1884	11500
1900	15073
1915	16894
1930	21678
1933	22936
1945	27784
1950	29032
1955	32899
1961	35086
1965	36038
1970	33828
1975	28856
1980	27082
1990	24421
1999	21673
2000	21490
2005	19850
2006	19565
2007	19216

Die Mitgliederzahl der Jesuiten weltweit beträgt aktuell (Stand 1.1.2007) 19216. Davon sind 13491 Priester, 3049 in der Ausbildung befindliche Jesuiten (Scholastiker), 1810 Brüder und 866 Novizen. Die Zahl der Scholastiker hatte im Jahr 1955 ihren Höchststand (10741), den größten Zuwachs in einem Jahr (640) konnte dabei für 1931 verzeichnet werden. Ab 1957 nahm die Zahl der Scholastiker stetig ab und war 1981 mit 3270 die niedrigste im 20. Jahrhundert. Die Gesamtzahl der Scholastiker stieg 1992 noch einmal auf 4188 und nahm dann kontinuierlich pro Jahr leicht ab bis zum derzeitigen Stand. Das Durchschnittsalter aller Jesuiten beträgt derzeit 57,34 Jahre.

Die Gesellschaft Jesu umfasst weltweit 91 Provinzen und 12 abhängige Regionen (drei in Afrika, vier in den USA und fünf in Asien). Südasien repräsentiert mit 4018 Mitgliedern 20,9% der Gesamtzahl der Mitglieder der Gesellschaft Jesu und ist damit die Nummer 1, gefolgt von den USA mit 2952 Mitgliedern bzw. 15,4%, Südeuropa mit 2448 Mitgliedern bzw. 12,7%, Westeuropa mit 1958 Mitgliedern bzw. 10,2%, Ostasien mit 1672 Mitgliedern bzw. 8,7%, Süd-Lateinamerika mit 1513 Mitgliedern bzw. 7,9%, Afrika mit 1430 Mitgliedern bzw. 7,4%, Nord-Lateinamerika mit 1374 Mitgliedern bzw. 7,2%, Osteuropa mit 1119 Mitgliedern bzw. 5,8%, und Zentraleuropa mit 732 Mitgliedern bzw. 3,8%.

Im deutschen Sprachraum leben und arbeiten derzeit 582 Jesuiten. Die Deutsche Provinz der Jesuiten mit 425 Jesuiten umfasst das Gebiet der Bundesrepublik Deutschland sowie Dänemark und Schweden. Die Ausdehnung der Österreichischen Ordensprovinz mit 88 Mitgliedern ist identisch mit dem Staatsgebiet Österreich. Die Grenzen der Schweizer Provinz mit 69 Mitgliedern sind identisch mit der Landesgrenze.

Im Lauf der Jahrhunderte ist die Gesamtmitgliederzahl der Gesellschaft Jesu stetig angestiegen und erreichte ihren Höchststand 1965 mit 36038 Mitgliedern. Den größten Zuwachs in einen einzigen Jahr (777 Mitglieder) gab es 1947. Seit 1965 nimmt die Mitgliederzahl bis heute stetig ab.

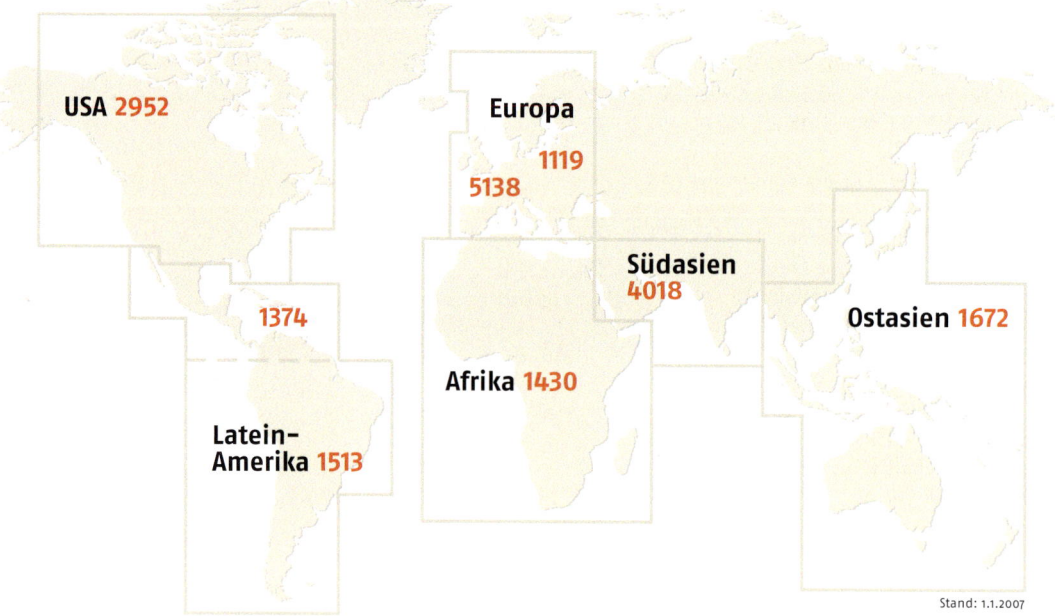

USA 2952
Europa 1119 5138
Südasien 4018
Ostasien 1672
Afrika 1430
Latein-Amerika 1513

Stand: 1.1.2007

Literatur
(deutschsprachige Auswahl)

Ignatius von Loyola und die Gründung der Gesellschaft Jesu

Die (ersten) Jesuiten
Reinhold Baumstark (Hg.): Rom in Bayern. Kunst und Spiritualität der ersten Jesuiten, München 1997.

Alfred Clausen: Jesuiten gestern und heute – Elf Lebensbilder, Fribourg 1985.

Peter M. Daly/G. Richard Dimler/Rita Haub (Hgg.): Emblematik und Kunst der Jesuiten in Bayern: Einfluss und Wirkung (= Imago Figurata, Studies 3), Turnhout 2000.

Bernhard Duhr: Geschichte der Jesuiten in den Ländern deutscher Zunge, 4 Bände, Freiburg-München-Regensburg 1907 – 1928.

Andreas Falkner/Paul Imhof (Hgg.): Ignatius von Loyola und die Gesellschaft Jesu 1491-1556, Würzburg 1990.

Peter C. Hartmann: Die Jesuiten (= Wissen in der Beck'schen Reihe 2171), München 2001.

Rita Haub: Jesuiten. Pädagogik – Wissenschaft – Menschenrechte. Zum Profil der Gesellschaft Jesu, (= KNA-Sonderausgabe), Bonn 2000.

Rita Haub/Bernd Paal: Die Exerzitien des heiligen Ignatius – Bilder und Betrachtungen, Würzburg 2006.

Stefan Kiechle/Clemens Maaß: Der Jesuitenorden heute, Mainz 2000.

Ludwig Koch (Hg.): Jesuiten-Lexikon, Paderborn 1934 (Ndr. 2 Bände Löwen-Heverlee 1962).

John W. O'Malley: Die ersten Jesuiten, Würzburg 1995.

Walter Nissel/Wilhelm Remes: Die Jesuiten in der Philatelie – Eine Geschichte der Gesellschaft Jesu auf postalischen Belegen aller Länder, Rommerskirchen 2005.

André Ravier: Ignatius von Loyola gründet die Gesellschaft Jesu, Würzburg 1982.

Michael Sievernich/Günter Switek (Hgg.): Ignatianisch – Eigenart und Methode der Gesellschaft Jesu, Freiburg-Basel-Wien 1990.

Josef Stierli: Die Jesuiten, Fribourg 1955

José M. de Vera (Hg.): Jesuiten. Jahrbuch der Gesellschaft Jesu 2000, Rom 1999.

Jonathan Wright: Die Jesuiten. Mythos – Macht – Mission, Essen 2005.

Ignatius von Loyola
Gedruckte Quellen
Peter Knauer (Hg.): Ignatius von Loyola – Briefe und Unterweisungen (= Ignatius von Loyola – Deutsche Werkausgabe I), Würzburg 1993.

Peter Knauer (Hg.): Ignatius von Loyola – Gründungstexte der Gesellschaft Jesu, (= Ignatius von Loyola – Deutsche Werkausgabe II) Würzburg 1998.

Hugo Rahner (Hg.): Ignatius von Loyola – Briefwechsel mit Frauen, Freiburg i. Br. 1956.

Michael Sievernich (Hg.): Ignatius von Loyola – Bericht des Pilgers, Wiesbaden 2006.

Biografien
Cándido de Dalmases: Ignatius von Loyola – Versuch einer Gesamtbiographie, München 2006.

Rita Haub: Ignatius von Loyola – Gott in allen Dingen finden (= Eine Topos plus Biografie 567), Kevelaer 2006.

Stefan Kiechle: Ignatius von Loyola – Meister der Spiritualität (= Herder spektrum 5068), Freiburg 2001.

Lutz Müller: Ignatius von Loyola begegnen (= Zeugen des Glaubens), Augsburg 2004.

Peter Faber
Gedruckte Quellen
Peter Faber: Memoriale – Das Geistliche Tagebuch des ersten Jesuiten in Deutschland, nach den Manuskripten übersetzt und eingeleitet von Peter Henrici, 2. Auflage Einsiedeln-Trier 1989.

Biografie
Rita Haub: Peter Faber – Globetrotter Gottes (= Eine Topos plus Biografie 568), Kevelaer 2006.

Franz Xaver
Quellen
Michael Sievernich (Hg.): Franz Xaver – Briefe und Dokumente 1535 – 1552 (= Jesuitica. Quellen und Studien zu Geschichte, Kunst und Literatur der Gesellschaft Jesu im deutschsprachigen Raum 12), Regensburg 2006.

Biografien
James Brodrick: Abenteurer Gottes, Stuttgart 1954.

Rita Haub: Franz Xaver – Aufbruch in die Welt (= Eine Topos plus Biografie 423), Kevelaer 2002.

Rita Haub/Julius Oswald (Hgg.): Franz Xaver – Patron der Missionen. Festschrift zum 450. Todestag (= Jesuitica. Quellen und Studien zu Geschichte, Kunst und Literatur der Gesellschaft Jesu im deutschsprachigen Raum 4), Regensburg 2002.

Georg Schurhammer: Franz Xaver. Sein Leben und seine Zeit, 2 Bände (in 4 Teilbänden) Freiburg i. Br. 1955 – 1973.

Katholische Reform, Bildung und (Natur)Wissenschaften

Petrus Canisius
Gedruckte Quellen
Hubert Filser/Stephan Leimgruber (Hgg.): Petrus Canisius – Der Große Katechismus. Summa doctrinae christianae (= Jesuitica. Quellen und Studien zu Geschichte, Kunst und Literatur der Gesellschaft Jesu im deutschsprachigen Raum 6), Regensburg 2003.

Biografien
Rainer Berndt (Hg.): Petrus Canisius SJ (1521-1597) – Humanist und Europäer (= Erudiri sapientia 1), Berlin 2000.

James Brodrick: Petrus Canisius 1521 – 1597, 2 Bände Wien 1950.

Rita Haub: Petrus Canisius – Botschafter Europas (= Eine Topos plus Biografie 513), Kevelaer 2004.

Julius Oswald/Peter Rummel (Hgg.): Petrus Canisius – Reformer der Kirche. Festschrift zum 400. Todestag des zweiten Apostels Deutschlands (= Jahrbuch des Vereins für Augsburger Bistumsgeschichte 30), Augsburg 1996.

Kollegien

Horst Nising: „… unseren Zwecken aufs beste angepaßt" – Die Jesuitenkollegien der Süddeutschen Ordensprovinz im 16. bis 18. Jahrhundert und ihre Darstellung in fünf Bilderzyklen, München 2003.

Horst Nising: „… in keiner Weise prächtig" – Die Jesuitenkollegien der süddeutschen Provinz des Ordens und ihre städtebauliche Lage im 16.–18. Jahrhundert, Petersberg 2004.

Pädagogik
Gedruckte Quellen

Bernhard Duhr (Hg.): Die Studienordnung der Gesellschaft Jesu (= Bibliothek der katholischen Pädagogik 9), Freiburg i. Br. 1896.

Thomas Neulinger (Hg.): Wissen – Gewissen – Gespür. Dokumente zur Ignatianischen Pädagogik, Thaur 1998.

Literatur

Rüdiger Funiok/Harald Schöndorf (Hgg.): Ignatius von Loyola und die Pädagogik der Jesuiten. Ein Modell für Schule und Persönlichkeitsbildung, Donauwörth 2000.

Karl Hengst: Jesuiten an Universitäten und Jesuitenuniversitäten. Zur Geschichte der Universitäten in der Oberdeutschen und Rheinischen Provinz der Gesellschaft Jesu im Zeitalter der konfessionellen Auseinandersetzung, Paderborn 1981.

Klaus Mertes (Hg.): Jesuitische Pädagogik (= engagement. zeitschrift für erziehung und schule 4/99), Münster 2000.

Marianische Kongregationen

Philipp Löffler: Die Marianischen Kongregationen in ihrem Wesen und in ihrer Geschichte, Freiburg i. Br. 1924 (5. Auflage).

Rita Haub/Isidor Vollnhals (Hgg.): 400 Jahre Dreimal Wunderbare Mutter in Ingolstadt, München-Ingolstadt 2004.

Johannes Metzler: Ein Apostel der Jugend. Der Ehrwürdige Pater Jakob Rem S.J. – Ein Lebensbild nach den Quellen bearbeitet, München 1936.

Theater

Willi Flemming: Geschichte des Jesuitentheaters in den Ländern deutscher Zunge, Berlin 1923.

Johannes Müller: Das Jesuitendrama in den Ländern deutscher Zunge vom Anfang (1555) bis zum Hochbarock (1665), 2 Bände (= Schriften zur deutschen Literatur 7, 8), Augsburg 1930.

Thorsten Burkard/Günter Hess/Wolfgang Kühlmann/Julius Oswald (Hgg.): Jacob Balde im kulturellen Kontext seiner Epoche – Zur 400. Wiederkehr seines Geburtstages (= Jesuitica. Quellen und Studien zu Geschichte, Kunst und Literatur der Gesellschaft Jesu im deutschsprachigen Raum 9), Regensburg 2006.

Helmut Gier (Hg.): Jakob Bidermann. – Der bedeutendste Dramatiker aus dem Jesuitenorden und sein erfolgreichstes Stück (= Jesuitica. Quellen und Studien zu Geschichte, Kunst und Literatur der Gesellschaft Jesu im deutschsprachigen Raum 8), Regensburg 2005.

Schriftstellerei

Urs Herzog: Jacob Gretsers Leben und Werk. Ein Überblick (= Literaturwissenschaftliches Jahrbuch NF 11) 1970, 1–36.

Rita Haub: Der Südtiroler Jesuitenpater Matthäus Rader. Seine Herkunft und sein Wirken, in: Der Schlern 70 (1996), 724–736.

Hans Pörnbacher: Jacob Bidermann (= Lebensbilder aus dem Bayerischen Schwaben 10), Weißenhorn 1973, 128-150.

Karl Pörnbacher: Jeremias Drexel. Leben und Werk eines Barockpredigers (= Beiträge zur altbayerischen Kirchengeschichte 24/2), München 1965.

Fidel Rädle: Georg Stengel S.J. (1584-1651) als Dramatiker (= Theatrum Europaeum. Festschrift für Elida Maria Szarota), München 1982, 87–107.

Alois Schmid (Hg.): Pater Matthäus Rader SJ (= Bayerische Gelehrtenkorrespondenz) – Band I: 1595-1612, bearbeitet von Helmut Zäh und Silvia Strodel, München 1995/ Band II: Die Korrespondenz mit Marcus Welser (1591–1614), bearbeitet von Rita Haub und Stefan W. Römmelt, München 2007.

Patrone der studierenden Jugend

Virgilio Cepari: Der heilige Aloisius Gonzaga aus der Gesellschaft Jesu, Einsiedeln u.a. 1929.

Matthias Gruber: Wunderbares Leben des hl. Stanislaus Kostka S.I. Nach authentischen Dokumenten verarbeitet, Freiburg i. Br. 1920 (5. Auflage).

Ferdinand Höfer: Leben des heiligen Johannes Berchmans aus der Gesellschaft Jesu, besondern Patrons der Jugend, Dülmen 1901 (2. Auflage).

Direkte Seelsorge

Lorenz Gadient/Rita Haub: „Der gute Pater Philipp" – Pater Philipp Jeningen SJ (1642–1704). Lebensbild und Andacht, Eichstätt-München 2004.

Julius Oswald: „Auch auf Erd ist Gott mein Himmel". Pater Philipp Jeningen – Missionar und Mystiker, Ostfildern 2004.

Jesuiten und Naturwissenschaften

Claude Cuénot: Pierre Teilhard de Chardin. Leben und Werk, Olten 1966.

Franz Daxecker: Der Physiker und Astronom Christoph Scheiner, Innsbruck 2007.

Jocelyn Godwin: Athanasius Kircher. Ein Mann der Renaissance und die Suche nach verlorenem Wissen, Berlin 1995.

Rita Haub: Sonne, Mond und Sterne – Jesuiten als Entdecker (= Ein Topos plus Taschenbuch 642), Kevelaer 2008.

Beatrix Schönewald (Hg.): Sonne entdecken – Christoph Scheiner 1575–1650, Ingolstadt 2000.

Beatrix Schönewald (Hg.): Festschrift Christoph Scheiner SJ (1575–1650) (= Sammelblatt des Historischen Vereins Ingolstadt 109 Jg. 2000), Ingolstadt 2001.

Alfons Väth: Johann Adam Schall von Bell SJ. Missionar in China, kaiserlicher Hofastronom und Ratgeber am Hofe von Peking 1592–1666 – Ein Lebens- und Zeitbild, Nettetal 1991.

Für Glaube und Gerechtigkeit

Ferdinand Höfer: Der hl. Peter Claver, Apostel der Neger, Dülmen 1905.

Joachim-Friedrich Ritter: Friedrich von Spee 1591–1635. Ein Edelmann, Mahner und Dichter, Trier 1977.

Walter Rupp: Friedrich von Spee – Dichter und Kämpfer gegen den Hexenwahn (= Eine Topos plus Biografie 589), Kevelaer 2006.

(Welt)Mission und „Jesuitenstaat in Paraguay"

Augustin Bringmann: P. Florian Paucke, ein deutscher Missionär in Paraguay, Freiburg i.Br. 1908.

Philip Caraman: Ein verlorenes Paradies – Der Jesuitenstaat in Paraguay, München 1979.

Hubert Gundolf: Der reitende Padre. Auf den Spuren des Welschtiroler Jesuitenmissionars Eusebio Kino in Amerika, Innsbruck 1995.

Peter C. Hartmann: Der Jesuitenstaat in Südamerika 1609–1768. Eine christliche Alternative zu Kolonialismus und Marxismus, Weißenhorn 1994.

Rita Haub: Domenico Zipoli SJ (1688–1726), Komponist der Reduktionen. Die in Bolivien entdeckten Manuskripte, in: Neue Zeitschrift für Missionswissenschaft 58 (2002), 137–138.

Johann Hoffmann-Herreros: Matteo Ricci. Den Chinesen Chinese sein – ein Missionar sucht neue Wege (= Topos Taschenbuch 202), Mainz 1990.

Eckart Kühne (Hg.): Martin Schmid 1694-1772. Missionar – Musiker – Architekt. Ein Jesuit aus der Schweiz bei den Chiquitano-Indianern in Bolivien, Zürich 1994.

Johann Mayr: Anton Sepp – Ein Südtiroler im Jesuitenstaat, Bozen 1988.

Franz Josef Merkl: Ein Jesuit aus Bayerisch-Schwaben bei den Chiquitos in Bolivien. Die Aufzeichnungen des Julian Knogler SJ (1717–1772) aus Gansheim, Donau-Ries, Augsburg 1999.

Felix Plattner: Jesuiten zur See – Der Weg nach Asien, Zürich 1946.

Aufhebung 1773 und Wiederherstellung 1814

Bernhard Duhr: Jesuiten-Fabeln. Ein Beitrag zur Kulturgeschichte, Freiburg i.Br. 1904.

Rita Haub: „Ich habe euch nie gekannt, weicht alle von mir …" – Die päpstliche Aufhebung des Jesuitenordens 1773, in: Alte Klöster – Neue Herren. Die Säkularisation im deutschen Südwesten

1803 2.1, hg. von Hans Ulrich Rudolf unter redaktioneller Mitarbeit von Markus Blatt, Ostfildern 2003, 77–88.

Kulturkampf: Bismarcksches Jesuitengesetz

Bartholomew J. Murphy: Der Wiederaufbau der Gesellschaft Jesu in Deutschland im 19. Jahrhundert – Jesuiten in Deutschland 1849–1872, Frankfurt-Bern-New York 1985.

Karl Zuchardt: Der Kulturkampf und Bismarck, Halle (Saale) 1912.

Nationalsozialismus

Roman Bleistein: Die Jesuiten im Kreisauer Kreis. Ihre Bedeutung für den Gesamtwiderstand gegen den Nationalsozialismus, Passau 1990.

Rita Haub: „Es fordert den ganzen Menschen" – Jesuiten im Widerstand, Würzburg 2007.

Ger van Roon: Widerstand im Dritten Reich, München 1990.

Rupert Mayer
Gedruckte Quellen
Roman Bleistein: Pater Rupert Mayer – Leben im Widerspruch. Autobiographische Texte, Prozeß vor dem Sondergericht, Reden und Briefe, Frankfurt am Main 1991.

Biografien
Roman Bleistein: Rupert Mayer – Der verstummte Prophet, Frankfurt am Main 1993

Rita Haub: Rupert Mayer – Der Wahrheit verpflichtet (= Eine Topos plus Biografie 512), Kevelaer 2004.

Rita Haub: Pater Rupert Mayer – Ein Lebensbild, München 2007.

Alfred Delp
Gedruckte Quellen
Roman Bleistein Hg.): Alfred Delp – Gesammelte Schriften I-IV, Frankfurt am Main (2. Auflage) 1985, V 1988. (I: Geistliche Schriften, II: Philosophische Schriften, III: Predigten und Ansprachen, IV: Aus dem Gefängnis, V: Briefe – Texte – Rezensionen)

Biografien
Roman Bleistein: Alfred Delp – Geschichte eines Zeugen, Frankfurt am Main 1989.

Roman Bleistein: Begegnung mit Alfred Delp, Frankfurt am Main 1994.

Christian Feldmann: Alfred Delp – Leben gegen den Strom, Freiburg i.Br. 2005.

Rita Haub: Alfred Delp – Beten und glauben (= Eine Topos plus Biografie 604), Kevelaer 2007.

Rita Haub/Friedrich Schreiber: Alfred Delp – Held gegen Hitler, Würzburg 2005.

Das Zweite Vatikanische Konzil

Otto Herrmann Pesch: Das Zweite Vatikanische Konzil – Vorgeschichte, Verlauf, Ergebnisse, Nachgeschichte, Würzburg 1993.

Karl Rahner/Herbert Vorgrimler: Kleines Konzilskompendium, Freiburg i.Br. 2004.

Pedro Arrupe: Als Missionar in Japan, München 1967.

Pedro Arrupe: Mein Weg und mein Glaube. Ein Gespräch mit Jean-Claude Dietsch. Mit einem Nachwort von Karl Rahner, Ostfildern 1983.

Albert Raffelt/Hansjürgen Verweyen: Karl Rahner (= Denker in der Beck'schen Reihe 541), München 1997.

Herbert Vorgrimler: Karl Rahner verstehen. Eine Einführung in sein Leben und Denken, Freiburg i.Br. 1985.

Informationen über Jesuiten in Geschichte und Gegenwart im Internet: www.jesuiten.org

Personenregister

Erstellt von Martha Haub

(Kursiv: Bei den Abbildungen genannte Personen)

A

Acosta, José de, SJ 66, 67
Albrecht V., Herzog von Bayern 42
Albrecht VI., Herzog von Bayern 51
Albrecht, Karl, SJ 123
Alexander VI., Papst 34
Amadis von Gaula 9
Amorbach, Oskar Martin 42
Anchieta, José de, SJ 77
Anderley, Anton Maria, SJ 137
Andlauer, Modestus, SJ 122
Angelo di Ferrara 12
Anschütz, Hermann 20
Aquaviva, Claudius, SJ 35, 39, 44, 113, 136
Aristoteles 52, 58
Arrupe, Pedro, SJ 118–120, 129, 137
Artega, Juan de 77
Augustinus 27
Azpilcueta, Juan de 77
Azpilcueta, Martin de 77

B

Bach, Johann Sebastian 84
Balde, Jacob, SJ 47, 48
Barbara, hl. 55
Baumeister, Konrad 14, 18
Baving, Hermann, SJ 69
Bea, Augustin, SJ 114, 116, 117, 119
Bechx, Pieter, SJ 137
Becker-Ottruba, Edda 83
Belo, Carlos Filipe Ximenes 123
Benedikt von Nursia 32
Benedikt XIV., Papst 75
Benedikt XV., Papst 68
Benedikt XVI., Papst 135
Berchmans, Johannes, SJ 54, 55
Bernardin von Siena 29
Bianchi, Bartolommeo 85
Bidermann, Jacob, SJ 48, 52
Bismarck, Otto von 99–101, 114, 134
Bobadilla, Nicolás (Nicolás Alonso y Pérez), SJ 96

Bobola, Andreas, SJ 113
Bodenehr, Gabriel (d. Ä.) 43
Borja, Franz, SJ 34, 35, 46, 53, 55, 77, 136
Bormann, Martin 110
Borromeo, Carlo, SJ 53
Braunmiller, Wilfried X. 46
Brigniel, Joseph, SJ 82
Bringmann, Alois, SJ 83
Broët, Paschase, SJ 13
Bruno von Köln, hl. 48–50
Brzozowski, Tadeusz, SJ 97, 137
Busaeus, Theodor, SJ 59
Buxtehude, Dietrich 84

C

Calvin, Johannes 92
Câmara, Luis Gonçalves da, SJ 9
Candid, Peter 52
Canisius, Petrus, SJ 20, 31, 35, 37–41, 45, 50, 53, 55, 125, 131, 132, 134
Caraffa, Vinzenzo, SJ 136
Catarina, Infantin von Portugal 9
Centurione, Luigi, SJ 137
Champollion, François 61
Chemnitz, Martin 90
Choiseul, Etienne François Duc de 92, 93
Cicero (Marcus Tullius Cicero) 50, 52
Clara von Assisi 32
Claver, Peter, SJ 67, 68
Clavius, Christoph, SJ 58, 60, 61
Clemens XI., Papst 75
Clemens XIII., Papst 93
Clemens XIV., Papst 90, 94, 95, 133
Codure, Jean, SJ 17
Columbus, Christoph 8, 131
Conca, Sebastiano 11–13, 29
Conte, Jacopino del 9
Corelli, Arcangelo 84
Coster, Franz, SJ 45
Cromwell, Oliver 63, 64
Cysat, Johann Baptist, SJ 58–60
Cysat, Renward 60
Czerniewicz, Stanislaus, SJ 137

D

Delp, Alfred, SJ 101, 105, 106, 109–114, 135

Denn, Paulus, SJ 122
Devrits, Charles 15
Dezza, Paolo, SJ 135
Dominicus, hl. 10
Drexel, Jeremias, SJ 52
Dreyfus, Alfred 113, 114
Du Halde, Jean Baptist 65

E

Eberschweiler, Wilhelm, SJ 119
Eck, Leonhard von 41
Ehlen, Bernhard, SJ 125, 126
Eleonore, Herzogin von Gandía 34
Emmerick, Peter, OPraem 54
Eneco, Abt von Oña 8
Engels, Friedrich 134
Estrada, Francisco, SJ 77
Euklid 60, 61

F

Faber, Peter (Pierre Favre), SJ 8, 13–18, 20, 21, 47, 131
Faulhaber, Michael von 107
Ferdinand I., Kaiser (bis 1556 König) 34, 37, 40
Ferdinand II., Kaiser 60, 61, 133
Fernandez, Gonsalvo 74
Fortis, Luigi, SJ 137
Fracassini, Cesare 38
Franz von Assisi 10, 32
Franz Xaver siehe Xaver, Franz
Frast, Johann 83
Freisler, Roland 106, 112, 113
Freux, André des, SJ 9
Frias, Luis de, SJ 67
Friedrich II. der Große, König von Preußen 96, 133
Furlong, Guillermo 83

G

Galilei, Galileo 59, 61, 132, 133
Ganganelli, Lorenzo (= Papst Clemens XIV.) 94
Garrido, Gabriel 86
Gianfranceschi, Giuseppe, SJ 127
Goerdeler, Carl Friedrich 112
Göz, Bernhard 22
Gonzaga, Aloysius, SJ 53, 54